The Old English Version of Bede's Ecclesiastical History of the English People

PART II, 1

COLLATION OF FOUR MSS. OF THE WORK

(FIRST HALF)

EARLY ENGLISH TEXT SOCIETY

Original Series No. 110
1898 (reprinted 1963)

The Old English Version of Bede's Ecclesiastical History of the English People

EDITED BY

THOMAS MILLER, M.A. Ph.D.

PART II, 1

Published for
THE EARLY ENGLISH TEXT SOCIETY
by the
OXFORD UNIVERSITY PRESS
LONDON   NEW YORK   TORONTO

Unaltered reprint 1996

ISBN 0 85991 864 5

Distributed for the Early English Text Society by
Boydell & Brewer Ltd, PO Box 9, Woodbridge, Suffolk IP12 3DF
and Boydell & Brewer Inc, PO Box 41026, Rochester, NY 14604-4126

Printed and bound in Great Britain by
Rowland Digital Printing, Bury St Edmunds, Suffolk

PART II, 1

A COLLATION OF FOUR MSS.
OF THE OLD ENGLISH VERSION OF
BEDE'S ECCLESIASTICAL HISTORY
OF THE ENGLISH PEOPLE

INTRODUCTION BY
THOMAS MILLER, M.A., Ph.D.

CONTENTS.

	PAGE
INTRODUCTION	ix–xxiii
VARIOUS READINGS	1–597

ERRATUM.

P. 170, *line* 30, (Ca. 13), read *wintonceastre*.

INTRODUCTION.

This Part gives completely the variations of the existing MSS. from the printed text. Fresh study of the MSS. enables me to add some particulars of interest as to C. O. B. See Introduction to Part I.

MS. C. The fresh hand which wrote leaves 35, 36 (Text 480, 20 to end), wrote also leaves 39–47 (the A. S. Chron. G). Page 34^b contains only twelve lines, the rest being blank. Consequently the MS. may have originally ended here. The fragments of G. are in more than one hand. G. is assigned to Canterbury (Earle), but there is nothing to favour this supposition in the case of C. The close connexion between the English Bede and the A. S. C. will find further illustration in the text of MS. B.

MS. B. The scribe at the end of this MS. claims to have written all (Introd. u. s.). He wrote *all* of one part. For I have found that the MS. is in two portions, the first containing thirteen quaternions and one leaf (up to end of p. 206), the second containing eighteen quaternions (p. 207 to end). The hands are as follows: **I.** p. 1 = Text 6, 4–13. **II.** pp. 2–190, 20 = Text 6, 14—24, 23; 2, 1—6, 3; 24, 29—64, 5; 88, 28—240, 29; **III.** 190, 20 pegma leah—206 = Text 240, 30—252, 3; 64, 6—72, 19 ælmihtigan. **IV.** 207—end = Text 72, 19, gode—88, 27; 252, 4—end. I, III, IV are by three separate scribes. The hands in II belong to various other scribes. The illuminator's work in the two parts is different in design, and where (rarely) carried out, different in execution. Perhaps the scribe of I was illuminator for all the first part. The scribe of IV fills in his own initials in the interrogations, but the illuminations were not completed. The signatures of the sheets in the two parts are independent; the last signature marked in the first part is M; the first in the second part is A on p. 222, and then follow regularly B to R. The junction at pp. 206–207 is very evident. Mr. Warner of the British Museum kindly inspected photographs of these pages, and dated the very beautiful writing about 1030–1040 A.D.

MS. O. Two styles are discernible in the hands, round and pointed, but the subvarieties are not so distinct. There is a very striking departure from these modes on p. 47^a (here only). This scribe employs thin, upright strokes, with a flat topped *a*, prolonged verticals and occasionally clubbed tops, but *d* is bent back and kept low; all has an archaistic look. The full text will be found in V. R. p. 226 f. The other hands interlace often on the same page, nor is it always easy to discriminate exactly. The ordinary pointed occurs on p. 69^b throughout; see V. R. p. 63 ff. Round shares p. 22^b with pointed, which runs from *compode* (inclusive) to the end; see V. R. p. 145. The pointed more frequently has *o* before nasals and *þǽm* in dative rather than *þam*. The round on the whole takes the lead and prevails. From 101^b on (= Text 320, 7) the pointed style recurs oftener. I have drawn up a complete scheme of hands throughout, but feel uncertain as to exact minor details, and withhold it.

An examination of the place names in the various MSS., and comparison with the A. S. Chronicle, as well as the C(artularium) S(axonicum) and C(odex) D(iplomaticus), has enabled me to determine approximately the locality of each MS., and to confirm the conclusion arrived at in the Introduction to Part I, that the translator belonged to the North Midland district. In a paper, which I hope to publish, on the Place Names in Bede's History, I have given full details, and must here limit myself to a few particulars and a statement of results. The translator or archetype knew the North (not Cumberland) and Midlands, was unacquainted with East Anglia, London, and the country south of the Thames. All the MSS. betray ignorance of the extreme North. T. alone is perfect in Yorkshire, and has local forms in Lincoln; but the South and East Anglia were not for T. familiar ground. B. blunders in the North, and along the line of the Thames E. and W., but has intimate local knowledge of the country lying in and about Hants. In O. the variety of scribes and the numerous erasures complicate the question, but the MS. may with confidence be assigned to S.W. Mercia. There can be little doubt that Ca. belongs to the adjoining districts, and may be located not far from Malmesbury. C. may, perhaps, be placed on the South Midland border midway between E. and W. The defects in this MS. hinder identification, but certain affinities are well marked[1].

By these affinities we may reclass the MSS. which, on other grounds, fall under two recensions (I. T.B. II. C.O. Ca.; see Introd. Pt. I).

For 'Britain' A.S.C. A. has *Breten* always up to 601 (C. in poetry under 937). Thence in A., and the rule in all MSS. *Bryten*. For 'Briton,' however, A. S.C. A. has *Brett-* ten examples (G. only three examples), last in 890; other MSS. *Brytt-*. Orosius has *Brettas, Bret(t)anie, Brittannia, Brettania*. Ælfric *Bryttas*. O. E. B. chiefly *Breoton, Bryten; Brett-, Brytt-*.

The table shows all combinations of vowels in the syllables.

Britain	eo-o	eo-e	y-o	y-e	e-e	o-o	o-e	i-e	Briton	e	y	i
T. . .	55	9	.	.	.	.	.	.		26	.	.
O. . .	39	5	5	7	.	.	.	.		3	24	.
Ca. . .	92	19	3	3	.	1	1	.		2	54	1
C. . .	11	1	.	2	1^2	.	.	.		1	1	.
B. . .	1	.	1	116	.	.	.	1		.	58	.

Breoton, (never in A. S. C.) may be taken as Mercian; cp. Sweet, H. E. S. § 431.

The early *Brett-* continues to be the Midland form. *Bry-* is Southern.

Angl- &c., occur as (1) = 'Angle'; (2) 'English'; (3) as first part of compounds; (4) as second part of compounds (always -*engl-*). The table shows the variations of *Angel- ongol-* in O. E. B. The form *Engle* is, except as (4), very rare in O. E. B.; it occurs three times in T., always = (1); in MS. O. Ca. B. the use is indiscriminate for (1) and (2). In A. S. C. *Engle* is used for (2), except 596 B. C. 975 C. where *Angle* = 'English.' (In 975 D. E. *Angle* = 'Angles.') For (3) A. S. C. has (i) *Angel*, (ii) *Ongol*, (iii) *Ongel*, (iv) *Engel-*, (v) *Ængel-*; (i) being general, the

---

[1] Latin names are cited from Sweet, O. E. Texts; and Holder's ed. of Baedae H.E. 1882, the A.S.C. from Thorpe and (for G.) Wheelock.

[2] Wheelock, 6, 4.

others sporadic; (ii) and (iii) once each in A. (G. only *ongel*); (iv) and (v) in D. 787 (*e*), 836 (*æ*), 886 (*œ*). N.B.—*œ* = *e* is a characteristic of D.'s first hand. In all there are 200 examples of the word prefixed in A. S. C., the second part being *cyn* always (except F. 873 -*scole*). The collective examples of all MSS. in O. E. B. amount to over 400 under heads 1, 2, 3.

	o-o	o-e	a-e	a-o	
T.	75	6	.	.	
O.	1	17	64	.	
Ca.	2	10	90	10	O. E. B. has -cyn, -þeod, -cirice,
C.	2	18	.	.	-cyning, -cynrice.
B.	.	2	109	.	
Z.	.	1	.	.	

That *ong-* is Midland, *ang-* Southern, is clear from the A. S. C., as well as from the ordinary usage of dialect[1]. Ælfric has *Angle* = 'Angles,' *Engla ðeode* = 'English,' *E. land* = 'England.' I have excluded *Engla* (-*e*) *land* in A. S. C. which occurs in eleventh century (about thirty examples). In O. E. B. it = 'l. of Angles.'

'Northumbrian.'—In A. S. C. the first part is spelt *norðan-* or *norð-* in these proportions: A. G. $\frac{12}{15}$; B. $\frac{10}{13}$; C. $\frac{9}{12}$; D. $\frac{5}{42}$; E. $\frac{12}{34}$; F. *norð-* only. In A. G. the forms begin to interchange in 867, *norðan-* soon ceases, and *norð-*, already found 601, 625, is the sole form. *Norð-* is therefore Alfredian and Southern: it is the form in Ælfric. The proportions in O. E. B. are T. $\frac{36}{1}$; O. $\frac{40}{1}$; Ca. $\frac{55}{2}$; C. $\frac{10}{0}$; B. *norð-* only (-*him-* is found in O. (2), B. (11); -*hum-* Ca. 1; -*hem-* Ca. 1). The isolation of B. and persistency in Ca. are in striking contrast.

'Mercian.'—A. S. C. A. has *Mierce* to end of ninth century, then for a few years *Merce*[2]; but from 922 on *Myrce*, which is the prevailing South form (all MSS.). G. sometimes substitutes *Merce* for A.'s *Mierce-* (*Merce* in A. only 853; once also each in C. D. E.

---

[1] From A.D. 901 *o* before nasals—(i) disappears rapidly from South in contemporary charters, but continues in Hereford and Worcester; (ii) is rare in A. S. C. MS. A. after 937, and throughout in MS. B. (ends 977). All exx. from all MSS. 901–1025 give *o* to $a = \frac{1}{2}$ A., $\frac{1}{3}$ B., $\frac{1}{10}$ C., $\frac{1}{8}$ D., $\frac{1}{18}$ E., $\frac{1}{18}$ F.; (iii) continues in N. Mercia (Rush. Mt.).

[2] 'The lady of Mercia,' died 918.

F. ; but *Myrce* in A. four examples ; G. 23 ; in others *passim*).
Ælfric has *Myrce*. The proportions in O. E. B. are as follows : T.
(all scribes) *e* always (*æ* twice) ; B. *y* always (*i* once); C. has *e, y* =
$\frac{11}{1}$; O. = $\frac{23}{19}$ (often eras. of *e*) ; Ca. = $\frac{6}{54}$.
It is clear that of the MSS. T. is most distinctively Midland, and
that C. comes next ; O. has a larger admixture of Southern forms,
and Ca. transcribing O. introduced still more. B. is distinctly
Southern, and harmonizes closely with the later A. S. C. and
Ælfric.

'London.'—The earlier A. S. C. prefers *Lundenburh*, the later
Lunden : the figures are A. B. G. = $\frac{11}{3}$ (but years do not exactly
correspond); C. = $\frac{15}{22}$; D. = $\frac{13}{28}$; E. = $\frac{3}{48}$; F. = $\frac{3}{17}$. *Lundenwic*,
604 E. (F.), is an old form ; cp. C. S. 259 ; 494; 189; 335; 492.
But in the charters from tenth century on *Lunden* is the general
English form; cp. C. D. 280, 316, 685, 716, 759, 972, &c. [*Londen*
C. S. 152 is not original]. I find *on Lundenbyrig* C. S. 1296
(but also *on Lundene*) before 975. *Lundentun* once C. S. 171
(Heming). But O. E. B. writes *Lundenceaster* even for *Lundonia
urbs*, or *Lundonia* alone. *Lundenburg* is found twice; 4, 1, Ca.
B. = *Lundoniensis*, and 478, 7 C. B. ; -*ceaster* Ca. = *Lundoniensis*.
Allowing all weight for the influence of the Latin *civitas*, we still
must infer that the translator did not adhere to the Southern
usage; he may have been influenced by the constant conjunction
in *Eoforwicceaster*, which is marked both in O. E. B. and A. S. C.
(A. B. G.). On the whole it may be concluded that neither translator
nor scribes had local knowledge of London. A curious error in B.
104, 16, where *ealandburg* is read for *ealdor-*, shows astonishing
ignorance. Can it result from a misconception of the fact stated
in A. S. C. 1016, that the Danes made a new channel, and also
drew a ditch round the city ?

'Winchester.'—The A. S. C. varies much. The early form
wintan- survives in A. G. up to 982. But *winte-* comes in early,
A. G. 897, 909, 910 (*wintan-* G. 909). By the beginning of the
eleventh century *wint-* had come in (see B. 897), and *win-*
thenceforward prevails. Ninety charters at least have some form
of the name ; most are copies (Cod. Wint. twelfth century). But
thirteen or fourteen Latin are contemporary and give *wintana, -ia*,
-*iensis* usually, *wentana, wentonia, wintoniensis* very rarely. English
contemporary charters (C. S. 478, 630, 678, 702 ?) give *winta-* 854 ;

wintan- 909; *winte-* 931, 934. English copies as a rule give *wintan-* to end of tenth century, passim; *winta-* rarely; *winte-* tenth century; *win-* middle of eleventh century. Ælfric has *wintan-, win-, wyn-*. In O. E. B. there are six examples thus distributed, *wintan-* C. 4, O. 3, Ca. 4; *winton-* Ca. 1; *winta-* T. 2, O. 1, Ca. 1; *wint-* B. 6. (O. has *win-* twice with *tan* above; *wint-* once with *a* above.)

I recall here the fact (Introd. Pt. I), that the translator used a text akin to Latin I. So *Wintacaestir* read in Latin I. is probably origin of T.'s (archetypal) form. C. has a usual tenth century form. B. is local and eleventh century. O. is ambiguous and varies; the two examples of *win-* are by the same hand; the other two differ. Ca. did not correct O. as he has *winton-*. Of all B. alone is by other evidence associated with the neighbourhood.

It will be convenient to begin with B. in the attempt to arrive at more precise local definition. The details will affect the position of the other MSS.

I take Kent. All MSS. have *Centlond* (*-œ-*) twice 104, 15; 298, 28; B. has it in twelve other places (against all the rest), once with a mistake (150, 2). The A. S. C. has *Cent* passim, but *Centland* in MSS. C. D. 994, 1015. (A. B. very early, only in 457, 676.) The charters have mostly *Cantia*; *Cent* variously spelt, C. S. 412, C. D. 317, 715, &c.; *Centland* I have not found. But this use of *land* as affix is a feature in B.; e.g. B. has *Tenetland* (O. Ca. blunder 56, 28), *wihtland* five times (others *ealand*). Now *Tenetland* is found in A. S. C. MSS. C. D., so also *wihtland* in same MSS. often (I pass over E. F. which copy). In charters *Tenet* (various forms) often, *Tenetland* only C. D. 715, A.D. 1006 (forged). Thus B. of Bede and C. D. of A. S. C. unite in a usage, which seems especially eleventh century (cp. note on *Engla land* above). *Tenet* occurs in earlier years of A. S. C. always, in which also *Wiht* (*ealand*) is the usual expression. The usage is not local to Kent, and B. blunders once 150, 2; and again 56, 25 (*cetrice*). But for the people of Kent B. O. Ca. C. prefer rightly *Cantware* which is local. T. *Cont*. The numbers are for *a*: *o*—T. $\frac{6}{33}$, C. $\frac{10}{3}$, O. $\frac{26}{3}$, Ca. $\frac{39}{2}$, B. $\frac{39}{2}$. The A. S. C. has *a* passim, *o* only 616, 851 (both A.). Here again T. is remotest from the South, C. not so near as O. Ca. B.

The Latin Bede gives the etymology of Rochester, and the L. MSS. treat the first element (*hrofes-*) as gen. always. Now the English Bede has *hrofes-* in T. passim, O. 8, Ca. 8, C. 2, B. 1; *hrofe-* T. (fourth scribe) 1, O. 2, Ca. 10, C. 4, B. 13; *hroue-* B. 3 (only in capitula and by illuminator). But O. has *es* once, and *s* once written above (see also 150, 15); in the first case Ca. has *hrofes-* in the second *hrofe-*. The A. S. C. has *hrofes-* A. G. (stops 894), B. 5, C. 3, D. 5, E. *hrofe-* B. 2, C. 2, D. 6; E. F. *hroue-* E. F. The evidence of the charters is (i) *hrofes-* ninth, and in Textus Roffensis (local) up to the end of the tenth century, (ii) *hrofe-* early in the eleventh century, C. D. 929 (T. R.), (iii) *hroue-* C. D. 975 (T. R.) after 1058. In fact *hrofes-* is earliest, *hrofe-* belongs to later tenth and eleventh centuries, *hroue-* comes in about middle of eleventh century (*civitas hroui* C. S. 418, late copy; also T. R.). We infer for B. an eleventh century date; for Ca. also remoteness from the spot. The other MSS. exhibit the transition, T. being most archaic and probably most remote.

The name Selsey (Sussex) raises two separate questions. The Latin is *Seles* (-*œ*-) *eu*, but in MS. II (Sweet) *eu* is also written *ei*. This is the Saxon (cp. *Ceortes ei* L. B.) form for the Northumbrian *eu*, and the non-Saxon *ea*, which last is specially Kentish and Midland, as I have shown elsewhere. The translator employed *ea* mostly for *eu*, and therefore here. But the local form was always Saxon, e. g. C. S. 1334 (orig. of A. D. 780) has *Sioles aei* (*œi=ei*), C. S. 312 (A. D. 803) orig. *seles egi*; eleventh century copy *seolesegiae*. We find also *ige*, (C. S. 64, 132), *eie*, &c. The A. S. C. 980 (C.) has *æt seolesigge*. The Bede MSS. have C. O. Ca. *Seles ea*. O. Ca. *Syles ea*, B. *Seolesig*, *æt Seolesigge* (T. defect.). B. then alone is local in the ending. But it seems certain that *seo-* (*sio-*) is also local early, and in the eleventh and twelfth century. The Codex Wintoniensis (twelfth century) has similar forms, *sioluc ham* (C. D. 673), *seolescumb, seolesburnan, sceolles uuille* (C. S. 741, 408, &c.). But *selesdun* is a Surrey name (C. S. 558), *sylweg* is near Worcester C. D. 1369. In 448, 17 B. departs from Latin and other MSS. by reading *æt seolesigge*, where the context also is in close relation with A. S. C. C., both referring to the bishopric of Sussex. In another passage (478, 20), also relating to the Sussex bishopric, B. alters the text (reading *sohton*), to suit the circumstances of the day. Now the first mention of a 'Sussex' bishop, as such, in the A. S. C. is in 1038 C. &c.; cp. 980 l. c. These coincidences are very striking. MS. C. of the A. S. C. is assigned to Abingdon, and the first hand (up to 1046) is very busy about 1030–40 (cp. Earle, Introd. p. xxxvii). This is just the date assigned to MS. B. of Bede (see above). As the crow flies Selsey is about 30 miles from Winchester, a place known to B. (see above). Midway lies the Meon district (East M., West M., M. Stoke, R. Meon) with Old Winchester Hill. Now L. B. has *Meanuari* (iv, 13 = 302, 16). T. O. Ca. C. follow this and write *Meanware*. But *Meon* is the local form in all charters, except once *Mene* in the forged Latin C. D. 1067, taken from the English C. D. 314 = C. S. 553 (K. Alfred's will, copy about 1028–32). The charters are about a dozen, nearly all from the Cod. Wint. Now MS. B. alone has *Meonware*, and also has an emphatic variation in the text *þ is on westseaxena mægðe 7 þeode* (T. O. Ca. C. omit *þ is* and *mægðe 7*). Now the Meon district is on the borders of Sussex, and in the same passage (300, 30) there is a significant omission of the words *seo-Westseaxna*, which place Sussex outside Wessex. But Sussex had become a shire of Wessex (Green, Conq. of Engl. p. 234). The scribe of B. is a thorough-going Wessex partisan, as he alters *seaxna* in 168, 35 (rightly enough), and in 248, 17 (wrongly) into *Wes(t)seaxna*, and for *fyrrestan* 166, 26 (L. *intimis*, = 'remote'), writes *fyrstan*. But a curious slip connects B. still more closely with Winchester. In 468, 15 he substitutes *Icenan* (the R. Itchin on which the town lies) for *Tinan*. The context is speaking of a monastery dedicated to SS. Peter and Paul. The famous monastery at Winchester so often mentioned in charters had the same dedication.

In fact, MS. B. may be called the Wessex version of the English Bede. The changes of themselves prove that the archetype was not West-Saxon, and furthermore help to settle the locality of the other MSS. by excluding them from B.'s country. Incidentally too B.'s assigned date has been confirmed.

With the help of these fixed points, we can obtain further conclusions. B.'s ignorance of London has been pointed out above. Tilbury in Essex written in L. *Tilaburg* (M.), *Tillaturg* (I. II, both with one *l* above) appears in B. as *Tiilaburh*, i.e. with long *i*. This leads up to the error in T. (226, 24) *Tulaburh*. The *i* is certainly short, as the doubling of *l* shows, a spelling confirmed by the local *Tilling(e)ham* C. S. 8, and C. D. 957. I may add at once that while O. Ca. are correct here, they err in the adjoining Barking, as their spelling *Byrcingum*, 282, 15, 20, has no local support. See

C. S. 81, 87, &c. But *Byrcmære*, C. S. 1037, is a Worcestershire locality.

Still in this same county B. Ca. write correctly *Pante* as the name of the R. Pant, for which Lat. has *Pentæ* mut. (M.) *Paente* (I. with erasure of first *e*); T. C. O. *Pente*, doubtless archetypal. Now *Pantan* occurs twice in Brihtnoth's Death (86, 97). The battle of Maldon (A. S. C. 991) made the name *Pante* famous. We get also here a test of dates for the MSS.

As we retrace the Thames upwards we find a confusion in B.'s text about Chertsey (282, 14), which shows an ignorance as to the local monastery, while he gives the form of name *Ceortes eg*, which has best local support; cp. C. S. 558, and other charters (twelfth century copies or later; see, however, C. D. 850). But when we arrive at Dorchester (Oxon), five or six miles from Abingdon in a straight line, we find a difference. Here B. C. O. Ca. have *Dorceceastre*. But, in 168, 8 where T. has *dorcot*-, two letters are erased in O. before *ceastre*, and in 334, 27 where T. has *dorcet*-, O. had *t*, now erased. L. B. has *dorcic, dorci*. Two Lat. charters have (i) *dorcocænsis* C. D. 691 (A.D. 995), (ii) *dorcensis* 698 (A.D. 998 Cod. Wint.). Ælfric has *Dorcan*-, the A. S. C. *dorces*- A. G. (636, 639), *dorce*- A. B. C. D. E. G., *dorc*- G., *dorca*- D. E. As MS. C. (Abingdon) has *dorce*-, which is also generally supported, it may be considered local. The spelling of T. has slight literary support, and when compared with O. must be taken as archetypal. But B. C. Ca. alone are locally correct.

Along the west border of Oxfordshire, from the Bristol Avon towards the Warwick Avon, stretched the district of the *Hwiccas*. Glastonbury lies well to the south, but Malmesbury is close to the frontier. The name of Glastonbury is not in Bede. But B. has foisted it in three times for *Læstinga ea*, and C. once (458, 11, Wheelock). The A. S. C. has 'Glastonbury' once in G. [A.] 688, in C. once 1053; the other entries are eleventh and twelfth century (D. E. F.). All entries without exception add some form of *burh*. The same is true of the genuine charters in C. D. and C. S., always -*burh*, never *ea*. B. and C. were therefore unfamiliar with both districts.

Returning eastwards, we find B. at fault twice in the four examples of *Hwiccas*, writing (98, 15) *myrcna*, and (302, 13) *hwylcum*. The word occurs in the A. S. C. only in one year (800, A. *hwiccium*,

B. C. D. E. *hwiccum*), and though frequent in early Latin charters and their copies, fell into disuse; the forms with *ci* seem earlier; later copies too often drop *h* (C. S. 116, 134). Now MS. O. has once *wiccia* with *h* above. Here Ca. writes *hwicca* (336, 4). None but B. deviate absolutely.

The remotest SW. point named in Bede is Malmesbury. No word has a more vexed orthography in charters, A. S. C. and O. E. B. In C. D. twenty-four charters relate to this place; Kemble marks sixteen as forgeries. C. S. has others also; see especially Nos. 105 (grant by Pope Sergius, Latin, from William of M.) and 106 = A.S. version of 105 'from MS. Cott. Otho C. 1. Gospels, tenth century' (but is the version tenth century?). The place is associated (i) with *Maildulf* a 'Scot' as founder, (ii) with *Meldum* as founder, C. S. 105 —but the O. E. 106 has *æt Meldum*, (iii) with *Aldelm* as abbot, about 700 A. D. Hence a profusion and confusion of names, due in part to the literary forger. Those that have ancient authority are the following:—1. *Maildulfi urbs*, L. Bede. Hence *Maldubiensis, Maeldubesburg, Maldubesberg, Malduberi, Maelduburi* in a fourteenth century chartulary. But C. S. 569 from W. of M. has the earlier forms *Maildubiensis, Mailduberi*. 2. *Meldumesburg* C. S. 105, *Maldumes buruh, Mealdumes byrig* C. S. 106. Hence *Maeldumesburg, Mealdumesburg, Maldumesburg, Meldunesburg, Meldunensburg, Maeldunesburg, Meldunensis, Meldunesburgensis, Maldunensis* in the fourteenth century chartulary. 3. *Ealdelmes burh* A. S. C. MSS. C. D. 1015. Hence in MS. F. I. Corpus Coll. Cam. (Wanley), a book of the monastery is called a book AEDHELMI, the stealing of the book is a theft from AEDHELM. 4. Then by 'contamination' in A. S. C. 1015 E. F. *Mealdelmes byrig*, and in Cod. Wint. C. D. 593 *Mealdælmæs byrig*. The O. E. B. MSS. have *Maldulfes burgh* O. C. (archetypal). *Aldelmesburh* B., *Maldmesburh* Ca. (T. defect.). Clearly O. C. follow the Latin and the English archetype; once more B. is associated with A. S. C. MS. C. and has a literary or ecclesiastical appellation. But Ca. has the real local name, which appears in the fourteenth century in a still shorter shape as *Malmesburg* C. D. 271 = C. S. 470; but Ca.'s record is the earliest of the abiding local form. There can be little doubt that, as Ca. gives us the earliest record of the final name in so modern a shape, the scribe was familiar with the locality. As we have seen above, Ca. is excluded from Hants, but his knowledge extends to the Mercian Dorchester. His

INTRODUCTION.   xix

blunders exclude him from the North Midlands, his affinities and variations point to S.W. Mercia. His correction of O.'s *hwiccia* suits date and place. The localization seems unquestionable. The localization of O. rests largely on negative evidence. From the North Midlands mistakes exclude the scribes. Essex, Kent, Sussex, Hants (S. part) are unfamiliar; so is Malmesbury. One scribe had the local spelling for Winchester, but another hand (not Ca.) corrected him: the reverse is the case as to Dorchester. The various scribes and the corrector alike were at home among the Hwiccas. The number of hands at work implies a large community, where too there might be some who had at least visited other schools and great centres (e.g. Winchester). Perhaps Worcester best fulfils these conditions; and the diverse currents of dialect meeting there, and apparent in the local charters, reappear in MS. O. The affinities of certain blunders, as already remarked in the case of Ca., point to the same neighbourhood. Perhaps Ca. went to Worcester to copy O. MS. Ca. is a very neat and scholarly MS., but a less costly one than O., and adapted for more modest requirements. The survival (after numerous corrections) of the Mercian *e* in O. (see above and Introd. Pt. I), and Ca.'s preference for *y* (Myrce), part off the two MSS. as regards date and locality, and exhibit the victorious advance of Southern forms.

The various scribes of B. unite in the consistent adoption of Southern forms in leading proper names. Not less consistent are the scribes of T., who yet in other points differ widely. (My Glossary gives separate summaries, showing the distinctive work of each scribe in T. in all debateable points.) The local knowledge of T. cannot be proved to extend South of the Thames. Essex, London, Mercian Dorchester are known by report or literary tradition only. One variation would seem to imply knowledge of Canterbury. In 106, 6 T. has þære *miclan* cirican, differing from the Latin and the other MSS. which omit *miclan*. Against this must be set the non-local form *Cont-* which is decisive as to Midland origin, apart from other proofs. There is no failure as to *Hwiccas*. An independent form *Boncra* (100, 18; cp. V. R.), when compared with L. B. (*Bancora* M. with *n* above *r*; *Boncorna* I. with *a* above first *o*), certainly favours a Northern origin, perhaps implies fuller knowledge. For Chester T. O. have the older form = Latin and A. S. C. MSS. A. G., while Ca. varies

(40, 31; 102, 29), and B. tends to agreement with C. (1000, 1016, 1055—perhaps 894 *ie=ei-*). As to Lichfield (262, 11) T. is earlier and more local; cp. Latin and C. S. 310; 312 (with variants); Ca. varies (cp. 478, 7). B. agrees with A. S. C. before 1053 (except B. 716, which has Mercian affinities and agrees with T.). Bede MS. C. writes *wiccetfelda* (478, 7) a bad error.

In Yorkshire, while B. O. Ca. fail repeatedly and badly (R. Derwent, Lastingham, Catterick, R. Nidd, Leeds), T.'s sole failure is characteristic. Even in the eighth century there was a difficulty as to the lost town of *Calcaria* (332, 26) = *Kœlcaestir* (M.), written *Helcacęstir* (I.) and *Faelcaestir* (Namur MS.). O. E. B. MSS. have C. *Kaelca-* [not *Kaaelca-*], Ca. O. *Kalca-*, B. *Cealca-*, T. *Kwelca-*. Some identify the town with Healaugh near Tadcaster, but the suspicious approximation to *Helcacęstir* (I.) may be an accidental coincidence. The initial *K* is clearly archetypal (O. C. T.), and is in striking contrast to general usage [1]. Did Bede himself err in forcing a local name into resemblance with the undoubted Calcaria? T.'s mistake seems due to a misreading of open topped *a* in *Kaelca-* (cp. C.'s reading). This was taken for *u*, and written *w*. B.'s spelling *Cealc-* is a Southern interpretation, and corresponds to forms in Sussex, Berks, Oxon (C. D. Index). O. Ca. may have thought of *Calcstanes mor* (C. D. 764), *calcbrac* (291), both close to Worcester, with the unbroken *a-*. In Notts B. fails as to R. Trent (144, 14) O. has *treotan* (324, 15) with *n* above; and *treontan* (144, 14) with *o* erased. Ca. *trentan* (-*on*). Perhaps the proximity of R. *trenta* (near Evesham, C. D. 289, vol. iii. p. 395-6) influenced the corrector and Ca. In A. S. C. *treontan* A. G. 924, *trentan* C. D. 1013 (and also in E. here and later).

When we examine Lincolnshire, we find for Lindsey T. C. writes consistently *Lindisse* (-*esse*); O. Ca. -*esse* and -*ese*, and Ca. once *Lindesege*. B. has *Lindesege*, -*ig(g)e*, even -*iglande* (242, 14). The A. S. C. have *lindesse* up to end of tenth century. *Lindesige* begins early in the eleventh century (D. first hand), *Lindesege* is late eleventh century (C. 1066). But doubtless there was a confusion between *ge*, 'district' (as in *Suðrige* = Surrey, &c.), and *ig, eg*, 'isle.' 'Lincoln' is also varied; T. has *Lindcylene*, O. has *Lindcylene*,

---

[1] On the other hand it must be remembered that *K* for *C* is not unusual in the Rushworth MS. of Mt.

Lincylene, Ca. *Lindcylene*, *Lindcolene*, B. *Lindcylne*, *Lindcolne*. In the A. S. C. *-coln-* is an eleventh century form (C. D. E. F.). The one original charter with the name, C. D. 956, is dated 1052 A. D.

'Partney' appears as *Peortan ea* in T. O. Ca. B., but B. blunders once into *Peotan*; cp. *Potwyll* (Wilts) in C. D. 680. O. Ca. once have *Port-*, a Worcestershire form in C. D. 560, 1220, but of course elsewhere, and a natural substitution; cp. A. S. C. 501. I have found no other example of *Peort-*.

For 'Bardney' T. O. Ca. B. have *Beardan ea*; but T. has once *Bearda ea*, a form supported by *Berdea*, the spelling of C. S. 268 (Ingulph of Crowland) in a signature closely following on *Medeshamsted*. We may sum up, and say that in the counties on the North of Mercia T. is always correct, O. Ca. B. repeatedly blunder, and Ca. B. often exhibit eleventh century forms.

The distance between Crowland and Peterborough is about eight miles direct. Peterborough obtained its name *Burh* first in 992 (cp. A. S. C. 963), when the monastery destroyed by the Danes in 870 (A. S. C. cp. 963) was restored. In Latin and English Bede (280, 26) the earlier name *Medeshamstede* is used, but with a variation in Ca. and in T. Now Ca. writes *-styde*. This form for *-stede* has been much discussed (Sievers, P. B. Beiträge; B.-Toller, &c.). I add that out of 150 examples in charters of words with *-stede* suffixed, only six offer the variant *-styde*: (i) C. S. 506, 558; C. D. 657, all in the same locality within twenty miles of London Bridge, borders of Surrey and Kent. (ii) C. D. 685, 853 (twelfth century copies, Essex and Norfolk). (iii) C. S. 349 = C. D. 202, from Heming, with date 814, in which *Dunhamstyde* occurs in heading and also in text. (But C. D. 680, Heming, after A. D. 972, *dúnhǽmstédes*.) Ca. then followed a Worcestershire lead. But the variant in T. is notable. O. Ca. B. read *þætte* (*þe* Ca.) *gecweden is Medeshamstede*. But T. has *æt Medeshamstede is cweden*. T.'s order of words is not uncommon in clauses which parenthetically indicate a proper name, omitting the relative pronoun. (The Latin is *quod dicitur M*.) But there is a difference in force, which is well exemplified in the variant of B. 448, 17 when compared with A. S. C. 980 C., *æt Seolesigge*; see above. I have found no other example of *æt M*. There was an estate with villages named *Medeshamstede* (C. S. 1128). In the interval 870–963, when nothing remained but 'old walls and woods run wild' (A. S. C. 963 E.) to mark the monastery's site, the change of expression would be natural in one familiar with the place. Now the outer leaves of MS. T., as at present bound, contain entries relating to the Benedictine Abbey of Thorney seven miles ENE. of Peterborough; cp. C. S. 1297. The district abounded in monastic establishments. In some of these T. may have been written. The chief scribe was a careful scholar living in a small establishment (Introd. Part I), and, apart from the beautiful illuminations, confined to the early part of the work, his book was planned on an inexpensive scale. We have thus an indication as to place and date of T.

Owing to the fragmentary condition of C. I am unable to fix its locality with precision. But it is certainly Midland, as shown by usages as to *ongel*, &c. Also it has, like B., the blunder about Glastonbury, showing ignorance of both North and South. There is a bad blunder as to Lichfield, ignorance as to R. Pant (Essex), Selsey, Meon. But the local form is given for Dorchester, and the *Hwiccas* were not unknown (302, 13; 478, 17). A south central position in Mercia seems indicated.

The inquiry has yielded these results. T. originated in North Mercia, is most archaic of the MSS., and belongs to the tenth century. MS. C. comes from South Mercia, MS. O. from the West of Mercia, and both are on the confines of the tenth and eleventh centuries. MS. Ca. is a copy of O., by a hand from the borders of SW. Mercia made in the eleventh century. MS. B. is associated with Hants, exhibits an eleventh century spelling, and a certain affinity with later MSS. of A. S. C. (especially C.). These results confirm and extend the conclusions stated in the Introduction to Part I.

The completeness with which the Various Readings are given has enlarged this Part so much, that it is impossible to include the Glossary in the present issue. The Glossary was completed some time ago, and may, I hope, soon follow. I have given in it summary statistics as to dialectical and grammatical variations, and in T. carefully discriminated the work of the various scribes.

My best thanks are due to friends and others mentioned already in Part I, to whose names I have the pleasure of adding those of the Rev. J. R. Harmer (Bishop Designate of Adelaide), and Rev. C. A. Pollock, Fellows of Corpus Christi College, Cambridge, and of

Rev. C. A. Plummer, Fellow of Corpus Christi College, Oxford. The carefulness of the Clarendon Press has lightened greatly the heavy labour involved in bringing out this volume.

N.B.—For the sources of the Printed Text, see Introd. Pt. I, p. xxii. Points are used to indicate erasures, in which case the fact is expressly stated; only occasionally to give the MS. punctuation. Commas are printed as in MSS. and mark an intended interlineation. Every variation (*i*, *y*, &c. &c.) is given.

VARIOUS READINGS.

TEXT FROM CA.

The capitula *precede the praefatio. There is no title. Begins* Ðis is = 6, 4. *p. 18, line 8 begins* Ic.

Page 2.
B.

1. Ic—sende *supplied in modern hand* (*Wheelock?*). *Left for illuminator, whose work in this MS. was not carried out in full.* leofustan.
2. cining Ceoluulf. þe. níwan. ðeode. þe sylfum.
3. rædenne.
4. æmettan to smeganne. má writenne. 7 getriwe.
5. þine. geornfulnesse. swiþe. gemende.
6. cwydas. alra. swiðust.
7. mærra manne. forþam ðis.
8. gehireþ. onhireð. oð.
9. sægð. gehireþ.
10. hergeanne.
11. þ te (*p.* 19). geþeo. ðe. gehitre *dot under* t. oþer nelle hu wile he wurðan þon gelæred.
12. ðinre þeode.
13. forðon þe. cininge. gedauenað. ðeode.
14. þ ðe þy. *Paragraph at* ic *after vacant space of a half line: capital* I *in* ic.
15. comon.
16. arweorða abbud Albínus.
17. wíde. gelæred on.
18. swiþust. ðeodores. bysc *after which one letter erased.* ábbud.
19. swiþust.
20. eal. ðam.
21. ðe. geþeodde. eal þ he on gewritum.

VARIOUS READINGS. PAGES 2–4.

Page 2. 22. gesegenum.   fram leorningcnihtum.   eadegan.
B.   23. Scē Gregorius ða.   eal þ gemynd þe to cyðanne wæron onsende þurh norðelm ðone ærestan mæssepreost þe on Lundenbyrig wære.

Page 4.   1. (*p.* 20) oððe hyne.   oððe mid seaftum.
B.   2. fram.   þissa.   tiid ðe Angelcynn.
    3. onfengon.   ealdra.   segnum.
    4. tiid swiþost we gelyfdon 7 geleornedon.   writat.   7 of leorningchintum.
    5. eadegan.   hwylcum cininge þ ðōn.
    6. myngunga.
    7. 7 þurh norðhelmes.   segena.   swiðe.
    8. fram ḡhwylcum byscpum.   gehwylcum cininga.
    9. eastseaxena 7 westseaxena 7 eastenglena 7 norðhymbra.
   10. þurh Albinus 7 swiðost.   geþristlæcte.
   11. worc onginnan.   *for* d *in* danielis *originally only* o.
   12. ðæs arweorþan Wessexena byscpes.   gít lifiende is.
   13. ymbe Westseaxe.
   14. wihtland swiðost he sende.   7 ðurh Cedde þōn arweorðan Myrcna bysceopes ymb Myrcna ðeode.
   16. (*p.* 21) ond eac ymbe.   byscpa.   forðfore we geacsodon fram ðam gebroðrum.
   17. sylfe.
   18. þe læsðinga eow.   þa ðing.
   19. we ða on.   gewritum oðþe segenum.
   20. gesegnum.   arweorðan.
   21. ond þ te on Lindesige.   ymb.
   22. ðurh.   þæs arweorðan byscpes cynebryhtes, 7 ðurh.
   23. oðra licgendra.   getwra þ we geleornedon ond eac.
   24. Norðhymbrū geacsodon ymb.
   25. oþ ðisne.   nales.
   26. geþeahte.   gesegenum únrim.   þa ða þing.
   27. let.   únwriten.
   28. 7 þ ic.   halegan.   Cuðberhte.
   29. þisse béc oþþe on oðre his dæda 7 his lífes.   ærest manna of.
   30. þe ic (*p.* 22).   þam broðrū.
   31. ciricean æt lindesfarene sume.
   32. getrywra.   gesegene.   toihte.

C. S.   22. cynebrytes.
      29. bec his dæda.
      31. lindesfearona ea.

VARIOUS READINGS. PAGES 6–8.

Page 6.
B.
1. eaðmodlice. halsi.
2. ymbe þis elles hwær on oþere. gehýre.
3. oðwíte. Incipiunt etc *not in B which begins on its first page*: Ðis is seo gesettnes ðisse Brytene oð Hibernia. *The numbers I–IV are not given on first page (scribe 1). They begin on second page with* V *and are continued to end of* p. 16 (CXIIII). *The numbers and next letter are by the illuminator who has made occasional mistakes. They are in red and run continuously. On the first page and occasionally later he did not complete his work.*
4. Ðis *to* ærran *capitals*, Ð *ornate*. ea *in* ealandes *on erasure*. on heora ðam ærran begangam.
6. *begins* ætte se *and so in lines* 8, 12. æresta. brytene.
8. æftera rōwara. wæs haten.
9. ealand. þa igland. rōwara cyneodme.
10. uespasianus. wihtland ðā rōmanescan (*sic*) cynedome underþeodde.
12. heleutherio (he *later hand* ?).
13. hine ꝥ he cristendóm lufude 7 eác he hít ábæd.
14. *from* V *onwards the initial in vermilion follows the Roman numeral*. VI *is joined to* V *and reads continuously, so that* VII (*Ca*) *is numbered* VI *in* B *and so on. Scribe* 2 *begins* V þætte. V (*p.* 2) þætte seuerius. brytene. 7 þa mid. toscead. oðrum unátemedum.
16. .e diocletianus ríce þæt (B *added in a modern hand*).
17. VI Scs. ðrowung. þa in ða ylcan tíd. dryhtne hira.
19. VII þætte þa. ehtnes. cirice. brytene ꝥ heo sum fæc sybbe.
20. arrianescan.
21. VIII ꝥ te rixiendum.
22. brytene cenned. miclum werede. in gallia ríce.
23. VIIII ꝥ te ricsiendum arcadio. gyfe.
25. X ꝥ te rixiendum. gratianu'. constantinus. in brytene acennede.
26. on brytene ofslagen. se oþer ðær wæs in.
27. XI ꝥte. fram scottum 7 peohtum. hi ða to. him.

C. S.
3. oðwite.
6. æresta.

Page 8.
B.
1. XII ꝥ te rixiendum. tidum Paladius. bisceop.
2. gelyfendum seottum in crist 7 Bryttas.
     c
3. frā XIII ꝥ ætsio (*sic*), *line begins* XIII ꝥ ætsio (*last line of p.* 2 *in* B). þam cinige. him. (*p.* 3) biddende
                                                n
   (ende *added later*). nænige næfdon.

VARIOUS READINGS. PAGES 8-10.

Page 8.
B.

5. XIII þ te   mid þi maran hungere genyddon þa elþeodian, *after þa one letter erased.*
6. hira gemærum adrifon.   ðam micel eorðwæstm 7 fyrenlust.
7. gehroro.   wæron fylgende æfter.
9. XIIII þte ongelþeod was.   fram bryttum in brytene.
10. hi.   weoðerweardan feorr.   nales æfter.
11. hie waredon wið him.
12. hwyryfdon wiþ.   hieora geferan.
13. XV þte.   sie namon.
14. hira.   mann.
15. XVI þte Germanus se bysceop.   brytene.   scipe ærest wæs 7, *erasure of one letter before* wæs.
16. ða pelagianuscan hyrnesse.
17. mægne.
18. XVII þ.   ilca.   dohtor.
19. æfter ðam to (*above*) *modern* (?).   7 ðær.
    [þā]
20. onfeng *to* reliquias *omitted.*   halgra.
21. oðera mani.ra (*by erasure out of* martyra).
    [g]
22. XVIII þ se ilca bysseop for ðan.   untrūnesse þær wæs gehæfd 7 ða.
23. (*p.* 4) husa gebindende adwæscde.
24. þurh gesyhðe fram.   gehæled.
25. XVIIII þte.   byscopas bryttum.
26. hám.
27. XX þ sprutendum *first* u *altered into* y, *and alteration partly erased again.*   þam twigum ðæs palegianescan wales germanus.
28. suero.   brytene.   cóm ærest ðam.
29. æfter þam.
30. genyðeredum ge geac gebetum ðam þe dwolmannum he him.
32. XXI þte.   tiid.   fram utgefeohtum.
33. hi sylue ðræston.   inngefeohtum.   manegum maṇnum. sylue.

C. S.

5. nyddon þa elþeodian.
7. gehrero.

C. W.

28. healtan.

Page 10.
B.

1. XXII þ.   halega.   agustinus.
2. munenecum.   on angelðeode.   bodiende. [n]
3. swilce.   mid trumum ærendgewrite hi gestrangode.
4. fram ðan.
5. XXIIII þ agustinus was.   brytene.   on tenet land cantwara.

VARIOUS READINGS. PAGES 10–12.

Page 10. 6. geleafan.
B. 7. swa be his leafan. bodiende on cent eode.
8. (*p.* 5) XXV þ. agustinus in Cent. frymðlican.
ciricean.
9. láre. onhergende 7. cininges byri byseop.
10. XX *first* X *defaced.* VI þ. bysceop. onbéad. ðā.
11. ða ðe in brytene. samod. ðam nedþearflicum *after*
ne *one letter erased.*
12. andsware.
13. X. XII þ. agustine. pallium. fultum.
14. lærane.
15. *number covered and defaced* (X ?). XIII æðelbyrihte. þam
cininge.
16. þte agustinus. ciricean.
17. petres (& *for* et : *cp.* 10, 30). getimbrede.
18. X IIII *rest covered.* þte agustinus. ciricean. geworhte.
19. cininges.
20. XXX þte agustinus. ðæra.
21. getimbrede.
22. XXX I þte æðelfryð norðhymbra cining. ofercóm.
angelcinnes. adraf.
24. her endiat þa capituls (*sic*) ðaere forman bec (*caps*).
25. her onginnat ða caþitulas þære oðre bec (*caps*).
26. (*p.* 6) XXXI . e forðfore þes eadegan (26 *all capitals vacant
space for* B.)
27. XXXII þte agustinus. byssceopas. rihtgeleafulre.
28. manude geeacnedum beforan. heofonlicum.
29. hi forhohgende æfterfylgde.
30. XXX III þte he agustinns mellitum ac iustum (ac *may be* &=et).
31. forðfóre.
32. XXX IIII þ laurentius. efenbiscpum. was maniende.

C. W. 7. eode.

Page 12. 1. annesse þære. ciricean.
B. 2. healnesse (d *and tick modern* ?) mellitus. cóm.
3. XXX IIII Forðferedum þam cininigum. sebyrhto. hyrc
(*sic*) æfterfylgendas. dioflgildas i folgende for þam mellitus.
bysceopas. britene ḡwiton.

Page 12.	6. XXX ƀ.	ærcebyscp geðread fram þam apłe.	
B.	7. cining.	gecirde.	7 mellitum—gecyrdon *omitted*.

          9. XXX^{VI} ƀ mellitus æfter.   arcebyscop geworden ða legeas.
       10. adwæste.
       11. XXX^{VII}   7 þær cóm paulinu' him godspellade.
       12. (*p*. 7) oðrum mannum.
       13. halegū gerynum.
       14. XXX^{VIII} ƀ.   ðone.   onsendum gewritum trymede.
       16. XXX.^{VIIII}   cining.   ealdormannum.
       17. onfangnesse.
       18. LX ƀte.   eadwine.   ðeode.   paulinus. gefullade.
       20. LXI ƀ mægð (g *late insertion*).
       21. XLII ƀte paulinus.   lindesigge.   bodiende.
       23. XLII^I Be ðære sibbe 7 smiltnysse.   rices cyninges.
       24. XLII.^{II}   forðfóre.   ðæs byscṣopes (*dot*, opes *later*).   7 þæt fore.   gecoren.
       25. fram paḷino (v *and dots late*).   lindcylene.
       26. 7 þæt.   ðam.   ærendgewritu.   pallium.
       28. XLV ƀte ofslagenum.   fram *omit*.   myrcna (y *out of* begun e) cinige.
       29. paḷlinus (v *late*).   on *omit*.
       30. byscpstḷ.
       31. her on endað þa capitulas ðære æfteran bec (*caps*).
       32. her onginnat þa cāp ðære III bec (*caps*).

Page 14.	1. XLV.^I ÆT ða *space for* Ð.		æfterfylgende Eadwine cyninge.
B.	2. (*p*. 8) ðeode.		
	3. cining ðara.		
	4. XLV^{II} ƀ.	cining. scotta.	bysceop.
	5. aidanum.	him on. ealande.	
	6. bysceopsetl.		
	7. XLU.^{III}	lífe. byscpes.	
	8. XLV.^{IIII} Oswaldes.	æufæstnesse.	arfæstnesse ðæs cininges
	10. L ƀte.	mægþ was bodiendẹum wesexna.	byscpe.

VARIOUS READINGS. PAGES 14–16.

Page 14. 11. onfengon.   æfterfylgendum.   agelbrytto 7 euleutherio.
B.   13. LI þte.   cining erconbryht.   deofolgild.
  14. toworpenne.   ercongotan.   æðelburhe.   gehalgode fæmnan.
  16. LII þ.   ofslagen was Oswald se cinig.
  17. gelomlico wundorgeweorc.
  18. wegfarendes manes.   was.   æfter.
  20. LIII þ on ðære.   fremiende.
  21. LIIII þ.   reliquias heofenlic leoht ealle (p. 9). oferstandende.
  22. þæt omit.   wæron æt his reliquium.
  24. LV þ.   byrgende unlytel cnit.   lenctenadle was
       1
   geacnocd (sic).
  26. LVI þte.   sum man fram deaþe (ends line) LVII þ æt his reliquium wearð gehæled.
       III
  28. LU þte forðferendum. (number wrong: cp. 16, 8).   ðam byscpe itham fore him onfeng æt hroueceastre biscpsetl.
  29. eaðmodnesse.
  30. cininges.   welhreoulice (reou on er).   ofslagen.
       IIII
  31. LU þ.   bysceop aidam ðam scipfarendum.   storm toweardne sæde (d out of t).   him.   þam.   ðoñ.

C. W.   20. myl deest in aliis MSS. (∴ C=CA? B has myl).
C. S.   31. foresægde.

Page 16.   1. LX þ.   bysceop þ togewegene.   ðære.
B.   2. burge biddende aweg onwende.
  3. LXI þte.
  4. cristenu.
  5. LXII þte easseaxan (ss on er) ðone.   ðone ðe hi.
            n
  6. sybrihte.   cynige.   geornfulnesse.
  7. þæs cininges.   him.   onfeng.
  8. LXII þ (this repetition corrects the order).   se ylca Cedde bysceop onfunde fram ðam cininge aþelwolde.
  9. (p. 10) mynster.   halegum gebedum 7 fæstenum dryhtne gehagode (sic).   forþfore.
       IIII
  11. LX þte mircna.   heora cininge.
       n
  12. cinig.   for ðam sealde him.
  13. for godes lufon ehta.   7 XII. bocland to þam mynstre sealde 7 forgeaf.
  15. LXV þte ecgbyrht.   halega.   angelcinnes cynne acened.

VARIOUS READINGS. PAGES 16–18.

Page 16. 16. munuclic lif. on hibis.
B. 17. LXVI þte forðferedum. wilfriþ.
18. 7 ðær. æþelbyrhte ðam bysceope. 7 ceaddan (dot).
wessexum. fram. bysceope. norðhimbrum.
20. byscpe.
21. LX̄ þ̄. wigeard wæs onsended to rome to gehadianne to arcebyscpe hi ða sona onsendon hider gewritu.
23. ðær on cyþdon hine forðgefarenne.
24. LXU þte Iestsexan on ða tid þæs. deofolgilde.
25. gecirride. ac eft (cp. 10, 30). gear (p. 11), manes þæs byscpes sona.
26. eft gecirride wæron.
27. her endiað þa capitulas ðære III bec (caps).
28. her onginat ða cāp þære IIII bec (caps).
29. LXV AETE (space for þ) FORFERENdum (E, E later). dē dediþ ðon arcebyscope wigheard þam bysceophade to onfonne wæs to rome onsended ac him ðær forðferendum ðeodorus to arcebysceope wæs.
31. adrianus ðam.
32. brytene gesended.
33. XX rest covered. þ te þeodoro ðam arcebysceope. geondfarendum.

Page 18. 1. ciricean. rihtre geleaffulre soðfæstnesse.
B. 2. halegum gewritum 7 stæfcræftum. þæt.
3. daniano (i and first part of a not original). hroueceastre. bysceope.
4. XX rest covered þte. ær bufan ðe we ær spræcon (space of 3 vacant before second ær).
5. bysceop. life. forþfore.
6. byrgenne.
7. XX þte rest covered. coleman se bysceop forlætenre brytene. mynstru on scottum.
8. oþer ðam scottum oþer. engliscum (p. 12) þe. md him ðyder lædde.
10. Part of leaf cut out ; only fragments of numbers V–VIII left.
X Be oswies deaðe. ecbyrihtes. be ðam þe geworden.
11. heortfordaþā.
12. theodorus se arcebysceop.
13. X þte ofdune. bysceoprice winfriðo saxulf.
14. byscoprice. ercenwald wæs estsexum to byscope geseald.
15. X þte. bercingum þam. heofenlicum.

VARIOUS READINGS. PAGES 18–20.

Page 18. 16. har. scoldon. lichoman ðara halegra mynster.
B. fæmnena.
18. XXV ⁱþte. ðam. sū. cniht sweltende.
19. mamam. þe him æfterfylgende wæs.
20. ðæt oþru. licaman wæs utgangende 7 sūne.
22. LXXV ⁱⁱ swylce. tacnu adeafode. ða þa. modor.
23. middangearde gelende.
24. LXXU ⁱⁱⁱ þte torhtgið. ðre.ᵒ þære hlyfdian ᵅᵉ *stroke through tail of* y.
25. gita.
26. LXXIX þte. ðam. þæs.
27. farðam (*sic*). ðam leohte.
28. LXXX þ. cining þære ilcan. sebbi. munuclicum.
29. geendode.
30. (*p.* 13) LXXX ⁱ þte wæssexena bysceophád. wæs funden.
31. þone. hrofeceastre puttan cuichelm.
32. him. 7 swylce ða. norðhimbra bysceopas.
33. LXXX ⁱⁱ þ. ætyude. is nemned cometa. ðry monaþ.
34. 7 symle. huttiid was yrnende 7 ði ilcan.

Page 20. 1. etfrið norþhymbra cining. wilferð út. bysceop.
B. 3. LXXX ⁱⁱ þ te wilferð bysceop suðsexena. X ᚠe gecirde.
4. þanan him gewitendū for ðære þrynennesse grimmra feonda agende bysceop haban ne mihton.
6. *The binding covers the first part of the numbers from* XVI *to* XXI. XXX ⁱⁱⁱⁱ þte. ealand. þær twegen.
7. cnihtas (n *out of* h *and* i *squeezed in: cp.* 4, 4). æfter þan onfengon. beðe 7.
8. ofslagene.
9. XXX.ᵛ sinoðe þe wæs. on felda.
10. 7 weardum. arcebysceope theore.
11. XXX.ᵛⁱ heahsangere ðæs.
12. láre. brytene.
13. XXX ⱽⁱⁱ þ. cwén æðeldryþ clænu. ðurhwunode.
14. byrgenne 7 ðær gewemmed. ðam ymene.
16. XXX ⱽⁱⁱⁱ þ. byseop (*sic*). ecgferð (*p.* 14) 7 æðelred.
17. þa twegen ciningas sibbe ḡsette.
18. LXXX ⱽⁱⁱⁱⁱ þte. bendas. toslitene ðon fore him.

Page 20. **B.**	20. XC.		life.	ðære abbedessan.	
	21. XC I ꝑ.				
	22. forsgifen (*stroke through tail of* s).			gifu.	singene.
	23. XCII swylc gesyhð.		ætywed wæs.		ðam þe ðæt
	25. XCIII.		deaþe ðæra twega cininga.		loþheres.
	26. XCIIII ꝑ.		dryhtnes.	cuðbyrhtus.	bysceop.
	27. git. c	muneclicum.		wæs geseted 7.	bodode.
	28. XU ꝑ.		cuðberihtus.		ancerlífe wæs geseted án
	ǽspring. r				
	29. eo,þan (þ *out of original* w).			gebiddende 7 up gelædende.	
	anne.				
	30. ðā.	ða.	þæs re ettes.		
	c				
	31. XVI ꝑ.	bysceop cuþbyrhtus.			forðfore þa towearde.
	herebyrhte þam.				
	32. sæde.				
	33. XCVII ꝑte.		lichama æfter endlufon gearum.		byrgen.
	34. clǽne funden 7.		æfter.		
	35. miclum.		þæs.	æfterfylgend.	ðissum
	middandanearde gewat.				

			u	
	1. XCVIII ꝑte		reliqui,m.	níwan wæs (*p.* 15).
Page 22.	2. fram adle.		eagena.	
B.	3. XCIX ꝑte.		byrgenne.	wæs gehæled *omitted*.

      4. her on endiat þa capitulas ðære IIIĪ bec (*caps*).
      5. her onginnat þa cāp ðære v̄ bec (*caps*).
      6. C ætte *space for* Ð (*caps*).   aðelwold   cutbyrhtes æfterfylgend.   on accerseltle geseted þam winnendum broðrum (*space for* 16 *letters vacant for* þam).   sǽ. 7 gestilde *omíts*.
      9. CI ꝑ.   bysceop iohannis.   dumne mannan.
    11. CIII ꝑ *inverts order of* III *and* IV   bysceop.   gebidde.
    12. CII ꝑ se ylca bysceop anes gesiðcundes mannes wíf úntrum. gehalgodum.
    13. gehælde.
    14. CIIII ꝑ.   bysceop.   fram deaþe gecirde.
    16. CV ꝑ.   feallende.   togebrysendne gelíce.
    17. bletsiende.   deaþe gecirde.
    18. VI ꝑte (C *covered*) cadwalla.   wessexena cining. gefulliénne cóm tó.
    19. æfterfyllgend iu þa.   ðerscoldas.
    21. VII ꝑte (C *covered*).   forðferendum teodoro.   arce (*p.* 16) bysceopház byrihtwold.
    22. betwyx oðrum gemanige (*sic*).   þa hadode tobium.
    23. wer to ðære ciricean.   hroueceastre.

VARIOUS READINGS. PAGES 22-24.

Page 22.
B.
24. to bisceope.
25. CVIII ꝑ.   halega.   ecgbyrht gecuman.   in.
26. bodiende.   wihtbyriht þyder.
27. for hine.   þær naht.   7 ða.   wæs hweorfende.
28. scottland þanan.   cóm.
29. CIX ꝑ.   freslande wæs.   7 manege.   dryhtne gecirde.
30. twegen martiras dom.
32. CX ꝑ.   árwyrða.   brytene.   willbrord.
33. róme byseopas (sic).   fresena ðede.
34. CXI ꝑ te.   norþhimbra.   deaþe arás sumu.

Page 24.
B.
1. andryslicu.   gewilniende þa ðe.   geseah 7 sengende (sic).
3. CXII ꝑte oþer ongean ðam wæs.   deaþe.   7 geseah his agene synne *omits rest*.
5. CXIII ꝑ.   him.   gecealdan (sic).
6. agene.   geseah rendū *dittograph due to* lærendum *just below*.
7. CXIIII ꝑ magena cycean.   . lærendum ademano þe.
8. (p. 17) 7 be.
9. oðere.   ḡworhte 7 eac ꝑte.   agene byseopas (sic).   westsexan onfengon eadbyrht danielem 7 aldelmum.
12. *Numbers cease; only a tick—(sic) and so 15, 18, 21, 24, 27. The illuminator did not finish his work.*   ꝑ te (ꝑ *in pale ink*).   cenred myrcna kyning.   eastsexena cyning.
13. munuclicum háde.   róme becóman.   líf geendedon.
14. life.   arwyrðan bysceopes wilferðes.
15. *Begins* þam æwfæstan.   æfterfylgde.
16. 7 æfter þam byseope.   bysceopháde.
18. *Begins* se.   cininge naitan.
19. heahcræftegan.   7 cpistolam (c *not* e).   rihtra eastra.
21. *Begins* ða.   þam ealande.   him.
22. ða þe ða.
23. ecgbyrhte.   weorðian.
24. *Begins* . e forðfore.   bysceopes (p. 18) æt hrofesceastre.
25. arwyrðan byscpes on þone.   dæg easterdæg.
26. ði.   norðhymbra cining.
27. *Begins* swylc *but* s *later and smudged.*   andweardnesse.
28. brytene.   *Then follows the preface (p. 1); after which a space of about seven lines left blank: no heading.*

C. S.   28. brytene.

VARIOUS READINGS. PAGES 24-26.

Page 24. **B.**
29. Began ges igland : [*for* breoton is garsec *is modern.* B *uses* bryten—.]   igland þ .. (*2 eras.*).   Iu (*tall* I, *originally* hi).
30. geset betwyx.   ispanie.
31. mæstum dælū európe ongean.

C. S.
31. ongen.

Page 26. **B.**
1. eahta.   twa.   hæfð.
2. mægðe.   þa mon hateð.
3. ealand.   treowum missenlicra cynna (*p.* 23).
4. ond in sumum stowum.   growað.
5. swylce þeos eorðe.
6. ferscum wille wæterū (r *in* ferscum *struck out in old-looking ink*) 7 welgesprungenum.
7. beoð *bis*.   hranas and.
8. weollcscilla.   muslena.   in þā.
9. meregrota.   ond her.
10. swyþe *omits*.   weolcas.   geworhgt.   weolcreada pæll.
11. ðone nu sune blæcean ne mæg ne rén.
12. bið yldra swa bið he fægera.   sealte seaðas.   hæfþ hát.   baðu ælcre.   hate þurh.
14. stowa gescrepene.   in.   órum.
15. irenes.   her bið.   gagates stan se bið swylce blæc gim gif mon deð on fyr nædran fleogað aweg ðone stenc.
17. ealand íu gewurðad;   þam æðelestan ceastrum.
18. ðritigum þe wæron (*p.* 24).   weallum 7 torrum getimbrede *rest wanting*.
20. oðrum læssum ceastrum unrím ond forðon þe ðis ealand.
21. sylfan.   liges leoht niht þær on sumera bið swa þte oft to.
22. cymeþ ðam.   sy.
23. æfengleomung.   mergen dagung.
24. on ðam.   þ ðis ealand.   micle legran (*sic*). ðonne suþdælas.   *space of* 2½ *lines, no number.*
27. IS ealand on andweardnesse æfter rime (*space for* Ð).   on ðam.

C. S.
1. twa.
4. scroepe.
6. wæl.
10. tægl.
11. regn.
12. swa he swa he.
18. ancs wonðe.

Page 26.	28. ·V· þeoda gereordum anne.		
B.	29. ðære hean soðfæstnesse.	soðan annesse.	andetteþ.
	30. is angelcynnes gereord.		

| C. S. | 29. annesse. |

Page 28.	1. lædenwara.	is án.	læden in smean.	eallum
B.	þā oðrum.			
	3. ealandes bigengan (p. 25).		áne.	
	4. from.	þ hi.		
	5. ðære mægðe.	brytene.	ond.	þisses.
	6. ealandes.	· geagnodon.		
	7. ða.	æfter ðam þ.	cóm.	sciðia.
	8. ealle brytene.	comón.		
	9. úpp.	scotta.	him.	

10. betwyx.   þa andswaredon scottas him 7 cwædon þ heora land nære swa micel.
12. ðeoda on gehabban.   syllan.
13. witon heonon naht feorr.
14. ealand.
15. secean willað.   ðær.
16. hwylc wered eow wiðstandeð.
17. on brytene.   eardiean ða (sic).
18. ðisses ealandes.   ǽr.   suþdælas (p. 26) þa ða peohtas.
19. ne hæfdon hi bædon him wifa fram scotum.
                                        t
20. ðæg,e (dot under g, tick under r).   þ hi him wif.   þ ðær wise be tweonan.
21. ðoñ má of ðam.   him.   curon ðonne of ðam.
22. git.   dæge is peohtum.
24. forðagangenre.   æfter bryttum 7 peohtum ðridde.
25. brytene.   onfengon on peohta.   þa.
26. ealande.   hira.   oððe ... oðþe.   freondscype.
27. betwynan hi him setl.   geagnedon ða.   gyt.
29. nu gyt to dæge delreadingas.
30. ealand.   in bræde.   ge in.
                t
31. ge in smylnesse.   micle þōn brytene land ðus þte.

C. S.   13. huæt ge don magon 7 leohtum.
20. arednesse him wif sellan.
25. peohta.
29. nu gita to.
31. lond ðus þ.

VARIOUS READINGS. PAGES 28–32.

Page 28. B.
32. seldan snaw ligeð þon.   ond.
33. cylene on.   heg maweð.
34. neaton timbreð.   ðær mon ænine scinendne.

C. S.
34. neatum timbreþ.   snacan ne wyrm.

Page 30. B.
1. ætrene ne gesyhð (p. 27).   ðær.   lifian mæg.
   forðon oft on brytene næddran in.
2. wǽron.
3. gestuncon.   ac neah ðam eall.   ðanan.   wiþ ælcū.
4. magan.   is to tacne.   men.
5. þa ðe.   fram næddran toslitene.   scóf ðara bóca léaf.
6. comon 7 þ mon ðær of scóf dyde.
7. drinncan þam mannum.   ater oferswiðed.
8. is hit welig þ ealand mid meolcum 7 hunige.   wíneardas weaxað on sumum 7 hyt.   fyscwylle.
11. agendlice scotta swa we ær *rest omitted*.
12. bryttum 7 þeohtum in brytene.
13. *The lines* 13–15 *omit*. (*After* 12 *is a blank* = $4\frac{1}{4}$ *lines*).
16. .A Æfter *omit* Ð.   ðam.   feorða fram.
17. lædende in brytene 7 (p. 28).   hefigum.
18. micelne.   andweald.
19. ða ealand.   út.   brytene.
20. geðeodde 7 þi.
21. róme.   þeos.   togen.
22. gear.   fram.   syxte.   fweowertigum (*sic*).
24. fram ðam.   in brytene.
25. æfter.   ealand.
26. anwealde underðeodde.   ðritiges.
27. XII· mila.   norþ.   nero.
28. æfter.   þā.   noht fromlices.   ðære.
29. betwyh oþerra unrím æwerdlena.
30. brytene.   *blank* = $4\frac{1}{2}$ *lines*.

C. S.
1. lifian mæg.
8. is hit þ.   stowum *deest*.
12. eac bryttum.
22. gear.
30. [lytelne] *sic before* breotone (*from* C? *cp.* 438, 13).

Page 32. B.
1. (p. 29) a wæs *omits* Ð (*space*).   syx.   oðere naman wæs haten Antonius þ wæs se feowertigða fram.

C. S.
1. 7 fiftig *deest*.

VARIOUS READINGS. PAGES 32-34. 15

Page 32.
B.
3. þam. ríce mid clderia (*sic*).
4. þara. bysceop. pápa ðære romanescan cyricean.
5. þa sende him tó lucías brytta.
6. halsode. ðurh. cristen wære gefremed ond he hwæðere þære.
7. béne. ond ða onfengon.
8. fulwihte on Cristes.
9. þæne onwealhne 7 úngewemmedne. sybbe heoldon oð diocletianis.
11. A wæs *space for* Ð. hunteontig (*sic*). VIII hundeahtatig.
12. fram cristes mennisce (*after* Cristes *blank* = 3 *letters at beg. of line*). se casere affrica cynnes.
13. ðære birig. leptis. seofonteoða.
14. ríce. he hæfde. ðes.
15. fromlice. rihte. (*p.* 30) cynewísan. ac he.
16. becóm on brytene (*omit* he). firde. miclum. hefigum.
17. gefeohte micelne dæl onweald.
18. behyrde mid dice 7 gefæstnode mid eorðwealle frā sǽ to sǽ fram elreordigum þeodum on he.
19. eoforwícceastre on adle.
20. brytene rice.
21. A wæs *space.* twa. syx hundeahtatig æfter ðære dryhtenlican mennisce.
22. diocletianus se casere wæs.
23. ðridda. þritigum. ·XX· wintra ríce.
24. maximum him. ríces 7 gesealde.
25. middangeardes. cynelicum gewædum.
25. cóm in brytene.
26. betwyx. monegan. diocletianus in estdæle middangeardes 7 maximianus in westdæle hyndon 7 hergodon.

C. S.
9. onwald ungewemmedne.
19. on *deest* (*before* adle).
24. se sealde.
27. hi *deest*.

Page 34.
B.
1. cyricean 7 slogon. menn.
2. teþnan *dots above and below first* n, þ *out of* o. ehtnesse. cyricena æft nerone (*p.* 31).

C. S.
1. slogan 7.
2. teoþan *deest sed cum hiatu*. 2. on *deest*.

16 VARIOUS READINGS. PAGES 34–36.

Page 34.   3. ehtnes.   þissa.   cininga.   unmætre.   ealre.
B.   4. þam ærdædum on middangearde *after this* for *partially erased before* forðon.   þurh tyn winter for godes ciricena bærnesse 7 unsceðöendra.
  6. martira unblinnednlice gedón wæs ða wæs bryten swiðe gehead in miclum wuldre.
  7. andetnesse.
  8. wylce *space for* S.   in ða tid.   brytene. þrowiende.
  9. þā furtunatus spræc on (*after* furtu *space for intertwining illumination as oft. in Pt. I*).
  10. gemyngade.   middanearde.
  11. dryhtne comon.   þōn.   albanum.   wæsmberende bryten
  12. hæþen þa gyt ð ðara (*sic*).
  13. getrywleasra.   mannum.
  14. þa gelamp hit ꝥ.   man gemette se wæs preost 7 wæs ðæs reþan ehtnes fleonde mid ði þe he hine ḡseah þa in singálum gebedum 7 on wæccum.
  17. abisgodne Ða (*sic*) wæs (*p.* 32).   mid ðære godcundan gife gesewen 7 gemiltsod.
  19. onhyrian.   ond.   helpendum trymnessum was.
  20. ða þystro deofolgylda.
  22. mid ði þe se.   mann.   him.
  23. gystliðnesse.   becóm.   ðæs mánfullan ealdormanes ꝥte albánus.
  24. cristes þeow 7 andettere.
  25. secean.   ða sona þa hi cómon to ðæs.   húse.
  27. geformode 7 his magistre.   ðá mid his.
  28. him on hand.   to him.
  29. þa gelamp in ða ylcan tiid.   læded.
  31. mid ðy ðe he þa geseah scm̄ albanum ða.

C. S.   6. eac *deest*.
  14. mann preost.   sumne.
  18. bysene 7.
  27. 7 his magistre *deest*.
  29. gelamp in.

Page 36.   1. forðon.   hys sylfes wyllum gestristode.
B.   2. (*p.* 33) in geweald.   to swylcre frecnesse.   ðam.
  3. gystliðnesse.   þa.
  4. þam deofolgyldū.   7 cwæð him þus tó.   þe ðu.
  5. manfullan 7 ðone wiðfeohtend.   forhicgend úra goda ðu me (*sic*).

VARIOUS READINGS. PAGES 36-38.

Page 36. 6. woldest ðonne wite þú þ ðu scealt þam.
B. 7. gearnode.
8. þu gewítan ðæncest fram. begange ure æfestne (sic) ond ða scs albanus mid.
9. sylues. geopenode. ehtrum.
10. wæs him ondrædende þa beot ðæs.
12. cámhades. 7 openlice.
13. nolde þa cwæð se. déma him tó.
14. hiredes þu sý 7 hwylces cinnes Ða andswarode him.
15. limpet. hwylcum.
16. sy. wille. soð. æfestnesse ðōn.
17. cristenne 7 ic cristenum ðegnum þenian wille ða (p. 34) cwæð se.
18. saga. þine.
19. sý ða cwæð. gecíged fram minum yldrum.
20. lifiendan. gesceop.
21. gesceafte ic þone symle begange.
22. gebidde þa cwæð se dema yrre geworden 7 him to cwæð Gif þu.
23. ðisses. gesælignesse mid ús ne yld ðu þ ðu ðā miclum godum mid ús onsæge þa andswarode him.
25. ðas onsægednessa. deoflum. ágoldene.
26. underðeoddū gefultumian.
27. ac þ soðre is. mann. þissum andlicnessum 7 deofolgildū.
28. onsægednesse berað se forweorðeð on ecum.
29. wítes.
30. þa. mid miclum. Ca omits mid.
31. raðe menn swingan.
32. he tealde. ða byldo.
33. árednesse his áhnescian.
34. þa (p. 35). tintregum gewæced ne wæs. eall.

C. S. 6. swyþor deest.
10. him ondredende.
14. 7 ða deest.
18. ða deest.

Page 38. 1. wítu þe him. gefeonde forðrihte ábær.
B. 2. ða se. oncneu 7 ongeat. mid swinglum ne mid tintregū.
3. ne—beceorfan omit.
6. Mid ðe he to þære cwealmstowe læded wæs þa becóm to swið- strangre. ea seo floweð.
7. þære. weallū ond.
8. mænegeo manna. misenlicre hyldo 7 getinge menn.

c

VARIOUS READINGS. PAGES 38-40.

Page 38. 9. mænegeo butan.
B.
10. inbryr,nesse.ᵈ   gecígedu.   martires ond.
11. swa on þæs streames bricge.   abysgode.
12. æfene.   oferferan mihton and forneah ðan eallū útgangendum.
13. déma.   þenunge bád in ðære.   ond.
14. in ðæm.   byrnende lufu wilsumes.   ꝥ recnust.
15. ðrowunge becóme Eeode (*sic*).   ðe ic ǽr sǽde.
16. áhóf.   heofone.   adruwode (*p.* 36).
17. stram (*sic*) 7 beforan his fotū ꝥ.   drige ofergán ða þis wundor þa geseah se cwellere se ðe hine.
19. godcundre gife inbryrdnesse.
20. manod.   wearp áweg ꝥ he on.
21. him to fótum.   ond he geornlice bǽd.
22. wilnode.   ðam martyre.
23. *after* sceolde *begins again* ða wæs he (19) *down to* sceolde (23). Variants are gýfe (19) ꝥ sweoʳ,d (*omitted* 20) fotū (21)ᵈ on he (21. *cp. Ca* 24) georne (21) ǽr (23).
24. 7 cristes.   ond þa ástah se árwyrða.
25. mid ðære mænegeo.
26. dúne úpp.   tídlice.   missenlicū blosmū.
27. afægrod 7 gegearwod æghwæðer   wæs ꝥ wæs wyrðe ꝥ.
28. wlitig wære 7 swa fæger ðe.
29. þi blde þæs *sic*.   geweorðod.
30. (*p.* 37) weorðan in þisse dune ofweardre.   fram gode ꝥ him wæter sealde to sumere his ðenunge.
31. sonu (*top not closed*).
32. fotū.   wylle úpp (*accent here and elsewhere oft on* p).   ꝥte. angytan.   mihton ꝥ ꝥ wæter to his fotum ðenunge.
33. wæs ðe ǽr.
34. wilnode ond se wylle.   winsumnesse.

C. S.
11. on *deest*.
17. abeah.   swa *deest*.
27. 7 gegearwod.
34. 7 se wylle.

Page 40. 1. ðenunge *omitted*.   þæs eadegan.   ða—gecynde *omitted*.
B. 3. hwæthwego.   míle fram ðære ceaster.
4. búrnan ðe he ǽr.   þer wæs heafde beslegen.   stren-gosta martir.   onfeng sigebeah eces.

C. S. 4. wæs heafde.

VARIOUS READINGS. PAGES 40–42.

Page 40. 6. ðone god gehet.   ðam þe.
B.   7. willað.
          8. ðoñ æfestan.   7 him heafod ofasloh (*sic*).
          9. deadum geferde.   þa.
         10. áscuton.
         11. feollon.   beslagen.   gemartirod.
         12. mann.   mid þi upplican.   þread.
         13. (*p.* 38) he þone.   ðōn cúð is ðeh ðe he.
         14. fulwihtes bæðe awegen nære.
         15. mid þi baðe his blódes geclænsod.
         16. rices *omit*.   æfter þissum swa manigra *omits rest*.
         17. swiðe.
         18. fram ehtnesse.
         19. ond angán árweorðian þrowunge ðara.
         20. ǽr.   he gecirran mihte fram æfæstnesse ðæs.
         21. wæs þrowiende albánus ðy teoþan.
         22. kalendarum iuliarum.   þe.
         23. hehton uérolamium (*dot over* e).   nú fram engla ðeode werlama (*divisim*) ceaster oððe wæclinga (*div.*) caster (*sic*).
         24. æfter ðon þæs monðes cóm cristenra tída.
         25. getimbred.
         26. worces.   martyrdómes.
         27. in.   nú.   oþ.   andweardan dǽg úntrumra.
         28. mægna.   (*p.* 39) beoð mærsode 7 manifeald wundor gelimpeð.
         30. in þa tid aron 7 iulius ða.
         31. burhwealdan onleg ceastre (*sic*).   legceastre.   manige æghwæþeres hádes in misenlicum.
         32. wæron misenlicū cwealmessum streste *sic* 7 ungeheredra lima toslitennesse.

C. S.   8. minstres martyres *manu recenti*.
         31. men *deest*.

Page 42. 1. campe.   sendan ðære (a *imperfectly out of* u ?).
B.   3. ND *space for letter*.   costung.
          4. forðgangen (*sic*) ða   7 ða þe geleafullan þa ðe ær in þa (*the dot and stroke under* þe *show that it is to be omitted*). tíd ðære ehtnesse in wudum 7 westenum 7 scræfum hyddon 7 bedylgedon ond.
          6. níwodon.
          7. eac ða.
          8. halegum martyrum.   bræddon heora stowe 7 weorðedon.
          9. siefæst tacen.   mærsodon.
         10. ða godeun *sic*.   clæne muðe.

C 2

VARIOUS READINGS. PAGES 42–44.

Page 42. 11. seo syb (*p.* 40) áseoðan wæs wuniende.   cyricean on
B.   ðam þe.
    12. oð þa.   gedwola áras.
    13. þissum tidum constanti.us *clearly* n *erased.*   diocletianū lifiendum.
    14. ríce 7 ipania.   rihte wæs ðes mann mannþwære.
    15. worulde god.   brytene ond.
    16. óf elénan ðam.   ríce forlet.
    17. eutrophius ꝥte constantinus wære.
    18. brytene.   7 ꝥ he æfter hís.   ríce fenge.   uṕpcumen cp. 38, 32.
    20. getreowleasnesse nales.   án eallum.
    21. ciricum.   strægd.   in ðis ealand becóm.
    22. se dwola on ðam níwan sinoðe geniþerad wæs.   in constantines.
    24. A *space.*   7 UII winter.
    25. mennisce onorosius casere feng tó ríce se.   eac XLIII.
    26. (*p.* 41) þam.   romeburh.
    27. abrocen wære 7 forhergedon.   heregung.   alaricū gotana cininga.
    28. romeburh.   fram.

C. S.   13. constantinus *sed margine* constantius *manu recenti.*

Page 44. 1. ðusend wintra ·7 C· 7 LXIIII·.   þæs ðe.
B.   2. of ðære.   blunnan ricsi in brytene *sic.*
    3. bryten ríce ·CCCC· wintra.   hundseofontig daga þæs ðe gagius oþere.
    5. ealand.   ond ceastra.   brycga.   ríce gesohte wæron.
    6. git to dæg scawian.   eardedon.
    7. þam díce.   gemyndgodon ꝥte seuerius.   ðwyres.   ealand.
    9. B. *does not make a chapter here but writes* Ða (*capital*) *in mid line.* ongunnon.   peohtas norþan.   westan hím ónwinnan.
    10. 7 him on herian 7 hi ýrman 7 hinan.
    11. on þære únsybbe ða sendon hí ærendracan to róme.
    12. béne him.
    13. him geheton eaðmóde hyrnesse.   under(*p.* 42)þeodnesse.
    14. hi him gefultemedon.
    15. onsendon hi him micelne.   onsona *junctim* ðæs þe.
    16. in ðis ealand.   campedon.   him micel.

C. S.   4. seofontig daga.
    11. ærendracan.
    13. hyrsumnysse.

VARIOUS READINGS. PAGES 44-46.

Page 44. 17. adrifan.
B. 18. ond hi trymedon 7 lærdon. worhton him. fynd.
19. mid miclum. fóran.
20. þa ærran. hære. wæs ham gewiten.
21. comon.
22. slogon eall þ 7 cwealdon þ hi gementon (sic) ond swa eac rípe yrðe fretton 7 fornamon 7 hi mid ealle foryrmdon ond.
24. ærenddracan to róme. wépendre. him.
25. bǽdon þte se earma. ealle fordylgod nære.
26. þære romaniscean ðeode. swa lange mid him scan beorhte fram. fordylgad.
28. ða wæs æft. onsended. cumen on (p. 43) ungewenedre tíde on hærfeste.
30. gefuhton. hæfdon. ða þe ðone. mihton.
31. ðon sǽ hloþedon 7 heregedon *rest wanting*.
32. gesædon. þ hi leng ne mihton.
33. scildnesse swa geswencte beón gewinesfullicū fyrdon ac hi him.

C. S. 23. ærnð fortreddon.
24. stemne.
30. ða ðone.
32. þ hi ma ne.

Page 46. 1. wæpne. strenðo. namon 7 wiðstodon heora feondū
B. 7 campedon ond.
2. rǽde. fundan.
3. gemænlice. geworhton him. gescildnesse stænenne weall.
4. westsæ. seuerius.
5. eorðweall wyrcean þone mon nú gyt to dæge.
6. fóta brádne. fóta heahne. swilce.
7. þanonone ðe him sciphere. becóm.
8. gebeorhge þæs. þæs ðis.
9. ða. him strange manunge þ hi wæpna.
10. sceoldon. feondum wiðstandon on hi þa gretton7 hī cyðdon (*p.* 44).
11. secean noldon.
12. þa þ ða peohtas 7 ða. hám.
13. 7 hi (*dot under* h = *omit word*) eac þ hi ma eft hider secean noldon.
14. ði bealdran. ond sona. þone norðdæl þisses ealandes on þone.

C. S. 5. nu geta to.
13. ma secan.

Page 46. 15. geuámon 7 gesetton. þissum.
B. 16. ðam. ufweardū. brytta here 7 þær forhtgendre.
17. sohton.
18. sceawe. him hócas ond. þam túgon. ofdúne of ðam wealle þ hi.
19. gesohton hi þa.
20. forleton ðone weal. byrig. aweg ond heora gewinnan heora ehton 7 slogon.
21. wæl.
22. eallum þam. forðon swa sceap fram wulfum 7 wildeorum swa þa.
24. wæron toslitene 7 fornumene fram.
25. feondum. æhtum benæmede 7 on hungere.
26. (*p.* 45) A (*space*). ðære.
27. menniscnesse theodorius *tail of* r *erased to make* s. æfter honorosie ríce.
28. XXVIIII wintra se wæs eac XLIII fram.
29. ðam casere to. ríce ðy VIII.
30. bysceop. scottum.
31. fram þā bysceope ðære romaniscean ciricean celestinus; (; *brown ink*).

C. S. 16. feða
24. beoþ fornumene *deest.*

Page 48. 1. haten,mære (etius *small and ink brown* ; *rest wanting*).
B. 2. mann se íu ǽr heah ealdormann wæs 7 ða.
3. syþe. cining on róme. þyssum.
4. láfe sendon. þus ærest áwriten. Her is brytta gnornung 7 geomrung 7 in forðgange.
6. ðus. drifaþ ða elreordian.
7. wiðscufet seo sǽ us. elreordium betwyx him we twyfealdne deaþ ðrowiað oðþe we sticude.
9. þeah. þĺng cyðdon ne.
10. ænine. him. forðon in þa. tíd (*p.* 46).
11. abysegod. hefegum gefeohtum. atyllan.
13. *New paragraph after* cyningum, wylce *with space for* S. tidum cō micelne.
14. ealdorburuh. æfterfylgend 7 eac manige.
15. fiftigum. gefeollon.

C. S. 2. heah *deest.*
7. betwih ðas we tweofealdne.

Page 48.	16. swilce.	manige oþre ceastra.	hungor.
B.	17. wólberenda steng. (dot, c *brown later* ?) ðære.		manig.

      manna.
    18. fordilgode.   forṃam (*dot*).
    19. cóm.   hungor.   in bry͞,tas 7 hi (*stroke of* h *prolonged below line and ticked*).
    20. þon swiðe wæcte.   manige.   eodon ond git.
    21. wæs ꝥte þæt.   woldon ac him þa.
    22. fultum blann ꝥ heora má getrywdon.   Anða ongunnon.
    23. wiþ.   ða þe manige.   ær him onhergedon 7 hloþedon.
    24. 7 hi him micel.   onslogon.
    25. hám bedrifon.   æfter þissū cóm gód.
    26. genihtsumnes.   brytene land.   næni (*first* n *out of* m *by erasure*).   æfteryldo (*p.* 47) syðan.
    27. mid þam ðā angánn fyrenlust weox.
    28. mána.   wælhreownes 7 soðfæstnesse feo͞ng.
    29. lyges.   ond nales ꝥ án ðing ꝥte woruldmenn dydan.
    30. swilce ꝥ drihtnes eo͞,de.
    31. 7 heora druncennes 7 heora oferhigd 7 gecííd 7 geflyt 7 æfest 7 oþrum mannū.
    32. sweoran.

C. S.   23. ða monig.

Page 50.   1. underþeodde onwég aworpenum.   geóce ðam.
B.   2. swétan neah þā ðingū þa cóm.   micel wól 7 grimnes.
    3. gehweofdan menn modes.   in hrednesse.   ṁicele mænegeo.
    4. fornam 7 gefyllde ꝥ.   ne genihtsumedan.
    5. bebyrigdon.   lifiende.
    6. þam.   ðæs deaþes na ðe sél woldon.   sawla deaðe acennede beon mihton forðam nales æfter miclum.
    8. grimre wrace þa fyrenfullan ðeode þæs grimmánes.
    9. æfterfylgende ða gesamnedon hi gemót.
    10. (*p.* 48) wære hwær him wære fultumes to biddanne to warienne 7 to wiðscuenne swa reðum heregange 7 swa gelomlice.

C. S.   6. deaþes nate sel.
    11. raþe hergionge.

VARIOUS READINGS. PAGES 50–52.

Page 50. 12. 7 gelicode him eallum. cininge wi,ᵣðgeorn.
B. 13. seaxena ðeode sælicum dælum.
14. fultum bædon 7 gelaðedon.   þte þ.
15. dryhtnes.   gestithod.   þte yfel wrácu cóme.
  wið,ᵉʳcorenum (er *later*?).
16. in þam ende ðara wisena.   ís.
17. A *space*.   ·íííí· hund.
18. menniscnesse þte marcianus.   ríce.   seofan géar.
19. fram.   ðam.
20. ðeod 7 sexna.   gelaþod fram ðam.
21. in brytene cómon oþrim scipum (i *in* þriⁿm *out of* u *by erasure*).
22. eastdǽle þisses ealandes.   onfengon.
23. cininges bebód.   gelaðde.   sceoldon for heora gewinnan *rest wanting*.
25. þe him oft ǽr norþan onheregedon (*p*. 49) 7 saxan ða. geslogon.
26. sendon.   hā ærendracan.   secgecgean (*sic*) þisses.
27. wæstmberennesse.   yrhðo ond hi sona.
28. strangra wigena 7 þ wæs únoferswiðedlic werod.
29. geðeodde.   ond him.   sealdon 7 geafon.
30. betwyh.   7 hælo.

C. S. 14. gecerdon 7 gelaðedon.
30. 7 hælo.

Page 52. 1. 7 campedon.   wiþ.   hí hím andlifene 7 áre forgeafon.
B. 2. cómon.
3. strengstan.   germani 7 of.
4. géatum.   wihtsǽtan.
5. wihtland eardað of seaxum.   þam.
6. man hatet.   comon.
7. óf angle cómon (and *omitted*).
8. norðhimbra.   ealand (*dot, i. e. omit* ea) þe ang . . . lus (ul *erased*).
9. betwyx geatum 7 seaxum 7 is sǽd of ðære.   ðanan gewitan.
10. wæstme.   wæron ærest (*p*. 50).

C. S. 7. and *deest*.
10. wæron ærest.

VARIOUS READINGS. PAGES 52–54.

Page 52.
B.
11. latwowas.   ·II· gebroðor.   horsa wǽron hí wiht-gilses sunu.
13. haten þæs fader wæs woden nēned.
14. cynne cóm manigra mægða cining þe cingfruman (*g small and later*).
15. to þam.   hí.   cómon mare werod of ðam þeodum ðe.
16. gemyngodon.   com ongann.
17. miclian to þam.   miclum.
18. sylfun landagendum þe hi ǽr hider : *after this is repeated* cóm (16) *to* hider (18) *with variants* oṅgán ; *and* ðam sylfum. (*From the first* ongann *to* cóm *all is enclosed by a ring line of old ink*).   laþedon 7 cíídon.
19. æfter.   ða.   sumere tíde.   peohtum.
20. ǽr ðurh.   feorr adrifon.   On þa. (d above On)
21. 7 toweardne
22. sǽdon.   him máran andlyfene.   woldon him.
23. heregian.   sona ðam^{ge}, beote dǽdum^{ge}, læston.
24. heregedon 7 slog(*p*. 51)on fram eas,sǽ. (t above s)
25. 7 him sona.   wiðstód.   úngelic wracu.
26. calde,s. (a above) 7 þa.   getimbru fýre.
27. synnum.   þōn.
28. fram ðære.   dóme forneah.
29. gehwylc 7 lánd forheregeode wæron 7 hruran 7 feollon cinelicu getimbru somod 7 ænlipie 7 wær sacerdas 7 *an old stroke runs under* wær sacerdas *and turns up through* 7.
30. betwyx weofodum slegene wæron.
31. bsceopas *sic*.   folcum butan.
32. áre.   irene 7 líge.
33. wǽron ond ne wæs se ðe.   be birgennesse.

C. S.
19. 7 æfter.
24. dǽdum læstan.
30. weofodum.
33. ænig *deest*.

Page 54.
B.
1. wælbreowlice.   ond maniḡ þære.   láfe.
2. fangene.   T *begins at* sume.   hungere.
3. hánd.   þeowdóm.   wiðþon ðe hī man.

Ca.
3. eodan.   wiððon.

Page 54.	4. andlifene	forgeafe.	sorhgende.
B.	5. forhtgende.	ḡbidon.	líf on wuda 7 on westenū 7 on clifū sorhgende gebidon.

7. (*p. 52*) nd *space for* O, *i. e. new chapter as in Ca.*   æfter
ðam.   hám.   7 hi hæfdon út afǽrde 7 tostencte þa bígengan.
8. iglandes.   hi.
9. mód.   niman 7 7 (*bis*).   ðam diglum stówum.
10. hi ǽr ongehidde.   ealle.   geðafunge heofonlices fultumes.   wǽron.
11. ꝥ hí.   forwýrd.
12. adilgode.   wǽron.   tíd.   látteow 7 heretoga.
13. naman.   man.
14. gemetfæst wæs.   cynnes in.   mannes tíd mód.
15. bryttas.   hi.   forðecíígde.
16. gehet.   hi eác.   ðurh.   fultum.
17. ond.   ðære tíde.   bryttas.
18. sie slogan.   ꝥ géar.   ðære.   dúne.
19. hi.   angelcinnne *sic*.
20. angelcynnes.   on brytene.
21. (*p. 54*) A *space*.   tíde.   fíf.   twa.

C. S. 7. ut afærede.
13. se *deest* (*before* wæs).
14. gemetfæst wæs.

Ca. 4. hī andlyfne forgeaf.   sorgiende.
5. on.   gebidan.   þearfendū life on wuda westene.
6. on.   cleofum.   symle wunedon.
7. AND.   ðon.   hi.
   adrifene
8. út amærde 7 tostencte.   þysses.   hi.
9. mǽgen niman 7 forðeodan.   þam diglum.
10. hi.   on.   ealre.   geðafunge.
11. fultumes hī.   ꝥ hi oþ fórwyrd.
12. fordiligade.   on.
13. naman.   se wæs god man.
14. man on þyses mannes tíd mód.
15. bryttas.   he hi.   forðgecygde.
16. hī.   gehét.   hi.   fultum.
17. ðære.   hwilū.   bryttas hwilū.
18. seaxena.   geslogan.   ðæt.
19. hi mycel wæll.   angel.   geslogan.   and.
20. angel.   cyme on.   XXIII.
21. æft.   tu and.

VARIOUS READINGS. PAGES 54–56.

Page 54.   B.
- 22. hundnigontig fram.   maur,^{ci}ius cásere.
- 23. ríce.   þ.   XX.
- 24. fiftigum.   fram agusto þæs ðæs *stroke under* þæs. ríces þy teoþam.
- 25. wer on láre.   dǽde.   hyhsta.
- 26. bysceophade ðære.   ciricean.   setles 7 þ rihte heold ·XIII· geár.   monod 7 ·X·.
- 28. godcunde inbryrnesse^{d}.   manod.   feowerteoðan geáre.
- 29. angelcynnes.
- 30. hidercyme.   brytene þ.   godes ðeow agustinus. manige.
- 31. him.   dryhten.   adrædende godes word bodian.
- 32. angelþeode.   hyrsumedon hi ðæs bysceopes.   þam.

Ca.
- 22. hundnigontig fram.
- 23. þ.   án.
- 24. fiftigum frā aguto þæs.   þy.
- 25. wér.   (*p.* 25) hyhsta.
- 26. setles.
- 27. þ.   rihte.   ðreottyne gear.
- 28. onbryrdnysse.   feowerteogeðan.
- 29. angel.
- 30. on.   þ.   sende godes þeow agustinū.
- 31. munecas 7 preostas.   drihtē ondrædende beoden.
- 32. angel.   hyrsumedon hig.   ƀ.   þam.

Page 56.   B.
1. gemyngodan weor weorce 7 féran angunnon hí forhtigan 7 andrædan (*rest omitted*). *stroke under* weor.
2. þæne siðfæt.   þ.
3. wislicre 7 gehaldre.   þ hi hám cirdon ðōn hi.   elreordian þeode geferdan 7 ða.

C. *fragments of* 38^{b}.
1. forhtian.
3. þ him.   7 gehyldre *deletur* (*Smith*).
4. hie.

Ca.
1. gemyngedon weorce feran.   dǽl ðæs.
2. Ða.   hi.   ondræddon hī.
3. siþfæt.   þohtan þ hī.   wislicre 7 gehyldre.   þ hi.
4. cyrdan.   hi.   eallreordan.   ða.

VARIOUS READINGS. PAGE 56.

Page 56.   5. ðe hí furðum gereord.   gesecean 7 þis gemæn,lice.
B.
    6. curon 7.   son.ᵃ   agustinus to þā.
    7. ðe.   bysceope.
    8. onfangen   þ.   sceolde.   hi ðingian þ hi ne ðorfton.
    9. siðfǽt ond swa gewinnes on swa úncuðe elþeodignesse féran ða.
  11. tó 7 hi.   lǽrde on ðam.   þ hi eaþmodlice férdan in þ weorc godes.
  12. 7 þ hi getriwdon on.
  13. fultū.   þ hi ne forhtgean þæs gewinnes ne ðæs siþfætes.
  14. wyrigcwedelra manna tungan. Ac þ.   *Text follows Ca after monna.*   míd.
  15. geornfulnesse.   lufon þa.   gefremedon ðe.
  16. don.   Aand þ (*but no cross stroke in* A).   þþ.
  17. gewinn wǽre máre.   eces.   æfterfylgende ond.
  18. he hine.   gescilde.   him sylfum forgeáfe.
  19. (*p.* 55) wæstm (t *small and brown*).   gewinnes heofonríces wuldor.
  20. geara.
  21. mid him.   him lǽfnes.
  22. *no break but* Ða (*capital*).   was.   trymnesse. eadegan.
  23. þam.   þeowum.   him wæron hwea,ᵣf in.
  24. cóm in brytene.
  25. *begins* ÆS *space.*   in ða tíd æðelbyriht cyning on cetrice 7 se wæs.   rice.

C. S.   5. furþum gereorda.   ond.¹
    7. [bisc]eope.¹
  14. tungan ne brosniende.
  21. him lif seald.
  25. in centrice.¹   ¹*fragments of C.* 38.

Ca.   5. ðe hi furðon þa.   cuðan.   sceoldan.
    6. hī.   7.   agustinū.
    7. ðam.   ðe hi hī.   gecoron *first* o *out of* u.   hæfdon.
    8. lare onfange wǽron þ.ⁿᵉ   sceolde eadmodlice.   hi ðingian þ hi ne ðorftan.
    9. fræcne siþfætt 7 swa gewinnfullicne 7 on.ᵒⁿ
  10. ællðeodignysse feran ða.
  11. hi.   on.   þ hi eadmodlice.
  12. ferdon on þæt geweorc.   7 he getreowode on.
  13. fultum þ hi no afyrhte þ gewin ðæs siþfætes.
  14. wyrig cwydolra manna.

Page 56. 26. tosceadet.
B. 27. ðonne.
28. *Text follows* O *which begins* ealand.   micel igland ƀ is nemned tenet ðær synt six.   hyda æfter.
29. ƀ igland.   wantsama stream ram (*sic*).   togeðeoddan.
30. ðreora furlanga.

C. 27. þon̄.
28. ealond.
29. ƀ.   for þam. S.
30. londe.

Ca. 28. ealond tenen ƀ.^{t} æf̄t.
29. ƀ.   (*p.* 26) stream.
30. togeðeoddan ^{a} *later* a *old ink*.   ðreora.   brád.

Page 58. 1. æghwæðer.   ligeð út.   þissum iglande cóm úpp.
B. 2. geféran.
3. náman eac him.   wealh (*p.* 56) stodas.   franclande swa him.
4. And he sende þa æðelbyrhte.
5. ærenddracan 7 him cyðde ƀ.   óf róme cóme.
6. se ðe.   butan.
7. gehet him écne gefean in.   ríce.

C. 3. nam he eac.   S.   swilce.

O. 3. hie.   *erasure above line between* h *and* s *in* wealhstodas (*of* 1?).
4. him.   7 he.
7. r *on eras. of* 1? *and partly above line*.

Ca. 1. æghwæðeres.   to sǽ.   ealonde.
2. úpp.   feowertigra.
3. noman hi.
4. 7 he sende.   æðelbyrhte.
5. ærendracan.^{d} onbead.^{sæde} of.   cóme.
6. ðe hī.   weolde.   butan.
7. fean.   ræce.^{i}

VARIOUS READINGS. PAGE 58.

Page 58.
B.
8. þam soðan.   þam lifiendam.   þa he ða se cining.
9. gehirde ða het,.   bídan on þam ealande ðe hi úp cómon 7
    (he above het)
    he ðider heora.
10. forgeaf oð þ.   dón.
11. ðon becóm hlisa to ðære.
12. æfestnesse.   wíf.   him wæs forgifen.
13. beorhte.   wíf.   onféng.   hire.
14. ðære.   heo his leue (u *on erasure. 2nd* e *squeezed in*;
    original ink).   ðone þeaw ðæs.
15. hire æfestnesse.
16. gehealdan.   mid þam bysceope ðone.   fultume seal-
    don 7 to geleafan þæs nama.
18. þa.   manegum.   þ.   cóm.
19. iglande.   hī (*p.* 57) úte seldan.   agustinus.
20. he hine ðy.
21. hi in hwylc hús.   ineodon.   he ealdre hælsunge gif hi.
22. drýcræft.   þ hine oferswiðan.
23. sceoldon.   nales deoflescræfte ac mid godcundum mægne
    gewelgode cómon báeran.

C. S.
23. mid *deest*.

O.
16. fultome (1ᵇ) þæs.
19. ut, e *by corrector*. (e above)   gewyrcean (y *on abrasure* ?).
21. h,e on (*1st hand*). (i above)
23. mid *above by corrector*.

Ca.
8. soðan.   lifiendan.   ða se.
9. he hig.   þam.   ðe.
10. hī ðider heora.   forgyfan 7 þ.   dón.
11. swylce ær ðam becom.   hī ðære.
12. æfestnysse forðon.   hæfde seo wæs hī forgifen.
13. cynecynne berhte.   hire yldrū arednesse.
14. heo.   leafnysse herde.   ðone.
15. ðæs.   hire æfestnysse.
16. mid ðy ƀ.   ðe hi hire to fultome ðæs.
18. æft monigum.   þ.   ðám.
19. hī úte.   agustinū.
20. geférum ðider.   he hine.
21. hie.   hús.   hī.   breac ealre. (wende above)   hi.
22. oferswyðan.
23. sceoldan.   nales.   deofulcrefte.

VARIOUS READINGS. PAGES 58-60.

Page 58. 24. tacn sylefren.   mǽl mid him hæfdon 7 andlicnesse on
B.   bréde hælendes cristes awritene.
  26. haligra manna.   rímede (*sic*) 7 gebedu syngende.
  27. heora ecre hælo.   ðe hi tó cómon tó dryhtne þingodon ða.
  28. hi sittan 7 hi swa didon ond.   him.
  29. ðær.

Ca. 25. hī.   anlicnysse drihtnes on brede.
  27. heora.   ðe.   coman.   þingedon ða.
  28. hi sittan.   hi swa.
  29. mid hī eallū.   ðe.

Page 60.   *T. begins* lærdon.

B. 1. ða andswarode.   cining.   fægere.
  2. ðe gé brohton 7 ús.   forðan hi níwe.
  3. úncuðe.   nu gýt þ ðafian þ wé forlætón ða wísan.
  4. lange tíde mid ealre angelþeode heoldon (*p.* 58).
  5. hider elðeodie cómon 7 þæs ðe.
  6. ís 7 ic ges,wen hæbbe þa ðing þe ge beseoð 7 betst ongelyfað
    þ ge eac swilce wilniað ús þa ðing gemænsumian nu ne willað
    wé eow.

O. 1. 7 swarade.   cw̄ fæger, (e *above not 1st hand*).   þys.
  2. gehat (*small curve after* t).   þa ge brohton.   forþon.
    hi niwe sýndon.
  3. uncuð, (e *not 1st hand*).   nu̇ (o *not 1st hand*).   gen
    þ þafigean þ we forlætan.
  4. langre.   angel.   heoldan.
  5. forþon.   ðe ge hider feorron ellþeodige coman 7.   ðe
    me geþuht 7 gesawen ís.
  6. þa þe,geseoð (ge *not 1st hand*).   betest gelyfdon þæt ge
    eac swylce willan don.
  7. gemæn .. sumian (*two erased*).   ne willað (e *on eras.*).   forðam.

Ca. 1. ða 7 swarede.   cw̄ fægere.   ðis synd.
  2. ðe ge brohton.   sæcgað.   hi niwe.
  3. no gyt þ geþafigean þ we forlætan.
  4. langere.   angel.   heoldan.
  5. ðe ge feorran hider.   ælþeodige coman 7.   ðe me
    geþuht 7 gesawen is.
  6. ðing ða ðe ge geseoð.   gelyfdon þ ge eac swylce wyllan
    don.
  7. ge (*p.* 27) mænsuman.   ne wyllað.

VARIOUS READINGS. PAGE 60.

Page 60.   8. eow fremsumlice in gastliðnesse onfon. And.
B.   9. andlifan syllan 7 eow eowre.   nu we.   bewerigeað ꝥ.
   10. þa ðe.   magon.   láre.
   11. æfestnesse.   cinining *sic*.   gewunenesse.
   12. on.   birig se.   ríces ealdorburuh. And.
   13. gehét.   andleofan 7 heora woroldþearfe forgífan 7 eac.
   14. leafe.   ꝥ hi moston.
   15. lǽran.   ꝥ sǽd ꝥ hi ferdon 7 neletton ða fóre to þǽre.
   16. mid þi halegan.
   17. andlicnesse ðæs.   cininges úres dryhtnes.   cristes
      7 hi ðisne letaníam 7 antefn gehleoþre.
   18. sungun eprecamur (*space for* D).
   19. dńe in ōmi miscdia.   auferat⁹ suro.
   20. & *for* et *twice*.   tuus (*p.* 59).   scá *rest to end omitt. d.*

O.   8. eow ic frem(2ᵃ)sumlice on.
   9. 7 lyfene syllan.   forgyfan (y *on eras.*).
   10. ꝥ.   þa þe.   magan.
   11. æfestnesse geþeode (*last* e *on eras.*).   þa.   cyninc
      him wununesse.
   12. on.   ealdorburh 7.
   13. gehet.   7 lifene 7 heora woruld þearfe forgyfan (y *on eras.*) 7.
   14. lyfnesse.   ꝥ hie mostan.
   15. ꝥ sæd ꝥ hi.   nealecton to þære.   þeau.
   17. 7 licnesse.   ures.
   18. ꝥ hi þysne letanian.   antefn gehleoþre.   sungan.
   19. dn̄e.
   20. de *omitted*.   scā.   quō.
   21. alleluia *added*.

Ca.   8. eow fremsumlice on gæstliðnesse.
                                               ne wærnað
   9. andlyfne syllan.   ðearfe.   beweriað.
   10. ꝥ.   magon.
   11. æfestnysse geþeode.   ða.   hī wunenesse.
   12. on.   ealdorburh 7.
   13. gehet.   7 lyfne 7 heora weoruld ðearfe forgifan.   7.
   14. lyfnesse.   ꝥ hi mostan.
   15. ꝥ sæd ꝥ hi.   nealæhtan to þære.
   17. anlicnysse ðæs myclan.   ures.
   18. ꝥ hi ðysne letanian.   antefn.   stæfne sungan.
   19. dn̄e.
   20. &.   & domo scā.   quō.
   21. alleluia *added*.

VARIOUS READINGS. PAGE 60.

Page 60. 22. A (*space*). þæs ðe hi ineodon in ða eardingstowe him.
B. 23. ðære cinelican. þa ongunnon hí ꝑ apostolicæ líf ðære
f,ymþelican ciricean onherian ꝑ. gebedum.
25. þeowedon 7 lífes wórd þam ðe hi mihton.
26. lǽrdon 7 ealle. ðisses middangeardes ða fremdan forhe-
gedon nymðe þa ðe andlyfene heora nydþearflice gesewen
hæfdon 7 hí onfengon fram ðam þe hi lǽrdon.
29. ðe hi hi lærdon 7 hi sylfe ðurh ꝑ alyfdon 7 hi.
30. mód.
31. þære. ðe hi. lǽrdon. ða ylding ꝑte manige
gelyfdon 7 gefullade wæron hi wæron wundriende ðære
bylywytnesse heora ðære heofonlican láre.

C. S. 28. ac æfter.

O. 22. þæs þe hi eodan on. him.
23. on. cynelican. þa ongunnan hi.
24. þære þrym . . lican (2 *eras.*) cyricean onhyrigean ꝑ. ꝑ
ís on. gebedum.
25. on (*bis*). . wæccum. fæstenū. þcoudon. þam
þe hi mihton.
26. 7 eall. þysses.
27. swa swa. forhogedon þa. áán þa. hiora
andlyfene needþearflico gesawon.
28. hie. fram þā (2ᵇ) þe hi.
29. hi lærdon hi. eall. 7 hi hæfdon.
30. gearo. wiþerweardan. þrowiend,e (*1st hand*).
                                            n
31. þære. hi. þa ylding ꝑ.
32. gelyfdon.

Ca. 22. þæs ðe hi eodan on.
23. on. cynelican. ongunnon hi ꝑ.
24. þære ðrymlican. cyricean onhyrigean ꝑ. on. gebedū.
25. wæccan. fæstenū. þeowdon. ðam þe hi
mihton.
26. 7 ealle. ðysses.
27. swa swa. forhogedon butan ða. áne þa. heora
andlyfene. nedþearflico gesawen.
                               o
28. hi. frā ðam ðe hi.
29. æft on ðe hi lærdon hi. ðurh eall. 7 hi hæfdon *bis*.
30. gearo. wiþerweardan. swylc. þrowienne.
31. soðfæstnysse þe hi. ða ylding ꝑ.
32. gelyfdon. gefullade wæron wæron hi eac. ða.

D

VARIOUS READINGS. PAGE 62.

Page 62. 2. be. ðære. sumu. áare.
B. 3. iu ieara. (*p.* 60) mid þy romane. git. brytene.
4. on. ciricean. cwen. hi gebiddan ðe we.
5. þ. on. cirican.
6. hi samnian 7 singean. 7 mæssian 7 lǽran men 7 fullian. þ.
7. cining. gecirred.
8. 7 hi máran leafe. eall. cyrican to tybrianne. bétanne.
10. ða. ðurh. þ. cining. betwyh oðrum ongann.
11. clæneste líf. ðam swetestum gehatū.
12. 7 hi. þte. wǽron. manigra.

C. S. 10. hit *deest* (*after* gelamp).

O. 1. bylwytnesse þæs unsceþþændan. hiora.
2. be. welneh sume cyrice on are.
3. iu. romane. breotone (*on eras.*).
4. on. cyricean. cwen gewunade hyre. cwędon.
5. þ hi, (1*st hand*) Cristæn. wære (e *fresh, modern ink*). on þysse cyricean.
6. ongunnan hi.
7. fullian oð ðæt.
8. 7 hie. lefnesse. eall. cyricean to timbrianne.
10. gelamp hit. gyfe þ. betweoh.
11. ongan. þ clǽneste *accent or smudge* (?). 7 hiora.
12. gehatū 7 hi. þ.

Ca. 1. bilehwitnysse þæs unscæð͗endan. ðære.
2. be. welneh sum cyrice on are. ðy.
3. iu. romane. beeodan.
4. on. cyrican. *from* seo *to* cyrican *omit*.
5. ða.
6. ongunnan hi. gebiddan on mæssesongum 7.
7. fullian oð ðæt. cynig.
8. 7 hi. lefnisse. eall. cyrican to timbrianne.
10. ða gelamp hit. þ. betweoh oðre.
11. ongan. þ clǽneste. haligra ðinga 7 (*p.* 281) heora ðam swétestan.
12. gehatū 7 hi. þ ða soðe.

VARIOUS READINGS. PAGE 62.

Page 62.
B.
13. wundra ætywed 7 he ða mid gife wæs gefullad ða.
14. manige. scíndan.
15. hæðennesse forlǽton 7.   þære.
16. hi gewenedon þurh.   ðære cristes ciricean ðara. gehwyrfednes.
17. sǽd þ̄.   cining wǽre swa efenblissiende.
18. þ̄ he nænigne hwæðere.   to cristenū þeawe.   þa ðe.
19. gecirdon þ̄.   ða inweardlicor lufude.
20. hi wæron efenceastrewarum.   ríces forþon.
21. fram his.   fram ðam.
22. þ̄te.   ðeowdóm.
23. genydenlic. And.   ða.   cining.   lareowum.
24. on.   ea,dorbyrig.¹   ðær tó.

C. S. 24. setl.

O.
13. ætywness̄.   ða gefe,nde (1st hand).   gefullad.
14. ða ongun,ⁿᵃⁿ   efestan.
15. hæþennesse þeau forlætan 7 to þære.   hi.
16. geþyddan.   cyricean.
17. sæd þætte (3ᵃ) se.
18. efenblissiende.   næninġne (sic) hwæþere.   to cristenum þeawe.
19. þa þe.   cyrdon.   inweardlicor lufade.
20. hi.   efenceasterwaran.
21. geleornade fram.   lareowum.
22. þ̄.   nalæs.
23. genededlic 7.   ða.   lareowum.
24. gerisene stowe 7 eþel.   on.   þærto.

Ca.
13. ætywnysse.   ða.   gefullad.
14. ða ongunnan.   7 higian 7 scyndan.
15. hæðennysse.   forlætan.   ðære.   hi.
16. geðyddan.   ðære.   cyrican.
17. sæd þ̄te.
18. blisiende þ̄.   nænigne hwæðere.   to cristenum þeawe.
19. þa ðe.   fulluhte cyrden þ̄.   ða inweardlicor lufade.
20. hi weron hī efenceasterwearan.
21. geleornade frā.   þā.
22. þ̄.   nalęs.
23. genededlic 7.   ða.   lareowum.
24. gerisene stowe 7 eðel.   on.

D 2

Page 62. 25. nydþearfe on.
B. 26. *The first letter is illuminated (partly over the scribe's writing), this has been neglected since the* Capitulas.   Betweonum ðissum þingum þa.   halega.
27. com,^to   fram ætherio ðam arcebysceope.
28. ylcean.   æfter.   ðæs eadegan.   scē gregoríí 7 wæs.
29. arcebysceop angelðeode.   7 fæder (*stroke below*) to brytene.
30. ærendracan.   róme ꝥ.
31. ꝥ hi sceoldon secgean 7 cyðan þā.

Z. 27. cuō.   arela ðære.   ætherio ðæm ercebiscope ðære.
28. æfter.   ðæs eadgan.   scǣ.
29. gehalgad ærcebiscop ongolðiode.   In breotone.

O. 25. nydþearfe on.
26. Betwih þas þing.
27. tó aréla þære caestre.   fram ætherio þam ærcebisceope.
28. yl, (1*st hand*).^can   æfter.
29. ærcebisceop ongel.   ferde on.
30. ærendwracan.   ꝥ.
31. munu.c *eras. of* u (?).   ꝥ hi sceoldan secgean.

Ca. 25. nydþearfe on mi,senlican.^s
26. Betwyh þas.
27. arela.   frā æthereo.   ærceƀ.
28. ylcan.
29. ærceƀ angel.   ferde on.
30. ærenddracan.   ꝥ.
31. ꝥ hi sceoldan sægan 7 cyðan.

Page 64. 1. eadegan bysceope.   gregoríí ꝥte angelðeod.   (*p.* 62) onfangen.
B.. 2. ꝥ.   byscpe gehalgod.   eâc.

O. 1. bisceope.   þæt.   angel.   onfangen.
2. ꝥ.   gehalgod.

Ca. 1 ƀ.   ꝥ.   angel.   onfangen.
2. ꝥ.   ƀ gehalgod.

VARIOUS READINGS. PAGE 64.

Page 64. **B.**	3. be mane (*ends line*) socnum 7 frignessum þa ðe hine nydþearflice gesawon (*sic*). 4. hís geðeahte biddende. And. sona ðam risne. 5. onsende swylce agustínus. *see* 88, 28. *The* Interrogationes *are at end of Bk*. iii. *There are no headings* (Interrogationes &c.) *in B.* *Different hand; resembles that of 1st scribe, but has longer vertical strokes.* (*See Introduction.*) 6. (*p.* 199) rest be *space*. biscopū. hi. geferū drohtigan 7 lifian. 7. oððe in þā lacū geleaffsumra. hi. weofodum. 8. ciricum. sculon 7. 9. on. don sculon scyle.
C. S.	7. weofodum.
O.	3. monigum socnum. frignessum. þe. nydþearflice. 4. 7. 5. 7 sware onsende swelce agustinus *see* 88, 28. *The* Interrogationes *at end of Bk.* iii. (61ᵃ) Interrogatio beati agustin,^{ni} episcopi c,ntur^{a}iorū [a *above eras. of* e] ecclesiǫ *all in vermilion.* Then follows Ærest bi,^{bi}sceopum (*not first hand correction*). 6. hie. lifigean *first* i *out of* u *by eras.* 7. scylan oþþe on þam lacū. hi. wigbedum. 8. cyr,c^{i}um (*1st hand*). sceole. 7 *after* le *eras. of one.* 9. bysceop on cyricean don sceole. *Then* Respondit gregorius papa urbis rome *vermilion*.
Ca.	3. monigū socnū. frignyssū. hī nydðearflice gesewen. 4. 7. 5. 7 sware onsende swylce agustinus. *As in O. B. no break.* Int. *at end of Bk.* iii. Interrogatio beati agustini episcopi cantu,^{a}riorum (*1st hand*) aecclesiae, *all in capitals.* *Then follows next line* ærest *to* drohtian *in capitals,* æ *ornate.* 6. bisceopum. hi. geférū. *N.B. p.* 91 *begins in.* 7 lifigean *pages* 91–101 *incl. are headed* Interrogationes scī agustini Respontī gregorii papae *with varying contractions.* 7. scylon oððe on. lacū. ðe hi. wigbedū. 8. cyricū. 7. 9. bisceop on cyricean don sceole *Then* respondit s̄c̄s̄ *gregorius papa caps.*

VARIOUS READINGS. PAGE 64.

Page 64. 10. wæð *space.*   þ gewrit cyðeð þ me ne tweoð þ.
B. 11. geare canst. And.   eadegan paules apostoles þonne he wrat.
12. tyde (*p.* 200).
13. on.   drohtigan 7 dón sceolde.
14. setles þ þon hi biscpas.   þ hí him beboda syllan.
15. 7 þ te.   andlifenes.   gegange IIII.
16. sceoldon án (1 *out of* c).   hirede.
17. onfangennesse gyta.   goldes þeowū (1 *partly erased*). þrydda dæl.
18. se feorþa.   edniwunge.   tó.
19. forþon þy in broðorlicnesse.   regolū getyd.
20. hwæðere asyndrod.   fram þinū geferū in angelciricū.

C. S. 11. 7 *deest.*

O. 10. þ.   ðæt cyþeþ þ.
11. geara canst 7 syndriglice þæs eadigan.   þone.
12. wrat.   on.   tyde.
13. on.   drohtnian 7
    huse, don sceolde ðonne ís þeau ðæs.
14. seðles *cross stroke of* ð *partly erased.*   hi bisceopas. þ hi him beboda.
15. syllað 7 þæt.   7 lyfenes.
16. sceole.   Aṅ.   bysceope *final* e *small (not 1st hand).*   hirede *final* e *very small (not 1st hand).*   fore.
17. onfæ,gnesse e *of* æ *defaced.*   gesta.   oþer.   ðridda.
18. ðearfum se feorða.   edni.wunge (i *out of* e, *then one erased, then rude* w *over another letter with erasures*).
    bóte.   cyr,ceum (*not 1st hand*).
19. forþon.   broþorlicnes is (61ᵇ) on.   getyd.
20. hwæþere.   fram þinū.   in ongelcyricean (i *in* in *on eras.*).

Ca. 10. þ.   þ cyþeð þ.   nís.   þ ðu.
11. geara canst syndriglice ðæs eadigan.
12. on ðam.   týde.
13. on.   dón sceolde ðonn̄.   ðæs.
14. setles þonn̄ hi bisceopas.   þ hi hī beboda.
15. syllað 7 þ.   7 lyfenes.
16. sceole án.   bisceope.   hirede.
17. onfangenysse gesta.   ðeowum.
18. ðearfū.   seo feorðe.   edniwunge.   cyricean.
19. ðin broðorlicnys is on.   reogolum getyd.
20. hwæþere sunder.   frā þinū.   óngelcyricean.

Page 64. 21. gyt niwan.   ðas drohtnunge.   lif ðu.   þte his fruman.
B.   23. acennedan.   urum fæderū on ðam.
       24. hi.   hí leton beon on sundran ac.
       25. ealle þa gód gemæne.   þoñ.   preostas (*stroke under seems late*).
       26. syn butan halegum hádū.   þa he hi fram wifū ahebban ne magon niman him wíf 7 andlyfene.   onfón.

O.   21. sio.   gen niowan.
       22. lif.   gesetton.   on.
       23. acennedan cyricean.   fæderum on þam.
       24. hi.   onsundran cwæð.
       26. þa þe hi fram wifum.
                                           fon þā
       27. niman hī wif.   7 lyfene ut ón, for be *original* onfon be *converted into* onfon forþam be.

Ca.   21. gýt.   ðas.
       22. lif ðu.   þte on.   ðære.
       23. acennedan cyricean.   ussū fæderum on þā.
       24. þā ðe hi.   on sundran cw̄.   hi eallū.
       25. gemæne.   þonn̄.
       26. halgū hadū.   hi frā wifū.
       27. niman hī wif.   7 lyfene út onfón.

Page 66. 1. forþā be þam ylcū fæderū þe we ær embe bufan spræcon.
B.   2. þ hi wæron to dælenne.   woruldgód syndrigū mannū.
         3. æghwylcū.   andlyfene.
         4. þencanne.   oferseonne þ hi.   þeawū lifian under (*p.* 201).

O.   1. ylcum fæderum bi þam.
       2. þ hi wæron.   woruldgod.
       3. mannū.   æghwilcū.   7 lyfene.
       4. þenceanne.   þ hi.   leofigean.

Ca.   1. be þā ylcū fæderū wé.
       2. þ hi wæron.   weoruldgód syndrigū.
       3. mannū. æghwylcū.   7 lyfene.
       4. þenceanne.   þ hi gódū þeawū leofigean.

VARIOUS READINGS. PAGE 66.

Page 66.
B.
5. cyriclum. singanne. tó begangenne 7 frā eallū únalyfednessum.
7. lichaman. ælmihtigū. healdan þā lifiendum.
8. on. hi. ælmessan dælon oðð̌e.
9. begange. fyllan 7 þy.
10. þte. worulspedū.
11. godū. reccanne. syllanne. eallra.
12. cwæþ. elemosinam &.
13. þte tó lafe si ofer syllað to ælmessan.
14. ealle clæne.
15. id þy án leafa (*space for* M). is. sindon. mislice. cyricena oþer.
16. mæssesanga. cyrican.
17. oþer is in.

O.
5. cyriclicum. singanne. begangenne.
6. fram.
7. lichaman. ællmightigum (*before* æ *erasure of one*). healdan. þam lifigendum þonū.
8. on. life. sprecanne. hi. ælmessan.
9. oþþe gæstliþnesse (*imperfect erasure of* a *in* e). gestlið (62ª) nesse. begonge 7 mid heornesse fyllan.
10. þæt ofer bið to lafe. hieora woruldspedum.
11. godum is to recceanne 7 to syllanne swa swa eallra magist.
12. cw̄. supt est data elemosinam.
13. þæt ofer sie,.⁷ lafe.
14. ælmessan. eou beoð ealle clæne. Interrogatio scī agustini.
15. Myd. syndon. cyricena.
16. on. cyricean.
17. oþer. on. Respondit gregorius papa.

Ca.
5. cyriclicū reogole. singanne. begangenne.
6. fram eallū unalyfednyssum.
7. ælmightigū. healdan. ðam lifigendū.
8. on gemǽnū life. sprecanne. hi. ælmessan.
9. oð̌ðe gestlið̌nysse begonge 7 mid heordnesse fyllan.
10. þ.
11. gódū. recceanne 7 to syllanne. eallra.
12. cw̄. suptus est data elemosynam &. voþ.
13. þ ofer si. lafe.
14. ælmessan. ealle clæne. Interrogatio scī augustini.
15. án. syndon. gewunon cyricena.
16. on. romanisce cyricean.
17. hæfed on. *p.* 92 *begins* rice, *cp.* 66, 18 ; 64, 6.

VARIOUS READINGS. PAGE 66. 41

Page 66. 18. .U (*space*) sylfa. canst.
B. 19. afeðed. þinceð. licaþ. þte.
20. oððe on. . . oððe on. . . oððe in.
21. oðere. gemete þte almihtigum.
22. licige þ bighidiglice þ. 7 in angelþeode.
23. gese,te. (*eras. of blot ?*). gyta. niwe on.
24. forþon. syndon. lufianne. wísan. ac beforan (be *and* an *erased*) godū.
25. stowa syndon. lufianne. (*p.* 202) of syndrigum gehwylcum cyricum. e *imperfect but original.*
26. þu æfeste 7 góde 7 rihte. ða þe ðu togædere gesamnie.
27. angelþeode mód. ásette.
28. .C *space.* halsie hwilc wíte: hwæt mann.
29. ábrede.

O. 18. þu sylfa canst þeau. cyricean *on.*
19. afæded. þinceð. licaþ þ.
20. oððe. cyricean oððe on. oððe on.
21. hwilcre oþre. gemette (1st t *partly erased*). þ ælmihtigum. má (a *on eras.*).
22. licade þ. behyd,lice þ. 7 in ongel. cyricean.
23. healdanne. niwe on.
24. forþon. syndon. lufianne. wisan. godum.
25. syndon. lufianne forþon óf. cyriceum.
26. þa þu. god. þa þu togædere.
27. in angel. mod (od *partly erased*). ge (62b) wunan. asette. interrogatio agustini;
28. ic þe halsige hwilc wite. hwilc.
29. cyricean. abredeð; Respondit gregorius papa;

Ca. 18. sylfa canst. cyricean on.
19. ðu afæded. ac nu. þ.
20. oððe. cyricean oððe on. oððe on.
21. hwylcere oðre þæs ðe þam ælmihtigū. má.
22. licode þ ðu behydelice. þ. 7 in ángel. cyriceau.
23. gyt. niwe on.
24. syndon. lufianne. wisan. stowū. for godū wísū.
25. syndon. lufianne forðon. syndrigū cyricū.
26. gehwylcū. æfest 7 gód. ða þu togædere.
27. on angolðeode mód. gewunon asette. Interrogatio agustini.
28. ic halsige. wite.
29. cyricean. út abredeð. Respondit s̄c̄s̄ gregorius papa.

VARIOUS READINGS. PAGE 68.

Page 68.
B.
1. Is *space*.   ðeofofes (*2nd* o *struck through and next letter mangled, f?*) háde.
2. mæge forþon.   þe habbaþ.   woruldspeda.   syndon.
3. on ðysse.
4. wisan.   æþelnessa.   forþon.   nyd ꝥ sume mid
5. geswincum sume þearlicor (*dot under* þ) with t t above.
5. liþelicor syn.   7.
6. ꝥ wíte.   heardre 7 strengre gedon sie þōn is hyt ^mid lufan (mid *rough*) tó.
7. wylme.   forþon þam.
8. ða.   biþ geworden þæt.   sie.   þam écū.
9. tintregan forðon þises gemetes.   menn þreatigan.
10. þa gódan fæderas gewuniað (ð *out of* n). flæslico.
11. hi.   þreagað.   7 hwæþere.

O.
1. geþencean.   broþorlicnes.   ðeofles *cross of* ð *very faint*; (*late?*).
2. gereht.   mæge forþon.   þe habbað worul, spede. (d above)
3. hwæþere.   syndon þa þe on þysse.
4. wisan ðurh wę́delenesse (d *on eras., not* 1*st hand*) agyltað forþon.   nyd ꝥ.
5. wonunge heora wcruldæhta sume mid swingum. liþelicor.   gerihte 7 (e *erased into* i).
6. þe ꝥ wite hwæne.   strangor.   sy.
7. nalæs of wylme.   forþon þam.
8. men ðurh ða þreo ǽ þis *after* r *in* þreo *originally* u *erased roughly into* e, *small* o *squeezed in*.   gegearwad ꝥ.   þam.
9. ecū fyrū.   ti..tregum forþon ðys.   sculan.
10. ðreagean.   þa godan fæderas.   flæslicu.
11. hi.   synnum þreageað 7 swingað 7 hwæþere.

Ca.
1. geþencean ðin broðorlicnys.   deofles.
2. gereht.   mæge.   ða þe.   weoruld—
3. hwæðere.   syndon ða þe on þysse.
4. wisan ðurh weðelnysse.   nýd ꝥ.
5. wonunge heora woruldæhta sume mid swinglū.   þear-flicor.   liðelicor.   gerihte 7.
6. ꝥ wíte hwæne.   strangor dón sy þonn̄.
7. nalæs.   wylme.   hátheortnysse.   þà.
8. men ðurh ða ðry ǽ þis.   ꝥ.   þà.
9. écū fyrū.   tintregū forðon ðysse.
10. ðreagean.   gódan fæderas.   flæslice.
11. ða hi.   ðreageaþ.   7 hwæðere.

VARIOUS READINGS. PAGE 68.

Page 68. 12. sylfan. hi. wítū. swencaþ lufigeaðˀ 7 willnigeaðˀ.
B. 13. yrfeweardum. hæbbenne. woruldgód þe hi ágon.
14. þa þe heora yrre gesewen bid (*sic*) ehtaðˀ 7 witniaðˀ
forþon.
15. on þam mode. healdenne (*p.* 203).
16. gemet þrea. þte ꝥ mod butan.
17. eallinga.
18. swilce. ætictest on. þa. man sc̅yldan (*stroke under* sc). ðe.
19. cyricum. wæron. feorr ꝥ lá. þte. cyrice.
20. ætecnesse onfó ꝥ. gesewen. eorðlicū þingū anforlǽtan.
21. big. þingū. woruldgestreon séce.
22. wæðer *space*. motan. gesweostor on inngehygde onfon.

O. 12. þa sylfan þe hie. ðam witum þreageaðˀ. swencaðˀ
lufiaðˀ 7 wilniaðˀ.
13. yrfeweardum (y *on eras*.). habbanne. woruldgod.
14. ðe hie agon. þa þe hi yrre gesawene beoðˀ (b *out of* h) ehtan.
15. witman forþon (*last stroke of* m *prolonged as afterthought to form* i). on þā mode. healdanne.
16. þære þreáunge (rea *on eras. all after* þ *not* 1st *hand*).
(63ᵇ) dihtaðˀ 7 findeðˀ. þæt ꝥ mod butan.
17. eallinga. deðˀ. Ac swilce. toætyctes on.
18. þa. gyldan sceole þa ðe.
19. óf cyricean. sie ꝥ. cyrice.
20. ætycnes, (y *on eras., not* 1st *hand*). ꝥ. gesewen.
eorþlicum ðingum.
21. anforlætan 7 hi beid l um (*sic, erasure or abrasure* ?).
woruldgestreon sece (*not* 1st *hand*). Interrogatio agustini.
22. hwæþer motan. gebroþor. gesweostor on gesinscype.

Ca. 12. sylfan ðe hi. þā witū þreageaðˀ 7 swenceaðˀ.
13. hī to yrfeweardū. habbanne. woruldgód.
14. ðe hi ágon hī. þa ðe yrre gesawene beoðˀ hi ehtan.
15. áá on þam mode. healdanne.
16. ꝥ. þære ðrea. ꝥ ꝥ mod butan.
17. rihtū. eallinga. ac. ðu toætyetest on.
18. frignysse. gyldan.
19. cyricean. feór ꝥ lá si ꝥ. cyrice.
20. ætyccnysse. ꝥ. gesewen. eorðlicū þingū.
21. ánforlætan 7 hi be. ðingū. Interḡ agustini.
22. motan. gebroðro. gesweostro on.

Page 68.	23.	fram.	acennede ðis mot swá beon on eallum gemete þ		
B.		(*no break at* ðis).			
	24.	for þā.			
	25.	ower.	on. bocum. þte.		frigenesse
		wiðerword.			
	26.	gesewen.			
	27.	hwylce.	cristene menn.	magum.	
	28.	betwyh.	gesynscipe.	geþeode.	steopmodor.

O.	23.	þa þe beoð feor.	cneorisse (i *by erasure from* e).		frā.
		Respondit gregorius. p̄p̄.			
	24.	swa beon.	gemetum þ.	forþon.	
	25.	áwer.	on halgum bocum þæt þysse (y *on eras.*).		
		wiþerword si gesawen;	Interrogatio agustini.		
	27.	hwylce.	sculun cristene.	magum.	
	28.	betwih on gesynscipe.			

Ca.	23.	feor.	frā hī.	*p.* 93. *begins.* Ðis. *so no special heading cp.* 66, 18.	
	24.	swa beon.	þ.	forþon.	
	25.	ahwær.	on halgum bocum þ ðysse frignysse wiþerword sí gesawen.	Interrogatio scī agustini epī.	
	27.	hwylce.	sculon cristene.	magum hī betwih on geðeodde.	

Page 70.	1.	broþorwifum.	þ. þ hi moton on.	gesynscype
B.		gegadered.		
	3.	Wæð *space*.	sum eorðlíc ǽ is in.	cynewisan
		forlæteð þ.		
	4.	oððe swustur oþþe twegera broþera.		
	5.	twegera swustra suna.	wæron.	

O.	1.	broþorwifum.	þ. þ hie.	on.
	2.	gegæderade.	Respondit gregorius papa.	
	3.	sum eorðlice æ on.	cynewisan.	
	4.	forlætað þ.	broþor oððe.	twegea broþor oððe.
	5.	twegra gesweosterna.	wæron on gesynscype.	

Ca.	1.	broþorwifū oððe alyfed.	þ hi motan on gesinscype.	
	2.	gegæderade.	Respondit s̄c̄s̄ gregorius.	
	3.	eorðlic ǽ on.	cynewisan.	
	4.	forlætað þ.	oððe.	broðor oððe twegra geswosterna.
	5.	gemen,de wæron on.		

VARIOUS READINGS. PAGE 70.

Page 70. 6. gesynscype. ꝥ. ongeaton ꝥ ꝥ.
B. 7. tuddor. mihte. gesynscipe and.
8. bewereþ (*for* eþ *originally* 7 ꝥ). forbeodeþ. scandlicnesse.
9. þære mægsibbea forðam. neod ꝥ. (*p.* 204) menn on.
10. on ðære feorþan. betweonan wifian forþon.
11. we beforan ær cwædon eallum. forberenne.
12. forlætanne. mánn *second* n *erased*. godwrecnes.
13. wið his. steopmodor forþon on. ǽ.
14. revelað. ðu scandlicnesse swylce.
15. forþon. ís. wif. hi beoð on anún (*sic*) lichaman 7 seðe gedyrstað.
17. ða scandlicnesse. steopmodor sio on lichaman.
18. wæs se. onwryð. scandlicnesse swylce.

O. 6. ꝥ. oncneowan 7 ongeaton ꝥ ꝥ.
7. tud,ur. mihte. gesynscype 7.
8. æ. (63ᵇ) þa s,eondlicnesse.
9. mæg. sibba (e *erased*). forpon ís nyd ꝥ. on.
10. on. betwyh. sceole.
11. cneoris (e *erased into* i). ealle gemette (*first* t *erased*). foreberanne.
12. forlætanne. man ís. godfrecnes ꝥ.
13. forþon on. ǽ. tu,pitudinem.
14. onwre,h (e *on eras.*). sceondlicnesse.
15. forþon. wif.
16. hi. lichaman. Ono se þe gedyrstigað.
17. scandlicnesse. an lichaman (*sic*).
18. onwrihð. sco,dlicnesse. Swilce.

Ca. 6. ꝥ cuðelice oncneowan 7 ongeaton ꝥ ꝥ.
7. ne growan. mihte. swylcū gesinscype 7.
8. sceondlicnesse.
9. nýd ꝥ. menn on.
10. on. hī betwih. sceole forðon.
11. ealle. forberanne.
12. forlætanne. mán. godes wrecnys ꝥ.
13. on. ǽ.
14. ðu sceondlicnysse.
15. wíf.
16. heo. ánū lichoman seðe gedyrstigað.
17. sceondlicnysse.
18. onwrihð. sceondlicnysse. swylce.

VARIOUS READINGS. PAGE 70.

Page 70. 19. hine,menge (ne *not* 1*st hand*). broþorwife forþon.
B. 20. ðurh ða. geðeodnesse. broþor lichama.
21. ðæræ wisan. swylce iohannes se.
22. haligne martirdóm. lifes geendode.
23. sæde. ne wære. wíf underfenge to habbanne ac forþon.
24. syndon. angelþeode mid þi hi gýta on úngeleafsumnesse þissum mánfullū gesynscypum.
26. gemengde ac hi (*p.* 205) syndon tó manigenne hu hi to.
27. comon ꝥ hi ahebben hi fram swylcum (*after* fram *eras. of vertical stroke of* h ?).
28. ongytan ꝥ ꝥ. 7. ondrædan. forhtigendan.
29. dóm. hi (*out of orig.* he) tintregeo écre cwylmnesse onfon.
30. syndon hi hwæþere. wisan.

C. S. 23. brohte 7 hæfde.

O. 19. broþorwife forþon.
20. broþor lichama.
21. wisan.
22. halig, martyrdome. lif. þā.
23. sæde. ne wære ꝥ. broþor wif.
24. forþon. syndon. angelþeode. hie.
25. on. þyssum manfullum onsynscype.
26. wæron sæde gemengde. (64ᵃ) hi syndon. monienne hu hie to.
27. comon. hie ahebben hie fram swylcum.
28. ongytan ꝥ ðæt. 7 hī ondrædan.
29. hie.
30. cwylmnesse onfon. syndon hi hwæþere. þysse wisan.

Ca. 19. ꝥ. broðorwife.
20. ða. geþeodnysse. lichama.
21. ðære wisan. swylce iohannes baptista.
22. martyrdome. líf. þā.
23. sæde ꝥ hī. ne wære ꝥ. wif bruce.
24. syndon. angelþeode. hi.
25. gyta on ungeleafsumnysse. ðyssū mánfullū onsinscype.
26. sæde 7 gemengde. hi syndon to monigeanne hu hie to.
27. comon ꝥ hi ahabban hi frā. unrihtū..
28. ongytan ꝥ ꝥ. 7 hī ondrædon. forhtigendan.
29. dóm. hi.
30. cwylmnysse onfón. syndon hi hwæðere. ðysse wisan.

VARIOUS READINGS. PAGES 70-72.

Page 70. B.	31. bescyrienne.	gemænsumnesse.		lichaman.
	blodes ðy.			
	32. gesewen sy on him eallum þa ðing ongewrecen.			on ðam hí.
	33. únwisnesse.	fullwihtes baþe.		ðas tíd.

O.	31. biscyrianne gemænsumnesse.		lichaman 7 blodes.	
	32. gesewen sie þas þing unwrecen.		on þam hi.	
	33. un wisnesse gesyngedon.	fulwihte bæþe.		forþon on.

Ca.	31. bescyrianne gemænsumnysse.	blodes ðy.	
	32. hī gesewen si þas ðing unwrecen.	on þā hi.	
	33. unwisnysse.	fulluhte.	(*p.* 94) on ðas tíd.

Page 72.
B.
1. sume þing embe wylm.   sume.   manþwærnesse.
2. áræfneð sume.   sceawunga yldeð.   abereþ 7 yldeþ.
3. ꝥ þæt yfel wiþerworde aberende 7 yldende.
4. becumaþ syndon to manigenne. ·   hi.
5. swylces durron.   rr *rudely out of* rf *but in original ink.*
   gyf hwylce.
6. gefremman syndon hi.   bescyrigenue crisstes lichaman
   7 his blodes forþon.

C. S.
2. 7 swa abireð 7 ældeð *desunt.*
4. ða hi (*for* þæt heo.)

O.
1. cyrice sum.   sume.
2. sume.   yldeð þæt oft *rest wanting.*
3. ꝥ wiþerwearde.   aberende 7 yldende.
4. syndon to monianne ꝥ hi nówiht swylces.
5. durran.   hwylce.
6. ꝥ gefremman.   syndon hi (*on eras.*).   bescyrianne.
   lichaman.

Ca.
1. cyrice sum ðing ðurh wælm.   þurh sume, monþwærnysse.
2. sume.   yldeð ꝥ oft ꝥ wiþerwearde.
3. aberende 7 yldend beweraþ.
4. þa ðe.   syndon to monigenne þa ðe nowiht swylces.
5. hwylce þonn̄.   ꝥ gefremman þonn̄ syndon hi to bescyriganne.

VARIOUS READINGS. PAGE 72.

Page 72.
B.
- 7. be.   mannum.   tó aræfnanne þa þe þurh úngewissnesse synne frem (*p.* 206) maðˈ.
- 8. ðonne in ðam is.
- 9. stranglice tó ehtigenne ða ðe.   wítende singian.
- 10. yf *space*.   feorrnes siðfates betwyh ligeþ.   bisscopas eaþelice cunnan (*sic*).
- 11. hwæþer mote bisscop gehalgod.   bután oðerra biscpa andweardnesse.
- 13. on angelcirican.   þú.   gýta eorðlic bisscop halgian (*rest wanting*).
- 14. butan oþrum.
- 15. bisscopum.   ríce bisscopas.
- 16. bisscop hallgunge.   gewitscype standan.   bisscopa.
- 17. an oðere wisan nymþe *modern hand in margin* : ' restituitur ex libro Cotoniano' wesan *is written above line in text . wheeloc* (?) (*cp. Wanley*).   gesamnungæ.   gewitscype.
- 18. oððe feowera bisscopa.   he fore his hyldon þam.

O.
- 7. be.   mannum.   tó aræfnianne.   ræfni *on eras. of* ber.
- 8. þurh ungewisnesse (ge *erased*).   ðonne on þam is.
- 9. ehtanne þa þe.   witende.   Interrogatio agustini.
- 10. feornes.   betwih.   (64^b) þæt.
- 11. eþelice.   hwæþer.   gehalgod.   butan.
- 12. oþra bisceopa.   7weardnesse;   Respondit gregorius. pp.
- 13. in (i *on eras.*).   ongelcyricean on.   ana.   bysceop.
- 14. miht þu on þære wisan bisceop oþrū byssceopum.
- 15. sculun.   byscopas.
- 16. bysceopes (e *out of* æ *by eras.*).   on gewitscype standan. bisscopa.
- 17. ón oþre.   wesan.   gesōnunge.   on gewitscype.
- 18. oððe.   bissceopa þ hie for.   gehylde þam.

Ca.
- 7. be þā mannū.   hwæthugu.
- 8. aræfnianne.   ungewisnysse.   þonn̄ on þam is.
- 9. ehtanne ða þe hi.   witende.   Interrogatio scī agustini epī.
- 10. mycel feornys siðfætes betwih.   þ.
- 11. eðelice.   mót ƀ gehalgod.   butan.
- 12. oþra bisceopa 7weardnysse.   Resp̄ Greḡ.
- 13. ongelcyricean on ðære.   ana nu gyt.   bisceop.
- 14. miht ðu on ðære wisan bisceop.   butan oðrū bisceopū.
- 15. sceolan.   bisceopas.   þa ðc.
- 16. bisceopes.   on gewitscype standan forðon.   bisceopa.
- 17. wisan nemne on gesomnunge 7on gewitnysse witscipes.
- 18. oððe.   bisceopa þ hi for.   gehylde þā.

VARIOUS READINGS. PAGES 72-74.

Page 72. B.
19. ætgædere heora bene séndan (*rest wanting*). Part ii. *of MS. begins* at gode (*p.* 207).
20. Hu *initials now written large in ink*. . wé dón. brytta bysceopum.
21. In. bisceopum. syllað. ænigne aldordom ne ealdorlicnesse forðon fram þam ærran tidum.
23. bissceop. arela. ðone wé. bescyrigean.
24. beniman. onfangenan. ðe þider gelimpe.
25. þu myd ðe þæne ylcan bisceop tospræce 7 togeþeahte (to *twice junctim*).
26. oððe gyf hwylce úncyste on byscopum gemeted.

O.
19. ætgædere. geb͡odu senden on,geoten. ᵈ Interrogatio scī agustini.
20. sculan. brytta bisceopum ; Respondit gregorius papa.
21. on. bissceopum. syllað. ænige ealdorlicnesse. forþon fram þam.
23. bisceop on are laðere. ᵈ sceol,an bescyrian.
24. beniman. onfongennan ealdorlicnesse. fór. on.
25. bysceop spræce.
26. sie. Oððe. hwilce uncysta on bysceopum gemet,ᵗe.

Ca.
19. ætgædere. bena. gebodu sendan 7 geotan. Inter᷄ agustini.
20. sceolan. gallaⁱ. brytta. Respondit gregorius papa.
21. bisceopū. syllað. ænige ealdorlicnysse forðon fram þam. tidū.
23. se ƀ on árela ðære. sceoldan bescyrian.
24. beniman. onfangenan ealdorlicnysse. fore. on.
25. ðone. bisceop. spræce. si oððe gif hwylce uncysta on.

Page 74. B.
1. gerihte. sculon 7. sie þ.
2. ðeodscypes 7 ðearle wlanc.

O.
1. ða ge (65ᵃ) rihte (*in* gerihte i *by eras. out of* e). gebetᵗ,e sceolon 7. sie þ.
2. on. ðeodscypes. sie. to onbærnanne 7 to gebetanne.

Ca.
1. ða gerihte. sceolan 7. wén si þ.
   oððe to nesce 7 wlanc
2. on. to wlæc (*small above* 1st *hand, ink old*). ðonū. to onbærnanne 7 to gebetanne.

E

VARIOUS READINGS. PAGE 74.

Page 74.
B.
3. 7 ꝥ he þa þe.
4. wiðerwearde syndon.   ures scyppendes fram.
5. bisceopa.   bewerige.   miht ðu.   bisceopum butan heora aldorlicnesse.
6. hi scealt liðelice manigan.
7. hym ætywan.   ealle (p. 208) brytta.
8. biscpas.   þinrae (cp. 10) broðorlicnesse onfón to þam ꝥte únlærede syn.
9. úntrúme.   trumnesse.   gestrangode.
10. únrihte.   syn gerihte gode to willan.
11. Hwæder.   geeacnod wif.   fullod.   oððe æfter.
12. oððe æfter.   cyrican.   gangan.
13. oððe.   swilce ꝥ bearn þe.   hyt sy.
14. deaðe forgripen.   fela.   alyfeð hym þam geryne onfon fullwihtes baþes oððe æfter.   tide.
15. þam wife.

O.
3. broþorlicnesse.   7 ðæt (7 on eras.).
4. wiðerwearde syndon.   ures scyppendes fram bysceopa.
5. bewerige.   miht.   bissceopas butan.
   lic
6. ealdor,nesse.   hi scealt.   monian.
7. ætywan.   goda.   ónhyrenesse ealle brytta.
8. bysscopas.   broþorlicnesse to þon ꝥ unlærede synd.
9. trymenesse.   synd gestrangade.
10. unrihte mid þine ealdorlicnesse synd gerihte; (i out of e by eras.).   Interrogatio agustini ;
11. hwæþer.   wif.   oððe æfter.
12. oððe æfter.   cyrican.
13. gangan oððe.   ꝥ bearn ꝥ.
14. sye (sic).   deaþe.   fela.   alyfe.ð (y out of e ; before ð one erased).   ꝥ geryne.
15. onfon fulwihte bæþes oððe æfter.   tide mot þam wife.

Ca.
3. broðorlicnysse.   7 ꝥ he ða þe.
4. widerwearde syndon ðære.   bebodū ures scyppendes frā.
5. bisceopa ðeawum bewerige.   miht ðu.   biscopū butan.
  e
6. ,aldorlicnysse.   ðu hi scealt.   monian.
7. hī ætywan.   gódra.   onhyrenysse ealle brytta.
8. broðorlicnysse to þon ꝥ unlærede syn.
9. trymenysse.   gestrangode.   (p. 95) 7 unrihte.
   ðinre ealdorlicnysse syn gerihte.   interróg augustini.
11. wif.   oððe æft þon ðe.
12. oððe æft.   cyricean.
13. gangan oððe.   ꝥ bearn ꝥ.   ðy.
14. si.   æft hu fela.   alefeð hī ꝥ geryne.
15. onfon fulluht.   oððe æft.   mycelre tide mót þā wife.

VARIOUS READINGS. PAGE 74.   51

Page 74. 16. lichaman gegaderunge gemenged beon 7 geþeoded oððe gyf
B.
        wif menn sy, in monaǒ̇ adle gewuna.   alyfed sy hyre.
        cirican to ganganne oððe þam geryne onfon.
  18. halegan.
  19. oððe.   þe.   wife gemengen.   ærþon þe.
      bebaðod.
  20. cirican gangan.   þam.   halegan.
  21. oððe ealle þas.   niwan.   angelcynnes on.
  22. gedafenaþ.
  23. (*p.* 209) forhwan.   ꝥ geeacnode wíf fulwod.   þy. ne ys
      (*stop at* þy *to separate* ne; *original ink*).
  24. ælmihties.   wæstemberendes lichaman forðon (æ *out of* e).
  25. myd þi ure.   ða.   menn on neorxena wange agyltan.
  26. furluron hi rihte.   domas þa úndeaðlicnesse.

O. 16. hyre.   lichaman gegaderungge geþeo·de, *erasure of* d (?)
     oððe.
  17. wif numen sie in monaðadle.   hwæþere alyfe·ð (y *from*
     e; *one eras.*) hyre in cyrcean gangan.
  18. oððe þam geryne onfon.
  19. (65ᵇ) oððe.   se þe.   wife.   ærðon he bebaðod sie.
  20. .. mot (*two erased before* mot).   on cyricean gaugan.
     þam.
  21. eall.   niwan þeode ongel.   on.   Respodit (*sic*)
     gregorius papa.
  23. ꝥ geeacnode wif fullad.   ne is.
  24. beforan ælmihtiges Godes eagū.   syn wæstberendes
     lichaman.
  25. ure ealdoras.   on.
  26. hi rihte.

Ca. 16. gegaderunge geþeodde.   oððe.
  17. wif numen si in monaðadle.   hwæðere alefeð.   cyri-
     cean gangan.
  18. oððe þā geryne onfón.   gemænsumnysse.
  19. oððe.   wife.   ærðon.   bebaðod si.
  20. mót.   on cyricean gangan.   þā geryne.
  21. gemænsumnysse eall.   ðing.   niwan.   ongel.
     on.   Respondit Gregorius papa.
  23. ꝥ geeacnode wif gefullad.   ðy ne is.
  24. beforan ælmihtiges godes eagū.   syn wæstmberendes.
  25. forðon.   ðy ure.   menn on.
  26. forluron hi rihte.   undeaðlicnysse.

E 2

VARIOUS READINGS. PAGES 74–76.

Page 74. 27. hi.   7 ongesceapene wæron 7 cwæð þa se ylca ælmihtiga
B.   god 7 manna cynn eallinga.
28. hyra synnum.
29. he þa þam.   úndeaðlicnesse.   áhof.   hys synnū
    7 hwæþere.
30. hys.   hym.   westemberendnesse genoh tudres ðæt
    þære mennisscan.

O. 27. hi.   on gesceapene wæron 7 hwæt.   ylca.
28. ælmihtiga.   manna cynn eallinga.
29. þa þam men undeadlicnesse.   áhof for.   sy,ne.^{n}
    hwæþere.
30. wæstmberenesse.

Ca. 27. hi.   on gesceapene wæron hwæt ða se ylca.
28. ælmihtiga.   manna cynn eallinga.   heora synne 7
    hwædere (*rest wanting*).   fremsumnysse.   arfæstnysse hī.
    wæstmbærnysse

Page 76. 1. ælmihtiges.
B. 2. gyfe.   hwilcere rihte.   ðonne.   fram.
3. gyfe.   halegan fullwihtes.   þam.   æghwilc.
4. gru,dinga^{n} ádwæsced.   dislic.   ꝥte.
5. gyfe wiþcweden.   þu frune.   swilce.   wif cenne,de.^{n}
6. æfter.   fela.   cirican gangan.

O. 1. tud,res^{d} 7 ꝥ.   ælmihtiges.
2. gyfe.   hwylce rihte.   fram gyfe.
3. on þam.   æghwilc syn.
4. ꝥ sceole.
5. gyfe.   þu frune.   wif.
6. æfter.   (66^{a}) fela.   cyrican gangan.

Ca. 1. tuddres 7 ꝥ ðære.   ælmihtiges.
2. gyfe.   hwylce rihte.   ðonn̄.   frā gyfe.
3. fulluhtes on þā geryne ðe.   æghwylc syn grundlinga.
4. swyðe.   ꝥ sceolde.
5. gyfe.   frune.   ðonn (*sic*) wif.
6. fela.   cyricean gangan.

VARIOUS READINGS. PAGE 76.

Page 76. 7. sylfa þ leornodest on.   þære eadegan cuðnesse þ for
B.   wæpnedbearne (accent or stain?).
                                        a
        8. heo sceolde ahebban fram.   (p. 210) ingange.
        9. for mægdencilde 7 syx. 7 sixtig daga for hyre cilde þ is
           hwæðere.
                                    t
       10. witanne þ þ.   gaslicum gerynum.   forþon.
       11. ðe.   on.   ylcan tid.   þancunge to donne hæbbe
           7 in ciricum gange.
       12. ænigre.
       13. gehefegod.   wylle.   lichaman bið in synne nales þ
           sar þære cennesse in þæs lichaman bið in synne nales gemæc-
           nesse bið willa þonne in þæs tudres forðlædnesse þ bið geong
           7 sar.
       15. be þam þære ærestan menn ealles manncynnes.
       16. on sare.
       17. cendest bearnn hu gyf.   þ cennede wif þ.

O.   7. sylfa.   on.   ealdan.   þ.
        8. hi ahabban fram.   huses (es roughly out of u).   Ingange.
                                            ga
        9. ðritig daga 7 for wifcilde.   syxti da, þ.   hwæþre.
       10. witanne þæt þ.
       11. on.   ylcan tid.   hio.   þancunge.
       12. on cyricean gange.   byrþenne.
       13. lichaman.   nalæs.
                                                 c
       14. sar.   cennesse on.   lichaman gemen,gednesse.
       15. on.   tudres lædnesse.   goung.   sar be þon.
       16. mancynnes.   on sare (þu marg. corrector).
                  t
       17. cynnes, bearn 7 gif (corrector).   þ cynnende wif.

Ca.   7. þ sylfa leornodest on.   ealdan cyðnysse þ for.
        8. hi ahabban frā.   ingange.
        9. ðreo 7 ðrittig daga 7 for wifcilde.   þ is hwæðere.
       10. witanne þ þ is.   gastlicū.   forðon.
       11. on.   ylcan tíd ðe.   þancunge.
       12. on cyricean gange.   heo nænige.
       13. ahefegad.   forðon.   nalæs.
       14. þ sár ðære cennysse on.   gemengednysse.
       15. ðonn on.   tuddres lædnysse.   goung.   be.   ðære.
       16. mancynnys.   (p. 96) on sare.
       17. ðu cennyst bearn 7 gif.   beweriað out of bewawað.   þ
           cennynde wif þ.

VARIOUS READINGS. PAGE 76.

Page 76. 18. cirican gangan.   ꝥ sylfe sar 7 wite þe we hyre on.
B. 19. fullian we ꝥ cennede wif ðonne oððe ꝥ bearn ꝥ.
20. gyf hi.   frecnesse deaðes gyf heo in þas sylfan tid.
21. cenneð ꝥ þær.
22. nænigum.   sio gifu.
23. halegan.   lifigendum 7 þam ongeotendum.   miclū
   (*p.* 211) gescade.
24. þonne þam.   deað tofundað butan.
25. yldinge.   berenne.   ðy læs gyf.
26. ylding sy ꝥte ne mæge.   alysed sy.
27. hyre gerestscype þonne hyre.   scall gangan ær ðon þe ꝥ
   acennede.
28. fram meolecum.   ungeriht.

O. 18. on cyricean gangan.   ꝥ, sar (*correct. as before*). [sylfe above]
19. wite hyre on syn͡,e (*correct.*).   fullian we þon͡,e ꝥ (*1st hand*).
   wif oððe ꝥ.
20. hie synd.   frecnesse.
21. deaþes.   sylfan tid.   cenne.
22. gyfu.
23. *first* swa *on erasure of* swylce.   lifigendum.   þam
   ongytendū.
24. foreseonne.   þonne (66ᵇ) þam.   butan.
25. yldenne (is to *on erasure*) gebeorganne.   gefremmanne
   þy læs gehwylc.
26. yldinc sie þæt.   mæge.   þe alysed sye (*sic*).
27. hyre gerestscype.   hyre.   gangan.   þon þe
   ꝥ acennede.
28. fram miclum.   sie.   unryht.

Ca. 18. no mót in cyrican gangan.   þonn̄ ꝥ sylfe sar.
19. wite hyre on.   tellaþ.   fullian we þonn̄ ꝥ.   wif
   oððe ꝥ.
20. ꝥ ðær.   hi synd.   frecnysse.
21. ða sylfan tid ðe.   cend͡e.   ꝥ ðær.
22. forðon.   gifu.
23. lifigendū 7 þā ongytendū.   mycle.
24. foreseonne swa ðonn̄ þáse ðe (*but* se *erased*).   butan.
25. yldinge is to gebeorganne.   gefremmanne þy læs gehwylc.
26. ylding si ꝥ ne mæge.   alysed si.
27. hyre.   þonn̄.   gangan.   ðonn̄ ꝥ acennede.
28. frā miclū.   si.

VARIOUS READINGS. PAGES 76–78.

Page 76. B.
29. gesamhiwum þte wif forhogiað.   to fedanne þa þe hi.
    hi oðrum wifum.
31. syllað þ ys.   gesewen 7 gemeted for inntingan unforhæfdnesse anre forðon ðonne hi ne willað hi ahebban fram.
33. þ hi forhicgað.   þa hi cennað 7 þas wif ða.
34. unrihtum gewunan oðrum to fedanne.

C. S.
32. hi *deest* (*i. e. before* ahebban).

O.
29. betwyh gesinhigū þæt wif forhicgað.
30. fedan þa þe hi.   hi oþrum wifum to fedanne syllað.
31. ðæt.   gesewen.   for.
32. unforhæfdnesse anre furðor þonne hine willað.   fram.
33. þ hi forhicgað.   þa þe hie cennað 7 þas wif.
34. unrihtum.   oþrū to fedanne syllað.

Ca.
29. betwih gesinhiwū þ wif forhycgeað.
30. fedan.   hi acennað 7 hi oðrū wifū.
31. fedanne syllað þ.   gesewen 7 gemeted for, ^intingan^ unforhæfdnysse anre.
32. forðon hi ne wyllað hi.   frā.
33. werū þ hi.   hi acennað 7 ðas wif.
34. gewunū.   fedanne.

Page 78. B.
1. syllað nymðe.   clænsunge tid.   Ne B begins a new *paragraph*.   sculon hi.
2. werum gemende beon swa þté (*accent*) þa ðe.   monaðadle.
3. Hi.   bewerede hyra werū.
4. þte sio halie æ myd.   slyhð gyf.

C. S.
4. deaðe sceal hwelc sleð.

O.
1. tid forðgefare ne sculun hi.
2. werum gemen,gede beon. ða.   on.   mónaðadle (o *out of* a).
3. byrðres.   hie.
4. be,rede (*corrector*).   ^we^ werum gemen,gede. ^c^

Ca.
1. syllað nymne seo clænsunge tid forðgefare ne sculon hi.
2. werum gemengede.   ða ðe þonn on gewunon monaðadle.
3. byrðres.   hi.   bewerede heorū (*sic*) werū.
4. gemengede beon gif hwylc wæpnedman gangeð.

VARIOUS READINGS. PAGE 78.

Page 78. 5. wæpnedman (*p.* 212) gangeð.   monaþadlegum wife
B.   hwæðere ꝥ wif myd þi þe.
6. monaðadle.
7. ꝥ.   cirican gangan forþon.
8. oferflownes   hyre.   on.
9. ꝥ.   nyd geþrowað.   ꝥ riht ꝥ.
10. fram.   cyrecan (*sic*) ingange.   witan.
11. on.   bocum ꝥte ꝥ wif.   flownesse.
12. æfter.   ꝥ fnæd hys hrægeles.
13. hyre untrumnesse heo wæs gehæledu Hu nu ꝥ wif.
15. geset.   mihte.   forhwan.
16. seðe blod yrnende þrowaþ monoðadle.   alefeþ hyre on.
17. gangan ac þu crist (*sic*) nu.   genydd hyræ untrumnesse.

O. 5. ꝥ.   ǽ mid deaðe sceal gif hwilc slegð. gif hwilc wæpnedmon.
gangeð to monaðadligum wife. hwæþere ꝥ wif mid ðy.
6. ðrowað monaðadle.
7. ꝥ.   on cyricean gangan forþon.
8. oferflounes þæs (67ᵃ).   hyre.   on.
9. nyd.   ꝥ riht.   sie.
10. fram.   cyricean ingange.   witan.
11. on.   bocum ꝥ ꝥ.   flounesse.
12. æfter.   ꝥ fes.
13. instæpe (in *on erasure*) hyre untrumnes.
14. geworden. 7 nu ꝥ wif on blo.des (*one erased*) flounesse.
15. herigendlice mihte.
16. monaðadle ne álef ð (*erasure after* f; *the* e *erased into* i).
hyre on.
17. cyricean gangan.   cwyst nu.   hi.nydde hyre untrumnes
(*after* i *one erasure* ; ny *out of* ne).

Ca. 5. monaðadligū wife hwæðere.
6. ꝥ wif.   ðy.   monaðadle.
7. ꝥ.   cyricean gangan.
8. oferflouwnys ðæs.   on.
9. ðurh ꝥ ðe.   ðurh nyd ðrowað.   ꝥ riht ꝥ.   si.
10. frā.   cyricean ingange.   witon.
11. on.   ꝥ ꝥ wif ðe.   flownysse.
12. eadmodlice.   gehrán ꝥ fæs his hrægeles.
13. instępe.   untrumnys.   gewát.
14. hál geworden 7 nu ꝥ wif on.   flownysse geseted is.
15. herigendlice heo mihte.   hrægele.
16. þonū se ðe.   monaðadle ne alefeð hire on cyricean gangan.
17. cwyðst nu hy nydde.   untrumnys ꝥte.

Page 78. 18. geryne. wif be ðam.
B.   19. getítt eala broðor se leofusta geþenc þte eall þ we.
       20. in deadlican lichaman. úntrumnesse þæs gecyndes 7 hwæt
           ealles is to (*rest wanting*).
       24. þam.   næmne.   andleofan wið untrumnesse 7 wið
           þurste drinc wið hæto (*p.* 213) clænnesse wiþ.
       25. ræste.   untrumnesse lacedom secan eác hwæt wifum hyra
           monaðadle.
       26. bið adl 7 untrumnes Hwæt nu þ wif.
       27. gedyrstlice dæde dyde þ heo.   hrægle gehrán on adle 7 þtc.
       28. untrū.   wæs forgyfen þa ðe mid uncyste (*rest omitted*).

C. S. 24. 7 *deest* (*before* wið þurst).
       29. uncyste.

O.   18. þætte (tt *on abrasure*).   wif be þam.
       19. gelomlicne wuna getið 7 geþenc broþor.   þ eall.
       20. on þyssum deaðlican lichaman is of untrumnesse.
       21. rihte.   geendebyrdað.   æfter.
       22. mannes forþon hingran.   hatian celan werigean.
       23. eall þ is óf untrumnesse.   7.
                                              7
       24. secanne wið ðam.   7 lyfen.wið þurst (s *on eras.*) drinc.
       25. célnes.   un (67b) untrumnesse læcedom secean (un *twice*).
       26. wifum.   monaðadle.   flounes.
       27. untrumnes 7 nu þ wif.   gedyrstgade þæt.   hrægl
           on adle.
       28. þ.   untrumum.
       29. þ eallum wifum.   forgifen þa þe mid unrihte heora.

Ca.   18. hrægele.   ðas wif be þā.
                        abid
       19. gelomlice; wuna getíd 7 geþenc broðor.   þ eall þ ðe.
       20. on þyssū deadlican untrumnysse.
       21. rihte.   geendebyrded.
       22. mannes (*p.* 97) þ hingrian ðyrstan.   celan wérigean eall
           þ is of untrumnysse ðæs gecynnes 7.
                                   butan
       24. secanne wið þā.   nymðe 7lyfen 7 wið.   drync.
       25. celnes.   werignysse.   untrumnysse læcedom sæcan.
       26. wifum.   monaðadle.   flownys.
       27. untrūnys nu þ wif.   gedyrstgade þ heo.   hrægel on
           adle.
       28. þ.   forgyfen.
       29. þ eallū wifū beon forgyfen ða þe mid unrihte.

VARIOUS READINGS. PAGES 78-80.

Page 78. **B.**
- 30. beoþ geuntrumude swilce.   þam ylcum dagum.
- 31 sceall.   þam.   halegan gemænsumnesse gyf.
- 32. arweorðnesse. man gedyrstgað onfóón.   herigenne.   onfehþ.
- 34. þara goda godra móda.   manna.   þ hi.
- 35. ongytað þær þe synn bið.   butan.

O.
- 30. swilce eac on þam ylcan dagum.
- 31. þan (sic).
- 32. gemænsumnesse.   fore.   arwyrðnesse.
- 33. gedrystigað ónfon.   herigenne.   ónfehð ne is he to demanne.
- 34. forþon.   moda.   þeau bið þ hie.
- 35. ongytað.   butan.

Ca.
- 30. swilce eac on þā ylcan.
- 31. hī.   þa.   ðære.
- 32. gemænsumnysse gif þon̄.   mycelre arwurðnysse.
- 33. gedyrstigað onfon.   heriganne.   ne is he to demanne.
- 34. moda.
- 35. þ hi þær hwilū synne ongytað þær ðe.   butan.

Page 80. **B.**
1. gedón þte.   bið cumen.   þ is þonne us hingrað þ.
2. butan.   þ wæs gewurden.
3. mannes.   us hingrian mihte forþon.
4. be þam ealdor þeodscype.   yttran.   behealdon.
5. in þam niwan þeodscype.   þte utan þæt don.

C. S.
5. næs swa.

O.
1. don þ óf,ynne.   þ is.   us.ic hyngreð þ (eras. of l).
2. butan.   þ.
3. usic hingrian mihte.forðon.
4. þan ealdan þeodscype.   behealden.swa on þam niwan þeoðscype nalæs.
5. þ útan don.

Ca.
1. dón þ.   cymð.   þ is ðonn̄ us hyngreð þ.
2. butan.   þ.
3. mannes þ us hyngrian mihte forðon.
4. þan ealdan.   ða uttran.   behealden.
5. on þam niwan þeodscype nalæs.   swyðe þ utan don.

VARIOUS READINGS. PAGE 80.

Page 80.
B.
6. þ þte innan geþoht.   behydelice þ is.
7. myd þy seo ǽ monig (*p.* 214).   ðæs bewewereð (*dots*). etenne.
8. únclǽne hwæþere þ on hys.   cwæþ.   þte ingangeð.
9. muþ man besmiteð ac þ ðe utgangeð of muðe þ syndon þa þe. man.
10. hwene æfter þ was áreccende.
11. utgangeð.   geþohtas þær.
12. gesæd þte fram þam ælmihtigan.
13. únclǽne.   ætywed.   weorce þte on.
14. unclænnes.   byð.   be þon swiðe paulus.
16. cwæþ.   ðam besmitenum 7 ungeleafsumum nanwiht ne.
17. apostol cwæð þone.   ylcan.   secgende.
18. æfter cwæþ.   syndon heora mód 7 heora gewitnes eala inn þam þe.

O.
6. þ.   behygdlice.
7. bew,reð. (e above)
8. hwæþere on.   *p.* 67ᵇ *ends* nalæs þ in, *p.* 68ᵃ *begins* godspelle dryhten c̄w̄ (*all struck through*).   nalæs þæt ingangeð on muð mannan besmiteð.
9. utgangað of muþe.
10. syndon.   mannan.   hwæne (*but a of æ erased*).   æfter.
11. utgangeð.   geþohtas.
12. sæd þæt þ fram þam ælmihtigum.
13. ætywed bið on wræce beon þæt.
14. besmitenesse.   unclæ,nesse (n above).   be.
15. swilce.   þam.
16. besmitenum 7 ungeleafsumum.
17. ylcan.
18. æfter.   forþon besmitene.   mod ge ingewitnes 7 nu nu.

Ca.
6. þ innan ðoht.   behygdiglice.
7. forðon.   ðing.
8. hwæðere on godspelle (his above).   driht̄ c̄w̄ nalæs þ ingangæð.
9. on muð mannan besmiteð 7 hwene (*rest wanting*).
10. þ.
11. c̄w̄.   utgangeð.   geþohtas ðær.
12. sæd þ þ frā ðā ælmightigū.
13. ætywed bið on wræce beon þ.
14. besmitenysse geþohtas.   unclænnysse.   be þam.
15. swylce.   c̄w̄.   clænū þā.
17. ðære ylcan besmytenysse.   sæcgende.
18. eft c̄w̄.   besmitene.   ge ingewitnys 7 nu nu.

60 VARIOUS READINGS. PAGE 80.

Page 80. 19. þ mód.
B. 20. forhwan.   þ wif þ clænum.
21. sceall hyre on únclænnesse.
22. ðe.   hys ágenon wife byð.   nymðe.
23. wætere aðwegen bebaðod.   cirican gangan gif he ðonne bebaðod sy sona mot ingan (p. 215).   gan forðon.
24. bebead.
25. þam ealdan folce þte.   se ðe wætere hys wife gemengeð.
26. þ.   wætere.   bebaðod.   7 sun a nan (1st a erased).
27. setlgange.   on hyre.   ingang.   þ hwæðere.
28. forðon.   wife.
29. únalyfedre willnunge.   mód.
30. nænne ǽr þ fýr ðære unrihtan willnunge fram.

O. 19. þam mete.   þe þ.
20. wif þ.   mode.
21. hyre on.
22. agene wife.
23. wætere.   bebaþod sie.   cyricean gangan.
24. bebaþod sie.   mot he ingangan forðon.   bebead þam ealdan.
25. þæt.   þe.   wife gemen,$\overset{c}{g}$ed þ.
26. wætere.   bebaþod.
27. $\overset{l}{set}$,gange.   on.   ingonge þ hwæþere (68 b).
28. forðon.   wife gemen,$\overset{c}{g}$ed.
29. willnunge mo,$\overset{n}{n}$es mod on.
30. unrihtan.   fram.

Ca. 19. þā mete.   ⊢ā ðe þ mod.
20. ðonū þ wif þ.   mode.
21. þrowaþ.   on unclænnysse.
22. se ðe.   agene wife.   nymðe.
23. wætere aðwegen bið 7 bebaðod si.   cyrican gangan.
24. ðe he bebaðod.   mot he ingangan forðon.   bebead.
25. þā ealdan.   þ.   wife.
26. þ.   wætere aðwægen 7 bebaþod beod (sic).
27. setlgange.   on.   þ (p. 98) hwæðere.
28. ongiten.   for ðonne wer.   wife gemenged for unalyfedre willnunge.
29. mod on.   ðurh lustfulnysse.
30. biþ.   forðon nymðe ær þ fýr.   unrihtan willnunge frā.

VARIOUS READINGS. PAGES 80–82.

Page 80. 31. talian. godes ðære gesomnunge. gesyhð gehefegadne.
B. 33. ðurh yfelnysse únrihtre willnunge. ðe be þissum willan missenlico.
34. manna myssenlico ongyte 7 healde. Hwæðere symle.

O. 31. acólie. tællan (a *in* æ *erased*; *second* l *on eras.*).
32. Godes þa gesomnunge. se þe. gesyhð.
33. unrihtes. be þysse willan missenlico.
34. manna. ongyte 7 h,alde. Hwæðere symble.
       (e)

Ca. 31. tellan.
32. Godes ða gesomnunge. gesyhð.
33. yfelnysse.unrihtes. ðe be þyssū willan misenlice.
34. missenlice ongite 7 hold hwæðere symble.

Page 82. 1. fram hyra yldrum æfter gemænnesse. wifes þ hi
B. clænsunge ðweales 7 baðes.
2. frā. inngange hwylcne fyrst arwearðlice ahabban woldon ðeah ðe we ðas ðing cweðan.
4. telle. wesan. on gesynscype. forþon.
5. alyfede gemænnes wifes butan. ðæs lichaman beon ne mæg fram ingange ðære halegan stowe (*p.* 216) is tó ahebbenne forþon.
7. sylfa. nænigum þingum butan.

O. 1. fram. yldrum æfter gemengnesse ægenes wifes þ hie
clænsunge þwæ,les 7 bæþes (a *of* æ *in* þwæales *erased*).
       (a)
2. fram cyricean.
3. hwylchugu. ahabban þeh.
4. cweþe. wesan gesynscype.
5. alyfede gemengnes wifes butan. beon ne mæg fram ingange.
6. stowe. ahæbbanne forþon, (a *in* æ *afterthought*).
7. sylfa. nænige. butan.

Ca. 1. frā. gemencgnysse. wifes.
2. þ hi clænsunge ðweales 7 bæðes. fram cyricean.
3. hwylchugu. arwurðlice ahabban ðeah. ðas.
4. cwēðan. wesan gesynscype.
5. alyfede gemencgnyss wifes butan. beon ne mæg frā ingange.
6. ðære. stowe. ahabbanne.
7. sylfa. nænige. butan.

Page 82. 8. unrihthæmede. forlegennesse.
B. 9. ælcum gesynscype. cwæþ. in (*omits*).
10. sum 7. þ. was on wonessum.
11. on scyldum me. modor. hu he.
12. on wonnessum geeacnadne 7. fram.
13. forþon he. (*one eras.*). on þam.
14. wyrttrumum. Hwæþere.
15. is witod þ he wonesse. gemæcnesse forþon gedafenaþ
þte (*rest wanting*).
17. ælice gegaderung lichaman swa for.
18. þas willan. gemæcnes ðæs. sy.
19. cwemnes uncyste.
20. hwilc mann. hys wif. unrihtes.

O. 8. óf unrihthǽm,e.^{d} dẹrne forligenesse^{y} (i *out of* e *by eras.*). óf.
9. þe.
10. on wonesse.
11. on. me. ono (*margin*).
       won
12. on,nessum. geeacnadne. ða geom (69ª) rede. fram.
13. uncystan.
14. þam. ðone he getyhð. hwæþere on.
15. wonesse. nalæs. gemen,nesse^{gd} (1 *st* e *on eras.*).
16. gesynscipes. sylfan. gemennesse.^{gd}
17. þæt. ælice gegaderung. sie.
18 tud,res nalæs^{d} (a *of* æ *erased*). gemengnes.^{d} sie.
19. bearne to cennanne nalæs cwemnes.
20. hwylc. wif nalæs for unrihtes. will,unge.^{n}

Ca. 8. unrihthǽmede ne ðurh. forligenysse acenned.
9. gesinscype. cw̄. enī.
10. &. mat̄. þ ic wæs on wonysse.
11. on scyldū me. modor he wiste.
12. on wonyssū geeacnod ne he ða geomeriende ne wiðsóc hine sylfne frā.
13. acennedne beon. ða wætan þære uncystan in þā.
14. getyhð. hwæðere on.
15. wordū. þ he wonysse. nalæs. gemencdnysse
ðæs gesinscypes.
16. sylfan. ðære gemencgednysse.
17. þ seo ælice gegaderung.
18. tuddres nálæs. gemengdnys. bearne to cennanne
nalǽs cwemnysse.
20. hwylc monn. wíf nalæs unrihtes. willnunge.

VARIOUS READINGS. PAGE 82.

Page 82. 21. bearna to strynenne.   mannys sylfes dóme.
B.   22. forlætanne.   ingange oððe to (*p.* 217) þam gerynum.
   23. lichaman.   forðon.   hym.   sculan bewerigan ðam halegan gerýnum onfón.
   24. on fyre geset byþ 7 he byrnan ne cann þurh unrihte cystea mid ði.
   25. tudres to lufigenne ac se willa me bið þe þær bið wealdend on ðam weurce (*sic*) gemænnesse þōn.
   27. ˈgesamhiwan.   gemengnesse ꝥ hi wepan.
   28. dón.   lár.   forgyfeð.
   29. hwæþere.   be sylfan forgyfenesse.   ꝥ mód onstyreð forþon.
   30. myd þy þe he cwæþ.
   31. suā.   se ðe áhabban.   mæge.

O.   21. bruceð bearna t,stry,ne þǽs (a *of æ erased*) [o nen].   sylfes.
   22. forlætanne.   cyrricean ingange oððe.   þam.
   23. lichaman.   forðon.   sculan bewerigean.   ðam.
   24. on fyre.   ,byrnan [7] (y *on eras. of* eo).
   25. con.   ðy þoū.   tud,res to tiligeanne [d].
   26. on þam.   gemen,nesse [gd] (1*st* e *on eras.*).
   27. gemen,nesse [gd] ꝥ hi (4*th instance : ink and hand seem original*).
   28. wepan.   lar.   ðis forgyfeð.
   29. hwæþere.   sylfan forgyfnesse [e].   ege.   mod ónstyreð.
   30. forþon.   þy he cwæð.
   31. habeað (*cross stroke of* ð *erased*).   (69ᵇ) uxsorem. ahabban . . (*erasure of two*).   mæge.

Ca.   21. anū bruceð bearna to strynenne ðes.   sylfes.
   22. cyricean ingange oððe.   þā.
   23. forðon we hī.   beweri,an [g] þā.
   24. on fyre.   byrnan.
   25. con.   ðonne.   tuddres to tilianne.
   26. má waldeð on þā.   gemengdnysse.   þonū.
   27. gemengednysse ꝥ hi.
   28. wépan 7 hreowe dón.   lár hī ðis forgifð.
   29. hwæðere.   sylfan forgifenysse.   (*p.* 99) ege ꝥ mód onstyreð.
   30. þy he cw̄.
   31. mæge.

VARIOUS READINGS. PAGES 82-84.

Page 82. 32. hys wif.   He þa.   æfter.   hoc dico.
B.   33. non scdm̄.
     34. cweðe æfter forgyfenesse.   æfter bebode.   þ.

O.   32. þa.   underþeodde 7 æfter.   hóc h' dicet scŏm.
     scŏm imperiū.
     34. cwæð, (a *of* æ *eras.*).   nalæs æfter bebode.

Ca.   32. wíf.   þa se apostol.   underþeodde.   eft c̄w.
     33. Hoc h'dic & scŏm.   scŏm.
     34. cweðe.   forgifenysse nalæs.   bebode forðon.   þ.

Page 84. 1. forgyfen þte alyfed.   þ bið riht þ.   cwæþ be.
B.   2. forgyfenesse ða ætywde.   þær.   wesan myd eallum móde is.
     3. smeagenne.   þ ða drihten.
     4. hys folc (*p.* 218) gesprecende.   on Sinái þære dune 7.   ða.
     þ hi hyra.
     5. wocson 7 clænsedon 7 hi fram wifum á hæfdon hu nu on.
     6. stowe þar drihten.
     7. tó mannum sprecende.   micelre foresewennesse.
     8. lichaman clænnessa gesoht þ.
     9. wifum.   micele.   ðonne þ wif.

O.   1. alyfed *to* þte *added in margin.*   þ.   þte.   be.
     2. ywde he þær synne wisan.   wacere.
     3. mode.   smeagenne.   dryhten w. olde (*one erased*).
     4. dune.   ðæt.
     5. hi (*eras. of one*).   hrægel wocse 7 clænsade.   hie for wifum.
     6. ahæfde 7 nu.   stowe.   underþeoddan.
     7. tó.   sprecende.   foreseonesse asoht (*rest wanting*).
     8. ðe godes w. orde (*eras. of* e).
     9. sceolden wiifū.   wif þa þe ælmihtiges.

Ca.   1. þte alyfed.   þ bið.   þte he.   be.
     2. forgyfenysse.   ywde he þær synne wisan.   wæccere.
     3. mode.   þ ða þa driht̄.
     4. gespræcæn habban in.   dune he ærest.   þ hi.
     5. hrægel weocsan 7 clænsodon.   hi from wifū ahæfden 7 nu.
     6. ðære stowe.   ðe driht̄.   ða underþeoddan.
     7. monnū sprecende.   mycle foreseonysse asoht.
     8. þ ða þe.
     9. sceoldan wifū gemengede.   mycle ma þonn̄ ða wif þa ðe.

VARIOUS READINGS. PAGE 84.

Page 84. 10. ælmihtiges.   lichaman foð on hym sylfan 7 sculon lichaman
B. clænnesse.
11. ðy.   hi.   ðære sylfan micelnesse þæs ungeendedlican 7 geahtendlican.
12. hefegad.   swylce.   be þysse.
13. ðurh.   cweðende.   hys.
14. þ gyf hi.   wæron þ hi.   onfon 7 þingian þa.
16. þa ðe hi eallunga onfon ne þincgan.   dauid andette hi.
17. wifum.   æfter.   wifes gemænnesse wætere.   ahwegen 7 bebaðod bið he (p. 219) mot.
18. gerýnum.
19. halegan.   myd.   hym.
20. on.   gangan.
21. Hwæþer æfter.   wæpnedmannum belimpeð.

C. S. 14. ðingian ða.

O. 10. onfoð.   sculun.
11. clænnesse.   hie.   micelnesse.
12. hefegade sien swylce eác.   ðysse.
14. þæt.   hie from.   hie moston onfon.
15. foresetennesse (70ᵃ).   þa þe.
16. hi . (*eras. of one*).   eallinga (e *later insertion*).   onfon ne þicgan.   Dauid andette hi. (*one erased*) from wifum clæ . ne (*one eras.*).
17. þe æfter his wifes gemeng,nesse wætere.
       ᵈ
18. bebaðod.
       ⁿ
19. onfo,.   alyfed (y *on eras.*).
20. cyrican gangan.   Interrogatio scī agustini.
21. hwæþer æfter.   wæpnedmonnum.

Ca. 10. ælmihtiges.   onfoð.   hī sylfū sceolan.
11. clænnysse.   hi.   sylfan mycelnysse.
12. ðæs.   hefigode.   swylce.   ðisse.
13. ðone.
14. þ hi from wifū.   wæron þ hi.   onfón 7 þicgean.
15. foresetenysse hlafas.   hī halige wæron hi eallunga onfón ne ðycgean.
16. ær ðonne dauid andette hi frā wifū.
17. ðonn̄.   se ðe his wifes gemengednysse wætere aðwegen.
18. bebaðod.
19. gemænsumnysse.   hī.
20. we eac ær.   in cyricean gangan.   Interroḡ scī agustini.
21. wæpnedmonnum.

F

Page 84.	22.	oðð e.	lichaman æni þing onfón mót oðð e gyf hyt.		
B.	23.	byð mót.	halegan.	mærsian 7 mæssan singan.	
	24.	ðysne man eác.	cyðnesse ðære.	bismitenum cwyþ.	
	25.	þam.	capitule.	forgyfeð ꝥ.	
	26.	on.	hús gangan butan he sy wætere ahwegen.		
	27.	gyta.	ꝥ hwæðere.	oðere.	ꝥ.
	28.	tó óngytenne on þam ylcan andgyte.			
	29.	man bið myd unclænnessum 7 þonne (*rest wanting*).			
	31.	andlicnessum.	geðohte.	besmiten.	wætere to.

C. S. 26. þonne he si.

O. 22. oðð e dryhtnes lichaman.   ónfon.   oðð e.

23. geryno.   mærsian, mæssan singan ;   Respondit gregorius.

24. ðysne.   cyðnes.   æ bismite,ne.

25. on þam.   capitule.   forgyfeð ꝥ.

26. on.   gangan.   sie wætere áþwegen.

27. géna.   hwæþere.   oþre.

28. ongytende.   ylcan 7 gyte.

29. bysmrod.   ðurh swefen.

30. þe costað bið.   7.

1. onlícnessū on.   besmiten.   ís mid wætere (70[b]).

Ca. 22. oðð e.   onfon mot oðð e.

23. geryne.   mærsian 7 mæssan singan.   Respond̄ scs gregoꝶ.

24. ðysne monn.   cyðnes.   besmitene cwyð.

25. on þā.   capitule.   hī.   forgifð ꝥ.

26. mote on.   gangan nymðe.   si wætere.

27. gyta.   ꝥ hwæðere.   ꝥ.

28. ongytende.   þā ylcan 7 gyte.

29. bismrod.

30. swefen.   unclænnysse 7 ðonne.   soðū.

31. onlícnysse on.   besmiten.   wætere.

Page 86. 1. (*p.* 220) aþweanne.   ꝥ is ꝥ he ða.   geþohte myd.
B.   2. aðwea 7 butan ǽr ꝥ fyr.   aweg gewíte ꝥ.

O. 1. aþweanne ꝥ is ꝥ.
2. ꝥ.   gewite ꝥ.

Ca. 1. þweanne ꝥ is ðæt.   ge (*p.* 100) ðohtes.
2. aðwea.   nymðe.

Page 86.	3. ongyte.	æfentíd ꝑ he ǽr on godes hus ne ga ac.	
B.	hwæðere ys (*part of* s *erased*).	ðære ylcan.	

4. swaðe nydþearflic.   ꝑ we.
5. wisan þam mode hyt gegange.
6. forþon.   hyt.   oferfyllo hwilum of geþohte hwilum of þæs gecyndes oferflownesse 7 untrumnesse 7 þōn hyt.
8. úntrumnesse.   eallum.
9. ondrædænne.   ꝑ mód þas neotende.
10. me swyðor to sargienne ðonne.
11. fremmenne myd.   oferfẏllo (y *over* e).
12. þanane.   ꝑ mód hwæthwugu.   hwæþere.
13. bewonesse.   þam halegan geryne oððe.
14. mæsseganges gyf ꝑ nýd abideð oðð.
15. gelimpeþ oððe oðer.   stowe.   þe.

O.
3. æfentid.   hwæþere.
4. ylcan.   nyd . . ðearflic (*eras. of two*).
5. sculan.   wisan þam mode.   gegange.
6. forþon.   oferfyllo.
7. oferflounesse.   untrumnesse hwilū.   7.
8. oferflounesse.   untrumnesse.
9. ondrædanne.   mod þys, witende aræfnað. (ne *above*)
10. sarigenne.
11. gefremmanne.
12. þonne (*for* þonon).   ꝑ.   hwilcehugu scyldo nalæs hwæþere.
13. bewerenesse.   þam.   geryne oððe.
14. mærsianne mæssesanges ꝑ nyd.   oððe.
15. oððe.   oṅ.   stowe.   se þe fore.

Ca.
3. ꝑ fyr ðære costunge gewíte ꝑ.   æfentíd.   hwæðere.   ðære. (n *above*)
4. ylcan.   swyþe nydðearflic.   ða.
5. sculan.   hwylcere wisan þam móde hit gegange ðæs.
6. hwilū of.
7. oferflownysse 7 untrumnysse hwilū.   7 þonn̄.
8. ðæs.   oferflownysse 7 untrumnysse.
9. ondrædanne.   ꝑ mod þysne witende aræfnað.
10. forðon.   sarianne.
11. gefremmanne.   þonn̄.   oferfyllo þonn̄ hafað ꝑ mód.
12. nalæs hwæ—ðere (*sic*) oþ.
13. berenysse.   þā.   oððe ða symbelnysse to mærsianne mæssæsanges ꝑ nyd.   oððe.
15. oððe.   on.   stowe.   se þe.

VARIOUS READINGS. PAGE 86.

Page 86. 16. ꝥ gerýne 7 mæssan singe gif (*p.* 221). synd.
B. 17. þa þenunge. magan.
    18. ahebban fram. halegan. ðe. deme.
    19. ðonne. scandlicum. uppcymeð.
    20. þam mode hys scylde.
    21. forþon. gesyhð fram hwilcum seo bysmernes forþbecóm ꝥ ys ꝥ.
    22. þohte ꝥ he ne wénde aræfnan ac.
    23. þōn gyta. sylfa. hwæþer. ðe myd scynesse.
    24. lustfullnesse. gyta ꝥ te.
    25. ys myd geþafunge. ón þrym gemotum byð.
    26. æghwilc synn. scynesse.
    27. geþafunge. scines. deofol.

C. S. 24. ðe mid scylde ðe mid.

O. 16. ꝥ. mæssesanges. ðonne oðre synd þa ðe,^{þa} þenuncge.
    17. mæge.
    18. fram onsæg,^{d}nesse. deme gif þonne (71^{a}).
    20. þam mode.
    21. forðam he gesyhð fram hwylcū. besmit,^{e}nes forðbecom.
    22. ꝥ. ðohte ꝥ he nó witende.
    23. sylfa. ásmeageanne hwæþer.
    24. mid scylde þe mid lustfullnesse.
    26. . . syn (*two letters erased*). scy,^{n}nesse.
    27. geþafunge. scy,^{n}nes.

Ca. 16. ꝥ. mæssesanges. ðonñ oðre synd þa ðe þa ðenunge.
    17. mæge þonñ sceal he eaðmodlice.
    18. frā onsægdnysse. ðe ic deme.
    19. þonñ. scondlicū geðohte.
    20. ðonñ. þā mode.
    21. gesyhð frā hwylcū wyrttruman. besmitenes forðbecóm.
    22. ꝥ is ꝥ. ꝥ he no witende aræfnode.
    23. þonñ gyt. sylfa geðoht to smeageanne.
    24. mid scylde. lustfullnysse. hwæðer þonñ gýt.
    25. ðære. on þrym.
    26. æghwylc. scynnysse.^{d}
    27. lustfullnysse. geþafunge. scynnes. deofol.

VARIOUS READINGS. PAGES 86-88.

Page 86. 28. lustfullnes.　　　lichaman.　　　geþafung.　　　forþan.
B.　29. scynde.　　　ón euan þa swa se lichama.
　　30. and adam hi þonne onfeng swa se.
　　31. þa.　　7.　　nydðearfnes.
　　32. þ te þ gescead (p. 222) betwyh þære scynesse 7 þæie lustfull-nesse.
　　33. betwyh þære lustfullnesse 7 þære geþafunge þ mód sylf.
　　34. scyfð on mód.

C. S.　28. geþafung ðurh.
　　29. eowode (for euan).　　eowde W.
　　34. scyþ.

O.　28. lichaman.　　　geþafung.　　　gast; gast (lower gast on eras. followed by curved stroke horizontal; gast above with stop; then to weriga written above; line after weriga).
　　29. forþon.　　ða nædran 7 ywde swa swa lichama.
　　30. 7 adam hine.
　　31. geþafade þa (cross on d eras.).　　syn.　　7 mycel nyd-þearfnes is þ þ.
　　32. betwyh ða scynnesse.　　lustfulnesse.
　　33. betwyh þa lustfulnesse.　　þ mod sylf.
　　34. sie.　　ðy.　　sceðeð on mode.

Ca.　28. lustfulnys.　　geþafung bið.
　　29. wériga gást.　　ða nædran 7 ywde swa swa lichoma.
　　30. 7 adam hine ðonn.
　　31. geðafode þa.　　syn.　　7 mycel nýdþearfnys is þ þ.
　　32. betwyh.　　scynnesse 7 ða lustfullnysse.
　　33. betwyh ða lustfulnysse.　　þ mod sylf.　　déma si forðon.
　　34. weriga.　　sceððeð on móde.

Page 88.　1. gyf.　　lustfullnes.　　æfterfylgeð eallum gemetum.　　biþ.
B.　2. sýn (sic).　　lichama.

C. S.　1. ænig.

O.　1. lustfullnes.　　æfterfylgeð eallum gemetum.
　　2. þær. (one erased).　　lichama ongynneð.

Ca.　1. gif ænig lustfullnys ðære.　　æft fýligeð eallū.
　　2. ðurhtogen mid ðy ðonn.　　ongynneð.

Page 88. 3. þær synn.
B. 4. þancmetegunge. myd þrydunge geþafað. biþ þær synn ongyten 7 gefremed Hu in scynesse.
5. ꝥ.   on.
6. lustfullnesse ꝥ bið feondes on geþafunge 7 his fullfremednes 7 ꝥ oft.
7. ꝥ.   on geðohte.
8. lichama on lustfullnesse getyhð 7 hwæþere þære ylcan lustfullnesse ne geþaðafaþ (*sic*) 7 myd.
9. witan ꝥ.   lichama.
10. butan.   hwæþere.   sylfe mód.
11. þan únrihtwillnungum.   lichaman.   hwæt hit þonne ꝥ.
12. in þæs lichaman lustfullnesse sumum (*p.* 223).   nyd.
13. ꝥ.   lustfullnesse.   wiþcwyþ.
14. And.   myd lustfullnesse.

O. 3. ongynneð þær syn.
4. þancmetuncge (71ᵇ) 7 ðreodunge geþafað.
5. beon 7 on scynesse.   on.
6. þær bið feones . . (se *eras.*).   geþafunge bið fulfremednes 7.
7. ꝥ se.   on.   ꝥ se lichama.
8. tið 7 hwæþere ꝥ.   ylcan lustfulnesse geþafað 7.
9. witan ꝥ se lichama.
10. butan.   mode hwæþere ꝥ sylfe.
11. ðam unrihtwill,ungum.   lichaman hwæt hit.
12. mod.   on ðære lichamlican lustfullnesse.   nyd.
13. ꝥ.

Ca. 3. þonn̄ onginneð þær synn.
4. ðonn̄.   þancmetunc (*p.* 101) ge.   geðafað þonn̄.
5. beon 7 on scynnysse.   ꝥ.   on lustfullnysse ðær bið feones.
6. geþafunge bið fullfremednys 7 ꝥ.
7. ꝥ se wériga.   on.   ꝥ.
8. ꝥ in lustfulnysse tið 7 hwæðere ꝥ.   ylcan lustfullnysse geþafað 7.
9. witan ꝥ.
10. butan þā mode hwæðere ꝥ sylfe.
11. þā unrihtwillnungū.   hwæt hit þonn̄ ꝥ mod on þære lichomlican.
12. nyd.
13. ꝥ.   ðære lustfulnysse wiðcwyð ꝥ ne.
14. hwæðere.   lustfulnysse.

VARIOUS READINGS. PAGE 88.

Page 88. **B.**
15. swiþe gæð 7 geomrað þ he swagebunden bið.
16. Be. hyhsta. weredes.
17. apostol seofiende 7 geomriende. oðre áe on.
18. limum wiþfeohtende. modes 7 gehæftende me
19. ys on. limum Hu gif.
20. þonne ne flat. Ac ða he flat forþon.
21. Hu he flat mid þære áe. modes. wiþflat.
22. se ðe innan. limum. flite ne wære.
23. Hu se man biþ þæs ðe tó. æghwæþer.
25. biþ gehæfted. þe he gebyreð genyded (þe *out of* þæ).
26. Ðis syndon andswara. eadegan.
27. (*p.* 224) 7 to gefrigennesse. arweorþan.

C. S.
15. geþ.
17. gende.

O.
15. hogað. gebundenne be þon.
16. hyh,ta. weredes.
         s
17. hogiende. cw̄. oþre. on.
                      d
18. ðære. modes 7 gehæften,ne me.
19. on synne. on minum limum 7 gif.
20. þonne no.
21. gehæfted 7 he. ða. modes.
22. se ðe on his (72ⁿ) limū.
23. gehæfted 7 se mon. cweþanne sie æghwæþer.
25. gehæfted. ða he byreð genyded ; (y *on erasure of* e).
26. þys syndon 7 sware. geðeahtunge.
27. gefrignesse. byssceopes agustinus incipit, &c. *See p.* 252. *Pt.* I.

Ca.
15. swyðe hogað 7geomerað. gebundenne be ðon.
16. hyhsta ðæs. werodes.
17. hogiende. cw̄. oðre. on mínum limū.
18. modes. gehæftendne me. on synne. on minū limū 7 gif.
20. þonn̄ ne. ða.
21. gehætted 7 gefeaht. ðæs módes.
22. se ðe on his limū.
23. gehæfted 7 se mon. swá to cweðanne si.
24. fréo. soðfæstnysse.
25. gehæfted. lustfullnysse þa he byreð genýded.
26. ðis syndon 7 sware ðæs. gefrignysse. arwurðan
    bisceopes scs agustinus explicit, &c.

VARIOUS READINGS. PAGES 88-90.

Page 88. 28. (*p.* 62) swylce agustínus het hī (*see p.* 64, 5). ⸣.
B. 29. ríp ondweard 7 feá wyrhtan 7. ða. þam.
30. ærendracum. fultum. láre.
31. I N þam. ða.
     linu
32. pau,s (*not* 1*st*) 7 rusinianus 7 þurh hi. ealle þa ðing þe to.

O. 28. het. þæt her.
29. mycel riip ondweard, and fea (3^b) wyrhtan 7. þa. mid þam.
30. ærenddracan. fultum.
             þa
31. on þā wæron,ærestan 7 ða mæstan.
32. rufinianus 7 ðurh hie. eall.

Ca. 28. (*p.* 28. *l.* 21) swylce. het hī. þ hær wære.
29. mycel ríip ondweard and. wyrhtan and. þa. mid þā.
30. ærenddracan hī. fultū.
31. on þā. ða mæstan.
32. paulinū 7 rufinianū 7 purh hi. ða þing eall.

Page 90. 1. ciricean begange 7 þenunge nydðearflicu. húslfatu.
B. 2. wibedhrægl. cyrican frætewa. bysceopgegirelan
    swylce (*omitted words* 7 diacon gegyrelan *in margin; hand modern*).
3. apostola. martyra.

---

2. 7 diacon gegyrelan *deest*.

O. 1. þa þe to cyricean bigange 7 þenunge nydþearflico. (*erasure of* r).
husulfatu.
2. cyricean frætwednesse 7 bisceopgegyrelan 7 diacongegyrelan.
3. swilce (e *on eras.*). apostola 7 martyra.

Ca. 1. cyrican bigange 7 þenunge nydþearflico. huselfatu.
2. wigbidhrægl 7 cyricean frætwednesse 7 biscopgegyrelan 7 diacongegyrelan.
3. apostola 7 martyra.

VARIOUS READINGS. PAGE 90.

Page 90.   4. manige.   he eac.   þam byscpe.
B.   5. on ðam getacnode.   byscpas.
     6. on brytene (*no break.*)
     7. Sende he eac in þa ylcan tide se eadega papa scs.
     8. æðelbyrhte cinininge.   somod (*p.* 63) 7 woroldgife monige on.
     9. missenlicū.   eac swylce ðone cining.
   10. hwilwendlicum árum wuldrian for ði þe.   þæs.
   11. láre.   openade.
   13. ond þa.   bysceop.   þæs ðe.   þam bysceopsetle.
   14. on ðære cinelican byrig þa edniwode.   mid þæs cinininges fultume ða ciricean.

C. S.   10. þ heofonlican.

O.   4. bec; *ends line*; *next begins with* Send,^{d}e he (*capital in margin*) agustine (e *on eras. of* us).   þam bisceope.
     5. on.   getacnade.   oþre bisceopas.
     6. setton.   on brytone (*ends line*).
     7. Sende,^{he}eac (*cap.* S *in marg.*).   swylce on þa ylcan tid se eadiga papa.
     8. æþelbyrhte.   somod 7 woroldgyfe.   on.
     9. eac swylce.   cyning mid þyssum hwilwendlicum arum wuldrian þam þe.   þæs.
   11. wuldur.
   12. cyþde.
   13. And þa (*cap. in marg.*).   bisceop.   þam bisceopsetle.
   14. on.   cynelican byrig.   edniwade he.

Ca.   4. *after* bec *a break.* *Then* XXVIII (*number*).   Sende *with capital.* sende he eac.   þā ƀ.
     5. on þā.   getacnade.
     6. hwylcū stowū.   on.
     7. *no break or number, but* (*p.* 29) Sende *with cap.*   sende he eac swylce on ða ylcan tíd se eadiga papa.
     8. æðelbyrhte.   somod 7 woruldgife.   on.
     9. misenlicū mægwlitan.   eac swylce.   cyning mid þyssum hwilendlicum arū wuldrian þam ðe.
   10. þæs.
   12. XXVIII *in margin.*
   13. And þa.   se ƀ.   ðe.   þā ƀsetle.
   14. on.   cynelican byrig.   edniwode he.

Page 90.	15. ǽr.	íu geleornode ealdum.
B.	16. romaniscan geweorce geworhte béon7 ða on ures dryhtnes.	
	17. naman. 7. sylfum.	
	18. eallum. 7 eac swylce he mynster.	
	19. getimbrede. on ðam se cining æþelbyrht wurðlice circean mid þrymme 7 láre het getimbrian ðara.	
	21. pauli on ðære cyrcean (*rest omitted*).	
	22. líc. cantwara bysceopa somod 7.	
	23. cininga gesette beon (*p.* 64) mihton.	
	24. ciricean hwæðere agustinus ne halgode. Ac laurentius his.	
	25. hi.	

C. S.   18. eallum *deest*.

O.   15. fultume þa cyricean þe.   geara iu.
16. w,ͤorce.   7.   on ures.
17. 7.   him sylfum.
18. 7 his (4ᵘ) æfterfylgendan; *then break* = $\frac{3}{4}$ *line*.   Swylce *with cap. in marg.*   swylce he eac.
19. getimbrede be.   caestre on þam.
20. getrymenesse.   æþelbyrht.   weorðlice cyricean het getimbrian.
21. þæra (æ *on eras.*).   eadigra (ra *on eras.*).   petri et pauli 7 hie.   missenlicū.
22. gewelgade on þære cyricean.   eallra cantwara bisceopa somod 7 hiora.
23. gesette beon mihte, . ͫ
24. þa cyricean hwæþere nalæs.   bisceop.   hi gehalgade.

Ca.   15. fultume.   cyricean ðe.   geara iu.
16. 7 ða on ures.
17. 7 he ðær hī sylfū.
18. 7 his æfterfyligendan.   *Then a break;* XXX; Swylce *with capital red.*   swylce he eac.
19. getimbrade eastan ðære.   on þam.
20. getrymnesse.   æðelbyrht.   cyricean het getimbrian.
21. ðæra.   petri et pauli.   7 he hi mid missenlicum.
22. geofū gewelgade on þære cyricean.   líc 7 eallra cantwara bisceopa somod 7 heora.
23. geseted beon mihten.
24. ða cyricean hwæðere nales.   ƀ.
25. æftfyligend hi.   abbod.

VARIOUS READINGS. PAGES 90-92. 75

Page 90. 26. haten wæs.   7 wæs eft sended in.
B.   27. ríce 7 ða.   sceatt.
         28. fram.   begangum.   úncymre.
         29. geset.   ælmihtiga.   gecyðan.
                                                         mycel leoht
         30. geearnunge.   wǽre æghwylce.   byrgenne,wæs
             ætywed (add. not 1st hand).
         31. ꝥ ðe neahmen ongeaton ða þe.
         32. gesáwon ꝥ ꝥ.   wér.   man.   se þe ðær.
         33. And hi þa aspyredon hwæt he wæs 7 hwanan he cóm genámon.

C. S.   27. seað.
         30. 7 deest (before æghwelce).
         33. ða his lichoman deest.

O.   26. ærenddraca.
         27. on.   7.   on sūne sæs séaþ (over eras. of sceat ; accent
             and þ not orig.).
         28. amfléat 7 fram.   bigængum (a of æ erased ; u on eras.).
             on uncýmre byrigenne (after y erasure of a long letter (f, s, r)).
         29. ælmihtiga god.
                                                       i
         30. geearnunge.   wære æghwylcre.   byr,genne.
         31. ætywed oððæt.   nehmen ongeaton þa ꝥe (sic, e on eras. orig.).
         32. þæt ꝥ wæs mycel.   man se þe þær bebyriged.
             w   i
         33. ,æs 7 h,e þa aspyredon hwæt 7 hwonon he wæs genaman.

Ca.   26. ærenddraca.
                                                             fleot
         27. on galla.   7 ða.   on sumne sæs (accent eras.) sceat.
         28. amfleot 7 fram.   on untymre byrigenne.
         29. ælmihtiga god.   gecyðan.
         30. geearnunge.   wære æghwylcre.   byrigenne.
         31. ætywed oððæt.   nehmen ongeaton þa ðe hit.
         32. ꝥ ꝥ.   mycel.   man.   bebyriged.
         33. 7 hi ða spyredan hwæt 7.   genaman.

Page 92. 1. lichaman 7.   ða.   gerysenre.
B.   2. halegum circan ásetton 7 bebirgdon Kāp XXX [cp. 10. 20].

O.   1. lichaman 7 on.   ða ceastre (re on eras.).   are.
          2. on cyricean gesetton 7 bebyrigdon.

Ca.   1. 7 on.   ða.   æft.   are.
          2. myclum.   on cyricean gesetton 7 bebyrigdon.   Break. XXXI.

76 VARIOUS READINGS. PAGE 92.

Page 92. 3. yssum *space.*   tidum wæs norðhymbra cining se strangosta
B.   7 se gilpgeornesta æðelfryð wæs haten se mæg eallū angel-
   cynnū (*p.* 65) 7 ealdormannū brytta ðeode fornā 7 forheregode.
  6. he mihte.   béon.   iú ciningæ israela.
  7. þ.   ðære.   æfestnesse únwis.
  8. æni cyning (*sic*).   ealdormann þ te ma.   landa him
   to gewealde underþeodæ.
  9. he hí to gafolgyldū gesette angelðeode.
  10. heora þeode adráf mihte.
  11. cwyde.   hī geðeoded.   Iacob cwæð se.
  12. háde.   cininges ða he hine bletsode.

C. S.   4. se mæg.
  9. ðe *deest* (*after* forðon).
  11. se cwide wel.   se cwide *deest* (*i. e. after* geþeoded).
  12. he *deest.*

O.   3. þyssum (1 *eras.*) tidū forewæs norþan—.   strangesta 7 se.
   æþelfrið.   wæs haten se má eallum angelcynnū 7 ealdor
   (4^b) mannum brytta.   fornom (*erasure*) 7.   forhergode.
  6. þæs þe mihte.
  7. æfestnesse unwis.
  8. ealdormanna þ ma hiora landa ut amǽrde.
  9. hī.   for,an (1*st hand*) he hi to gafulgyldum gesette on
   angelþeode.   oððe of hiora lande adraf mihte swiþe wel beon.
     se cwide x
  11. geþeoded,ðe (*insertion in a neat later hand, cross above r., tick
   below line*).   on.
  12. þa his sunu bletsade.

Ca.   3. strangesta 7 se.
  4. wæs haten se ma eallum angel.
  5. ealdormannū brytta.   fornóm 7 forhergode.
  6. ðæs þe mihte.
  7. þ.   ðære.   æfestnysse unwis.
  8. cyning ne ealdorman þ ma.   landa.
  9. ute.   hī.   forðon þe he (*p.* 30) hi to gafulgyldum
   gesette on angelþeode.
  10. oððe.   lande adraf mihte swyðe well beon.
  11. hī geþeoded se cwide ðe.   on.
  12. ðæs.   þa his sunu bletsade.

VARIOUS READINGS. PAGE 92.

Page 92. **B.**
13. riisende. ærmorgen. eteð hloþe.
14. þa. édan.
15. cining. brytene eardiaþ. him þa fyrde ón 7 com.
16. únmætū werede 7 strange. gefeohten,e (*corr. later*).
             ⁿ
17. hwæðere oferswiðeþ (*corr. later*). féawū aweg. *From* weg *text follows* O.
      ᵈ
18. ís degsastán þær eall.
19. werod wæs ofslagen. ðam.
20. teodbald æðelfriþes (*p.* 66). ofslagen mid ealle his þy.
21. werede ðe. æþelfryð.
22. endleftan. gere (*in margin before* his, *which begins line ; small and pale ink*). þæt.
23. æreste ear uocatis (f *mod.* ?). se ða.
      ᶠ
24. ríce seoððan. ðære tíde. scotta cyninga ne.
25. þisne.
26, 27. *not in* **B** : (*two lines' space blank, and then begins* yssum).

C. S.
14. forþscype.
15. fyrdon æðele. 7 com &c. *ad* hwæðere *desunt*.
18. 7 ðær lytle ær.
19. wæs *deest*.
21. ðy æfteran geare.

O.
13. yteð hloþe.
14. fromscype. onstyred. (*one erased*). ædón sceotta.
15. þa þe on breotone eardod (od *on eras.*). teh. fyrd. cō.
16. unmęte. wiþ. hwæþere.
17. þis.
24. (5ᵃ) sceotta cyninga dorste.

Ca.
13. ís. yteð.
14. fromscype. ædon sceotta.
15. on. eardiað teh. fyrd. com.
16. unmæte.
17. hwæðere oferswyðed. feawū.
18. ðære.
19. eall. weorod ofslegen. þā.
20. þeodbald æðelfriðes broðor.
21. ðe.
22. ællyftan. (ænly)
23. ꝥ wæs ꝥ. se ðe.
24. syððan. scotta cyning dorste.
25. þisne.

VARIOUS READINGS. PAGE 94.

Page 94.

B.
1. yssum.   *space.*   tídum.   ymb fíf (tine *in brown ink, different hand*).
2. ðære dryhtenlican mennisce.   eadega.
3. æfter ðon.   ðære.   ciricean 7 on ðære apostolican syx monað 7 XIII gear 7 X dagas wuldorlice.
4. rihte 7 þa.
5. ecean.
6. heold þa 7 rihte ða cirican.   tídum.
7. 7 ðam æfteran.   of.
8. ðissum life (*p.* 67) þam ðe of heofonum (*rest wanting*).
9. bebyrged.   sce.   cirican.
10. suðportice.   feorðan.   iduum martiarum.   ond he nú þænne on.
11. ðam ylcan.   in wundor.   oþrū.   ðære halegan.
12. ond awriten is on his byrgenne þisses.   myrgeleoð (*sic*).
14. ðu.   of þinum lichaman (*omitted*).   genumenne.   ðu.
15. gelyfæste.   gást úpp heonan gesohte.
16. andweald.   sceðped ðæs oþres.
17. sylua.   is gewæge.   heah byscpes leomu in þisse byrgenne.
18. betýned.   in únrím.
19. hunger.   metum.

C. S.   8. ðam ðe.

O.   8. soþan.

Ca.
1. tídum.   æft.
2. menniscnysse.
3. ðe.   cyrican.
5. ða.   þā.
6. ða.
7. ðy.   of.
8. ðam.   heofonū.
9. lichoma.   þā.
10. ðy feorðan.   martiarum.
11. þā.   oþrū hyrdū ðære.
12. 7 on his byrgenne is awriten.
14. onfóh.   eorðe lichoman.   þinū lichoman.   ðu.
15. þonn.   liffæsteð.   gást úp heofon.
16. geweald deaðes hī sceððaþ þā oðres.
17. ðæs.   ħ.
18. symle.
19. oferswyðde.

VARIOUS READINGS. PAGES 94–96.

Page 94.
B.
20. halegum manegum saula.   feonde.
21. dæde.
22. gerynelicu.
23. X̄r̄e he ealle gehwyrfde.
24. lareowdómes.   (*p.* 68) wæs-geleafan *is inserted from* **B**.
25. þis gewin wæs gamen ðe þu sorgende dydest ꝥte ðu dryhtne.

C. S.
24. wæs he on ðære &c. *ad* geleafan *desunt.*
25. gemen þe wæs þis ðu heorde dedest.

O.
20. hrægle (5ᵇ) 7.

Ca.
20. halgū.   frā feondū.
21. dæde gefylde (*p.* 31).
23. angle.   arfæstnysse.
25. þyssū.   gymen 7 þus ðu.
26. ðu.   mycel.

Page 96.
B.
1. ðissum sigorum.   góda bysceop.
2. Forðon.   ðinra worca éce méde.   énde.
3. ðōn.   forswigianne.   ðam eadegan.
4. ðurh ealdra.   sage.   ús becóm.   hwylcum.
5. manad.   geornlice wæs gymende ymbe ure hǽlo ute.
6. secgað.   ꝥ te.   ðider níwan cóme scipmenn.
7. mænig cipe ðin,ᵍto ceapstowe brohton (g *above, rude and later*).

C. S.
7. in (*before* ceapstowe).

O.
1. sigorum.
7. brytene (r *on eras.*).   cepe (c *on eras. of long stroke*).

Ca.
1. ƀ.
2. forðan.   ᵇʳᵘᶜᵉˢᵗ ninest (*sic*).
3. ðam.
4. hwylcum.
6. ða hæla.
7. to ceapstowe.

VARIOUS READINGS. PAGE 96.

Page 96.
B.
8. manige comon þe ða þing bohton.   *T begins at* cwomon.
   gelamp ꝥ te.
9. betwyh oðere ðyder cóm.   betwyh oðere.
10. þing þær gesette wæron cype cnihtas hwites lichaman.
   fægere anwlitan menn 7 æþelice.
11. þa he in (*sic*) geseah.
12. ða.   hwilcum lande oððe.   hi.
13. sæde.   man ꝥ hi.   brytene ealande hi.
14. 7 þæs ealandes.   swylce ansyne (*p.* 69) menn.
15. fræn.   ylcan landleode cristene.
16. ðe.   gyt on hæðenra gildum lifdon þa sæde him man ꝥ hi
   hæðene.
17. þa.
18. swiþe.   7 cwæð wála wá, ꝥ̇te (*and then opposite in margin*
   ꝥ is sarlic*).

C. S.   8. hit *deest* (*before* gelamp).

O.
8. coman.   bicgeanne þa þing þa gelamp hit ꝥ.
9. betwyh oþre.   þiðer com.   betwih oþer.
10. cepe cnihtas.   lichaman.   fægeres.
11. an,wlitan (1*st hand*).   æþelice.   þa he þa,.
12. heold.   frængn.   hwilcum lande oððe of hwilcre.   hi.
13. sæde hī mon ꝥ hi.   ealande.
14. 7 þæs ealandes.   .wylcre (h *erased; imperfect* s *above*).
   ansyne.
15. hwæþer þa ylcan landleode cristene.
16. on hæ,nesse gedwolum lifdan cw̄ hī.   sæde ꝥ hi hæþene (6ᵃ).
17. þa.
18. wa ꝥ.

Ca.
8. coman.   bycgeanne ða þing ða.   gelamp hit ꝥ.
9. betwyh.   þyder com.   betwih.
10. cepe cnihtas.   fægeres.
11. andwlitan.   æðelice.   þa he þa hi.
12. frægin.   hwylcū lande oððe of hwylcere.   hi.
13. sæde hī man ꝥ hi.   br,otene.
14. 7 ðæs.   swelcre onsyne.
15. fregn.   ylcan landleode cristene.
16. ða gyt on hæðennysse gedwolū lifdan cw̄ hī.
17. sæde ꝥ hi ða gét hæðene.   þa.
18. sworete.   cw̄.   wa ꝥ.

VARIOUS READINGS. PAGE 96.　　　　　81

Page 96. 19. þ te.　　　fægere.　　leohte andwlitan men sculon agán.
B.　20. ðystra ealdor.
　　21. 7 eft frægn.　　ðeod.　　hi.　　cómon.
　　22. þa andswarode.　　man þ.　　angle nemned wæren þa.
　　23. þ.　　hi englisce ansyne.
　　24. gedafenað þ hi.　　efenyrfeweardas.　　heofonū sín.
　　25. git.　　forð on frægn.　　mægð þæ ðas cnihtas óf hider
　　　　gelæded.
　　26. andswarede.　　man.
　　27. cwæð hi dere hi nemned wæron þa.　　wel þ.
　　28. eruit hi sculan beón of godes yrre abrodene.
　　29. geciged.　　acsode.

　　　　　　　　　　　h
O.　19. þ.　　leotes andwlitan.　　sceolan agan.
　　20. þystra ealdor.
　　21. þe hio of coman þa 7 swarode (a out of o).
　　22. þ hie . . engle (two letters erased).　　cwæþ.
　　　　　　　　　　　　g　　　　　　　　　　　　　　　e
　　23. þ.　　forþon hi en,celice (engceli on eras.).　　ansyn,
　　　　gedafenað þ hi.　　efenyrfeweardas on.
　　25. sie.　　furþur.　　cw̄ hwæt hatte (a by eras. out of æ).
　　　　　ð
　　　　mæg,.
　　26. þas cnihtas.　　gelædde.　　7 swarode.
　　27. þ hi.　　cw̄.　　þ.
　　28. hi sculan beon.　　yrre abrodene.
　　　　　　　　　n he
　　29. gecygde þa ge, acsade.　　hiora.　　hī.　　ondswarade
　　　7 cwæð (after cwæð originally hi(o) alle haten(e) wær(on).
　　　Now he alle haten wære, the i changed into e of which the
　　　stroke runs into erasure; o wholly gone; part of lower curve
　　　of e after haten traceable; on gone and e written over).

Ca.　19. þ.　　andwlitan.　　sceolan ágan.
　　20. þystra ealdor.
　　21. ðe hi of coman þa andswarode hī.
　　22. þ hi engle.　　cw̄.
　　23. þ.　　forðon englelice ansyne habbað.
　　24. gedáfenað þ hi.　　efenyrfeweardas on heofonū sin ða.
　　25. cw̄.
　　26. þas cnihtas.　　gelædde.　　7 swarede hī.
　　27. cw̄ þ hi.　　cw̄.　　þ.
　　28. deréde ira éruti (sic).　　he sculan beon of.　　yrre abrodene.
　　29. gecygde þa.　　acsade.

G

VARIOUS READINGS. PAGES 96–98.

Page 96. 30. cining. wære þa andswarode him man. þ. ælle.
B. 31. 7. worde (*p.* 70). ðam naman.
32. þ. þ te. lóf ures scippendes on dælum.
33. sý 7. ða. þam bysceope.
34. ðā. setles forðā sylf né wæs ða gít.

O. 31. 7. þam naman.
32. þ gedafonað þ te (t *on eras. of* l ?). ures. si 7. þam bisceope.
34. þam. setles (t *on eras. of a tall letter*). for,an (*1st hand*).
sylfa ða. ne wæs.

Ca. 30. hī. andswarede. cw̄ þ he ælle.
31. 7 þa pleogede. þam naman.
32. þ. þ te. ures.
33. on þam. si 7 he ða. þā ƀ.
34. þā. setles forðan. sylfa ða. ne wæs.

Page 98. 1. bysceop gehalgod. þ. angelðeode in brytene onsende
B. sume lareowas þ te.
2. ða hi.
3. gecirrede wurdon 7. sylf.
4. fultume þ worc. gefremmenne. ðā. þ.
5. licode. þ. leaf.
6. þ ðafian ne burhware ða ma þ.

O. 1. bisceop. þ he angelþeode on breotone onsende.
2. hwylcehugu. þæt þurh ða hi. gecyrde wæron 7 cwæð. sylfa gearo.
4. fultume þ. gefremmanne. þam. þ.
5. þ his willa 7 his lefnes wære.
6. þafigean. burhware. (6ᵇ) þ. æþele.

Ca. 1. ƀ. þ he angelþeode on breotene (*p.* 32) onsende.
2. hwylcehugu. ðurh ða hi.
3. gecyrde beon mihton 7 cw̄. sylfa gearo.
4. fultume þ. gefremmanne. þam. þ.
5. licode. þ his wille wære 7 his lyfnesse þa.
6. þ geþafigean. ða burhware. þ.

VARIOUS READINGS. PAGE 98.

Page 98. 7. geðungen.   gelǽred.   feorr frā.   ac he sona
B.   hraðe þæs ðe.
    8. to byscpe gehalgod.   ꝥ.   f,͟emede ꝥ worc ꝥ.
    9. lange ǽr wilnode ond.   halegan.
  10. ǽr.   nemnedon 7.   gregoriu'.   ðrymnessū.
  11. gebedū wæs gefultumiende.   ꝥ.   lár.
  12. wæstmberende.   rǽde angelcynne.
  13. (*p*. 71) A *space*.   ꝥ te.   byseop.   æþelbyrhtes
      fultume ðæs cininges gelaðede.
  14. brytta bysc͟,pas (o *pale, not original*).
  15. ðære.   man gýt.   agustinustinus (*sic*) ǽ in myrcna.
  16. wesseaxena 7 (*small* t *between* ss, *ink pale as in l.* 14, *not*
      original).   7 he ða ongann.   broðorlicre.   hi manian.
  17. lǽran ꝥ hi.   sybbe.   betwyx him.   hæfdon.
  18. gewinn for dryhtne onfengon.   láre.
  19. angelþeode. And hi.   hiran ne woldon ne rihte.

C. S. 19. on *deest* (*before* ongolþeode).   ne hi woldon rihte.

O.   7. hī.   ac.
    8. hraþe þæs þe he bisceop.   ꝥ he.
    9. ꝥ he lange.
  10. sædon 7.   trymenessum.   hi͟,gebedum.   gefultumiende
      ꝥ hiora lar.   wæstmberende.   tó ræde angel.
  13. þa.   ꝥ.   bisceop.   æþelbyrhtes fultume.
  14. gelaþode.   brytta bysceopas.   on.
  15. þe mon nemneþ.   ac on hwicna (i *out of* e, *tick joining* c *still left*).
  16. westsexna 7 hi þa ongunnan.   broþorlice.   hi manian.
  17. hi   lufan betwih him hæfdon.
  18. onfenge.   læranne on angelþeode.
  19. hie him hyran ne woldan,͟rihte eastran (1*st hand*).

Ca. 7. frā hī.   ac.
    8. ðe.   ꝥ he.   ꝥ weorc ꝥ.
    9. lange.
  10. sædon 7.   trymnyssum.
  11. gefultumiende ꝥ.   lar.
  12. wæstmberende.   angelcynne.
  13. ꝥ.   ƀ.   æðelbyrhtes fultume.
  14. brytta bisceopas.   on.
  15. ðe mon nemneð.   ac on.
  16. westsexna 7 hi.   ongunnon.   hi manigean.
  17. ꝥ hi.   lufan betwih hī hæfdon.
  18. win.   onfenge.   læranne on angelþeode.
  19. 7 hy hī hyran ne woldan ne rihte eastran

VARIOUS READINGS. PAGE 98.

Page 98. 20. on.   tíd ne eac.   manig oðru.   ðære ciricean ánnesse hi.
B.   21. þa hi ða.   lange.
     22. ða þing ne his þeawum ne his geferum ænigre ðinga geþafa beon (*rest wanting*).
     24. hi.   ðeawas on gesetnesse dydon þonne hi ðwæredon eallū.
     25. ciricum.   þa he se halega.
     26. ðyses gewinnfullan.
     27. Vtan.   god se ðe eardað in his (*p.* 72) fæder ríce ꝥ he ús getacnige.
     29. hwylc.   fylgen sý hwylcum wegū.
     30. sý.   inganne.   man sumne mann to ús 7.
     31. hwylces.   swa swa.

C. S.   29. hwylcum wegū to efestanne sy *deest*.

O.   20. on.   tíd.   oþre.   cyriclican.
     21. annesse hi.   wiþerword.   þa hi.   lange.
     22. ne hi agustinus.   benum ne his þream 7 his geferena.
     23. geþafigean woldon.
     24. hi.   seolfra.   gesetnesse betran dydon þon̄ hie.
     25. geþwæredon eallum cristes cristes (*the second struck through*). ciricean.
     26. (7ᵃ) þysses gewinfullan.
     27. cw̄ utan.
     28. god þe þe ear,deð [dian] (1*st hand*).   ꝥ he geeadmodige us getacnian.
     29. hwylc gesetenes to fylgeanne sy to ingonge his,læ [rices]. de (*one d erased*).
     31. 7 þurh swa hwylces.   swa, gehæled si [he]. þysses (*after* si *erasure of* e) geleafa 7 wyrcnes sie gelyfed gode 7 fenge.

Ca.   20. on.   tíd.   cyriclican.
     21. annesse hi ungelice wiþerword.   hi.   lange.
     22. hi agustinus larū.   benū ne his þream 7 his geferea.
     23. geðafigean woldan.
     24. hi.   seolfra.   gesetnysse betran letton þon̄ hi.
     25. geþwæredon eallū.   cyricean.   ða.
     26. agustin' þysses gewinfullan.
     27. cw̄ utan.   ælmihtine god þe ðe eardian.
     28. ꝥ he geeadmodige us 7 getacnige.
     29. heofonlicū wundrū hwylc gesetnysse to fyligeanne sy to ingange (*rest wanting*).
     31. man 7.   hwylces.

VARIOUS READINGS. PAGE 100.

Page 100.
B.
1. sý þæs geleafa 7 weorc si gelyfed gode andfenge.
2. eallū us.   geþafedon ꝥ úneaðe ða.   ða.
3. man.   blindne man.   angelcinne.   wæs he.
4. brytta byseopū 7 ðær nænige.   ðurh hyra.
5. senunge.   nyhstan.   rihtre nydðearfnysse gebeden aras ða 7 bigde.
6. cneowu bed.
7. ꝥ.   ðam blindan mæg menn gesihðe forgeafe ꝥ te.
8. mannes licum licumlice.   on manigra geleafsūra.
9. butan yldinge.
10. mann onlyhted.   7 se.
11. frā bodan 7 hered (p. 73) þa.
12. andettan.   bryttas scamiende ꝥ hi.   ongeaton ꝥ te ꝥ wæs.

O.
2. eallum to fylgeanne.   geþafedon ꝥ.
3. man.   angel.   wæs he ærest.
4. brytta bisceopum.
5. segnuncge.   nyhstan.   rihtre nydðear,nesse (1st hand).
6. gebigde his cneowu.
7. *The words* ꝥ he to *onlyhtnesse omitted in context are inserted at foot of page, their place marked by dots and stroke. Variants from* T; ꝥ; þā; b,indan; gesyhþe; forgeafe; ꝥte mannes licūlice onlyhtnesse (*all 1st hand*).
8. on.
9. gyfe.   ða.   butan yldingc.
10. onlyhted, gesyhþe onfeng 7 se soþa boda þæs.
11. ,fram.
12. þa 7 dettan.   sceomiende ꝥ hi ongeatan ꝥ þæt.

Ca.
1. si ðysses geleafa 7 wyrcnes si gelyfed gode 7 fenge.
2. eallū to fyligeanne ða geþafedon ꝥ.   ða lædde.
3. angel.   wæs he ærest.
4. brytta biscopū.   hæle.
5. nyhstan.   agustin'.   rihtre nydþearfnysse.
6. ares.   gebigde his cneowa.
7. ꝥ.   forgeafe ꝥ te.   ðurh.
8. (p. 33) mannes licumlice onlyhtnesse on.
9. ðæs.   gyfe.   butan yldinge.
10. onlyhted.   onfeng 7.
11. agustin'.   frā hī.
12. 7 dettan.   bryttas sceomiende ꝥ hi ongeaton ꝥ ꝥ.

VARIOUS READINGS. PAGE 100.

Page 100.
B.
13. agus, bodode cwædon þeah ꝥ hi. tin'
14. mihton butan. geðafunge. léafe.
15. ðeawas. Ac bædon ꝥ hi. oðerne.
16. hæfdon 7 hi þōn woldon. þone gesecean.
17. ða se seonoð geset wæs ða comon. brytta byscpas. ða.
18. menn. swiðust on ban corona. ðære.
19. ðæs. aƀƀ ða hi ða. þam gemóte.
20. ða comon hi. sumum ancran. wæs wís mid him 7 halig.
21. frunon hi. acsodon. hi scoldon.
22. gesetnesse. ðeawas forlætan.
23. ða andswarode. mann. fylgeað hī.
24. þa cwædon hi. hwan. ꝥ witan. he swa sý ða cwæð.

C. S.
20. se wæs *deest*.

O.
13. hwæþere ꝥ.
14. hi. mihtan butan. l,fnesse hiora. (ea above l)
15. ealde. bædan ꝥ eft oþer seonað.
16. hi þone woldan (e *on eras.*). (7ᵇ) gesecean.
17. se þa. coman seofon brytta bisceopas.
18. baancorona.
19. a,bud þa hi þa to þam. (b above)
20. coman hi. sumum ancran, mid (*second* a *on eras.*). (se wæs above)
21. wis frunan hine 7 acsedon hwæþer hi sceoldan.
22. lare hiora gesetenesse 7 hiora. forlætan.
23. 7 swarode. mon sy fylgað hine (ne *out of* m).
24. hie (*on erasure*). magan. þæt witan hwæþer.

Ca.
13. þone ðe agustin'. hwæðere ꝥ hí,ne (*accent and comma*)
14. mihtan butan. leafnysse.
15. ealde. ꝥ. seonað.
16. hi þonne woldan. má. gesecean.
17. ða se ða. coman seofan brytta. ða.
18. swyðest. bááncorona.
19. abbad ða hi ða. þam.
20. coman hi. ancran. hī.
21. wís frunan hine 7 acsedon. hi sceoldan.
22. agustin' lare. gesetnysse. forlætan ða.
23. 7 swarede. hī. si fyligeað him.
24. hi to hī. ꝥ witan.

VARIOUS READINGS. PAGES 100—102.   87

Page 100. B.
25. dryhten sylfa.   on.   gé.
26. géoc.   eow 7 leorniað.   þ.   mílde 7 eaðmod (p. 74) re.
27. 7 gif.
28. is.   þ.
29. berende.   ðonne.   oferhydig.   þ.
30. þ.   fram gode.   ne gyman ða cwædon hi.
31. hwam magan wé þises.   witan þa cwæð he beseoþ hine þonne he.
32. geférum.   þære gemótstowe gá 7.
33. 7.   arise togeanes.   cumað þōn.

C. S.
25. monaþ ge mín.
27. 7 gif.
28. is he gelyfed.

O.
25. si.   dryhten sylfa cw̄.   on.
26. min word ofer eow 7.   þ.
28. is gelyfed þ.   eou.
29. beranne.   þoñ.   unmilde.   is þ cuþ þ.
30. óf, ne ge. (gode)   gymað.   hi.   witan.   geseoð.
32. þ.   geferū.   ðære sinoðstowe cymeþ.
33. gesiteð 7.   ariseþ togeanes. (eras.) eou þonne ge cymen (n on eras.) þoñ witað (wi on eras.).

Ca.
25. si cw̄.   drih̄t sylfa cw̄ on.
26. min word ofer eow 7.   þ.   eadmodre heoran.
27. agustin'.   eadmodre.
28. þoñ is gelyfed þ.
29. berene. (n)   þoñ.   unmilde.   oferhydig þoñ is cuð þ.
30. nís.   gyman.   hi.
31. witan cw̄.   geseoð.
32. þ.   geférum.   sinoðstowe cymeð.
33. gesiteð 7.   aríseð togeanes eow þoñ ge cumen þoñ.

Page 102. B.
1. wite gé þ he is.   ðeow.
2. lare fullgán Gif.   ðonne eow oferhogie.

C. S.
1. cristen.

O.
1. cristen.
2. he (h on eras.).   eow, forhogige. (ic)

Ca.
1. þ.   cristen.   geeadmodlice.
2. þoñ eow forhogige.   wylle.

Page 102. 3. togeanes for eower ma.   þōn.
B.   4. oferhogod.   hi dydan.   he to him cwæð comon hi.
   5. ðære.   arcebysceop on sotole.   hi.
   6. ða gesawon þ he ne wolde arisan ongean hi ða wæron hi sona yrre 7 hine oferhydigne.
   7. wordū wiðcwædon.
   8. wiðwunnan þa cwæð.   bysceop.   on.
   9. manegum þingum (*p.* 75). wiðerwearde synt͡urum.   eallum godes ciricum. And hwæðere.
   10. on þissum ðrim.
   11. þ.   eastrean weorðian.
   12. tíd 7 þ ge.   ðenunge fullwihtes ðurh ða.
   13. acennede æfter ðeawū þære romaniscan cyricean.
   14. apostolican gefillednesse. Aand (*sic*) þ ðridde þ ge angelþeode.

O.   3. togeanes.   ma.   sy þoñ he fram eow .. (*erasure of one or two*).
   4. forhogod.   hi . (*eras. of one*).   cwæð comon hi to.
   5. sinoðstowe.   ercebisceop.   sotole þa hi þa gesawon (8ᵃ) þ.
   6. sono.
   7. gewordene oferhydigne tæ,ldon (a *of æ erased*).   wordū.
   8. wiðwunnan . (a *on eras., after* n *eras. of one*).   cwæð,ʰᵉ
    bisceop.   hī on monegū (negū *on eras.*) þingū.
   9. wiþerwe,rde (*second* e *on eras.*).   urum.   eallra.
   10. cyricean swa 7 hwæþere.   ge on þyssum þrim.
   11. þ.   eastran weorþian on.
   12. tíd 7 þ ge þa þenunge.
   13. æfter þeawe.   cyricean.
   14. 7 þ ðridde þ.   angel.

Ca.   3. togeanes.   si þonñ, frā.ʰᵉ
   4. forhogod.   hi.   cw̄ þa ða hi comon to.
   5. sinoðstowe.   ærceƀ agustin'.   sotole.   hi.
   6. ða gesawon þ.   héneárás (*sic*).   hīᵃ (*sic*).
   7. oferhydigne.   eallū.   wordū wiðcwædon.
   8. wiðwunnan cw̄.   bisceop.   hī on.
   9. þingū.   wiðerwearde.   urū.   ealra.
   10. cyricean swa and hwæðere.   ge on þyssum þrim þingū.
   11. wyllað þ.   eastran weorðian on.
   12. tid 7 þ ge ða þenunge.   ða.
   13. bearnū.   þeawe.   cyricean.
   14. gefyllan and þ ðridde þ.   angel.

VARIOUS READINGS. PAGE 102.

Page 102. 15. ætgædere.   ús.   bodian. Eall þa oðre þing ðe ge
B.   dóð ðeah ge urum þeawū wiðérwearde sýn ꝥ we geðyldelice.
17. ða cwædon hi ꝥ hi.   dón woldon.   arcebysceop.
18. woldon.   betweonū 7 cwædon.   nú ús ougean arisan.
19. micle swiður gif.   hím under beoð he ús forhigeð.
20. sǽd ꝥ.
21. beotiende ætforan cwæde.   hi sybbe.   mannum onfón.
22. woldon ꝥ hi wæron unsybbe 7 gefeohte fram.
23. 7 gif (*p.* 75).   hi angelcinne.   bodian.
24. ꝥ hi ðōn.   hyra handa.   wrace þrowiende.
26. ꝥ ða beforan him eallū swa.   cwæð rihtū.   dome.

C. S.   23. on *deest* (*before* ongolcynne).

O.   15. ætgædere.   bodie eall oþer þing þa þe ge.
16. þeah þe urum.   wiþerwe,ͣrde (*second* e *on eras.*).   synd.
17. hi ꝥ hi nænig (*on eras.*).   woldon.   ærcebisceop.
18. woldan.   betwynan gif he (e *written on* i).
19. arisan.   he us for nowiht forhigeþ.
20. sæd ꝥ he beotiende for,ͤcwæde.
21. hi.   mannum.
22. woldan ꝥ hi wæran.   gefeohͭ, fram hiora.
23. onfonde 7 gif hi on angel.   bodian, woldan (*1st hand*).
24. ꝥ hi.   hiora handa deaþes.
25. þrowiende.
26. eall swa (swa *on eras. of* 4 *letters*).   forecw̄ rihte.   dome.

Ca.   15. ætgædere mid us (*p.* 34) bodie ealle oðere þing ða þe.
16. þeah þe ge urū.   wiðerwearde synd we geðyldelice.
17. hi ꝥ hi.   woldan.   ærceb̄.
18. woldan.   hī betweonan.
19. arisan.   mycle má.   hī.
20. us for nowiht forhygeð.   agustin' is sæd ꝥ.
21. hi.   mannū.
22. woldan ꝥ hi wæron.   frā.
23. onfonde 7 gif hi on angel.   bodian.
24. woldan ꝥ hi.   handa.
25. þrowiende.
26. and ꝥ þurh eall.   forecw̄ rihte.   dome.

VARIOUS READINGS. PAGES 102–104.

Page 102. **B.**
27. And sona hwæðere æfter þyssum ꝥ te æðelfrið.
28. se cining angelcinnes be ðam þe we ær beforan.   gesamnode.
    7 gelædde in to leigeceastre.
29. ðær wiþ bryttum.   ꝥ.
30. wæl ðær.   ðære getrywleasan.   mid þi ðe he ꝥ gefeoht.
    ongann.
31. æðelfriþ.   cining.   byscpas.
32. onsundron stodon unge^{wa}pnode (wa *later insertion, brown ink and careless*) on gehealdre (*brown*).   ꝥ hi sceoldon.
                       ^{en}
33. campwerod.   to heora gode.
34. acsode.   ꝥ werod.   hi ðær.

C. S.
30. gefeoht *deest*.

O.
27. 7 sona hraþe.   þyssum ꝥ æþelfriþ.
28. engla.   be þam.   gesōnade micele.
29. bryttū (8ᵇ).   ꝥ.
30. geslogan.   treowleasan.   mid þy he þæt ongan þa (æt on eras.).
31. æþelfrið.   bysceopas.
32. sundur sto,dan ungewæpnade on gehældran stowe ꝥ hi sceoldan.
         ⁿ
33. hiora cȧm,wered (*eras. above* a).   frægen he 7 acsade.
        ^p
34. ꝥ werod.   hi.   he þa.

Ca.
27. 7 sona hraðe æft̄ þyssum ꝥ æðelfrið.
28. engla.   be þā.   sprecon.   mycele.
29. bryttū.   ꝥ.
30. geslogan.   treowleasan ðeode.   mid þy he ꝥ ongon þa.
31. bisceopas.
32. stondon ungewepnade on gehældran.   ꝥ hi sceoldan.
33. campwered.
34. acsode.   ꝥ werod.   hi.

Page 104. **B.**
1. ongeat hwæt ꝥ werod wæs 7 hwæt hi ðær dydon 7 ongeat þone intingan.   7 cwæð hwæt.   wát.   hi ðas to hyra gode clypiað wið ús.
2. hí wæpen.   ꝥ hi wið (*p.* 77).

O.
1. þoñ. (n *erased*).   hiora.   cwæþ he þa.
2. hiora.   clypiað þeah þeah þe hi.   wæpen.   b,ran^e ꝥ hi.

Ca.
1. cw̄ he þa.   wát.   hi.
2. clypiað.   hi wæpen.   ꝥ hi.

VARIOUS READINGS. PAGE 104.

Page 104. 3. ús feohtan ne magon forðam hi ús. wiðerweardum ónbenum.
B. 4. wyrignessū. Het ða. on hi fón 7 hi slean.
5. secgeað menn þ ðæs weredes. ·XII· hund gelæredra manna.
6. áweg losedon 7 he ða oþre wered ðære mánfullan.
7. fornam 7 fordilgode. butan. wanunge.
8. weredes 7. halegan bysceopes.
9. þ hi sceoldon. getrywleasnesse hlylwendlice (*sic*).
10. wrace ðrowian forþam hi ǽr ða gelæredan.
11. forhogedon.
12. A *space*. þissum þ te. brytene arcebysceop gehalgode.
13. byscpas. oþer.
14. mellitū. on eastseaxe. bodianne. láre.

Z. 12. þa. ðassū ðætte.
13. gehalgade. mellitus (*before* m *eras. of blot*?) ærest on ongel ðiode ðone mellitū.
14. eastseaxū to bodienne. ða siondan.

O. 3. forþon hi. hiora.
4. wyrinessum (yri *on eras. and spread out to cover space*). het. hi cyrran.
5. seggað. þ. hund 7 hiora.
6. losedon. oþer. þara maanfullan.
7. fornam .. (*eras. of two*). fordilgade (lg *on eras.*). nalæs butan.
8. weorodes 7. bisceopes.
9. þ hi sceoldan. hiora getreowleasnesse.
10. þrowian forþon hi ær þa ‚lær‚dan. hiora.
                         ge e
12. þyssum þ. ærcebisceop.
13. bisceopas oþer. oþer.
14. mellitū. bodienne. syndon.

Ca. 3. forþon hi. wiþerwordū onbenū.
4. wyrinessū. het ða. hi cyrran.
5. þ ðæs. hund 7 heora.
6. losedon. þara manfullan.
7. fornám. nalæs butan mycelre.
8. 7 swa. witedóm. ƀ.
9. agustin' þ hi sceoldan. getreowleasnysse.
10. þrowian. hi ær þa gelæredan.
12. æft þyssū þ agustin' ærceƀ gehalgode II.
13. mellit'.
14. mellitū.

VARIOUS READINGS. PAGE 104.

Page 104. 15. syndon temese (s *on eras.*) streames (*p.* 78) tosceadenne fram
B. centlande.
16. ealandburh.   ofre gesett.
17. 7.   manigra.
18. lande.   on ðeode.
19. sæbriht cining æþelbyrhtes sweostorsunu þa onfeng eastseaxena ðeod soðfæstnesse word cristes.
21. ðæs bysceopes ða het æðelbyrht.   on.
22. cyricean getimbrian.   scē pauli apłi ꝑ.   on.
23. bysceopsetl.
24. bysceope.   hrofeceastre ꝑ is.   fram.
25. cantwara byrig feower.   twentig mila.   on ðære.

Z. 16. geðiode.   hiora alderburh.   lundencester.   oofre.
17. ðæs foresprecan.   sio.   ceapstów.
18. sǽ.   ðiode.
19. sæbeorht.

O. 15. tosceadene fram centlande.
16. geþeodde.   hiora ealdorburhg.   lunden (9[a]) ceaster. ofre.
17. 7 sio.
18. on.   tid.
19. sæbyrht.   æþelbyrhtes sweostorsunu.   hyra þa.
20. he 7 eastseaxna.   soþfæstnesse.
21. lare.   bisceopes.   het æþelbyrht.   on.
22. cyrcean.   ða.   scē paule þam apostole ꝑ he on.
23. þære.   bisceopsetl (t *on eras. of* þe).   æfterfylgendan. ðone.
24. on cent sylfe to bisceope gehalgade to hrofeceastre.   ís fram. cantwara.
25. . . . twentigū (*two erased*).   milum.   on.

Ca. 15. syndon.   tosceadene frā centlande.
16. geþeodde.   ealdorburh.   ofre.
17. geséted.   7 seo.   folce.
18. lande.   sǽ.   on.
19. sæbyrht.   æþelbryhtes (*p.* 35) sweoster.   hyra þa.
20. he 7 eastseaxna.   soðfæstnysse.   mellit' þæs ƀ lare.
21. ða het æðelbyrht.   on.
22. cyricean getimbrian.   scē paule þā apłe ꝑ.   on.
23. þære.   ƀ setl.   æfterfyligendan ðoñ iustū.
24. on cent sylfe to ƀ.   hrofeceastre.   frā cantwara.
25. XX.^gum   on.

VARIOUS READINGS. PAGES 104–106.

Page 104. 26. æþelbryht kyning het cyricean getimbrian 7 ða.
B. 27. andreę ða aple. And. cining.
28. æghwæþrum ðyssa bysceopa gyfe. bocland 7 æhta.
29. brucenne. æfter þyssum ða forðferde se sylfa (*p.* 79) fæder. lichama.
31. ciricean ðara. ǽr.
32. forðam. gita. ðæs.

O. 26. æþelbyht (*sic*). het cyricean getimbrian.
27. andree þam apostole 7.
28. æghwæþerum þyssa bisceopa. gyfe (i *rudely changed into dotted* y). bocland 7 æhta hī.
29. geferū æfter þyssum þa forþferde.
30. lichama wæs ute bebyriged neh.
31. cyricean. gemyngedon forþon. hi,̊ þa gyta ne wæs.

Ca. 26. æðelbyrht. het cyricean getimbrian.
27. andree þā aple 7.
28. æghwæðerū þyssa ƀ. gife. bócland 7 æhta hī.
29. þyssū forðferde ða.
30. agustin'. ute bebyriged neh.
31. cyricean. apla. ðe. ǽr gemynegodon.
32. gyta ne wæs. ðæs.

Page 106. 1. gehalgod. ða dyde mann inn 7 on. cyricean.
B. 2. gedæftelice wæs bebyrged on ðam. swylce.
3. þara arcebysceopa þær syndon bebyrged butan twegera.
4. ðeodorus 7 byrhtwoldes. lichaman. on.
5. ðære cyricean sylfre. in þære. portice ma.

C. S. 5. forðon in.

O. 1. hio gehalgod. lichaman. cyricean.
2. gedefelice wæs bebyriged. þam eac swylce eallra.
3. ærcebisceopa lichaman syndon on þære cyricean sylfre (*rest wanting*).
5. geset forþon on þone (9ᵇ).

Ca. 1. gehalgod. ín 7 on þā norðportice gedefelice wæs bebyriged.
2. þā eac swylce.
3. þæra. ærceƀ. syndon on þære cyricean sylfre.
5. forþon ðe on. ma.

VARIOUS READINGS. PAGE 106.

Page 106. 6. mihte.   on middan þære cyricean weofod.
B.   7. gesett 7 ꝥ.   on ðam ælce sætnes.
      8. on þære stowe mæssepreost.   gemynd.
      9. forðfóre.   mæssesange.   on scē.
    10. byrgene.
    11. arcebysceop cantwara.   eára.
    12. fram ðam eadegan gregorie (*p.* 80).   bysceope.
    13. fram.   wyrcnessum.   wǽs.   æðelbryht.
    14. cyning his ðeode fram deofolgylda begange he to cristes geleafan gelædde.
    15. sybbe gefylledum.   þenunge.
    16. þi.   VII kalendarum iunias in ðæs.   ríce.   (ma above)
    17. FTER (*space for illum. letter*).   agustine wæs fylgende on bysceophade.   þōn.   forðam be.

O.   6. mihte.   neh on middre þære cyricean.
      7. ꝥ.   noman gehalgad on þam æghwilce sætnes.
      8. mæssepreoste (e *on eras.*) hiora.
      9. forðfóre.   mæsesange mærsade.   scē.
    10. byrigenne þysses.   gewriten (*on eras.*).   doñe agustin'.
    11. ærcebisceop (a *of* æ *erased*).   cantwarena burh, (e *in* en *out of* æ).   geára (*remains of accent*).
    12. fram þam.   gregorie.   burgh, bisceop,.
    13. fram.   wyrcnesse (y *on eras. of* r).   awreþed wæs æþelbyrht.
    14. fram deofulgylda ,ongang hæto (a *of* æ *partly eras.*).   geleafan gelædde.   (bi above)
    15. gefyldum.   þegnunge (*originally only* ðegnum).
    16. þa, þy (*sic*).   kalendas.   on þæs ylcan.
    17. agustine fylgde on bisceophade.   ðone he forþon be. gehalgade.

Ca.   6. mihte ís wel neh on.   middre þære cyricean.
      7. ꝥ.   noman gehalgon on þā.
      8. mæssepreoste.
      9. mæssesange mærsade sundon.   (y above)
    10. agustin' byrigenne þysses.   gewriten (en *erased*).
    11. arceƀ cantwarena.
    12. frā þā.   gregorie.   þære romaniscan heah ƀ.
    13. frā.   wyrcnesse.   æþelbyrht.
    14. frā deofulgylda bigonge he to.   geleafan gelædde.
    15. gefyldū dagū.   þenunge.   wæs þa ðy dæge.
    16. kł.   on þæs ylcan.
    17. æft agustine.   on bisceophade.   fórðan.

VARIOUS READINGS. PAGE 106.

Page 106. 18. lybbendum.   forðferendum sceolde swa niwre.
B.   19. butan hyrde standan. Onhyrede.
   20. on þam ða.   hiredes.   cyricean 7 scē.
   21. ða he on rome.   cyricean.
   22. ꝥ.   fultume.
   23. láre him.   æfterfylgende.   laurenti' arcebysceophade.
   24. ongann he.
   25. Ðe he eaðelice ae (*modern correction*).   ícan 7 to forðstownesse.
   26. he anesse mid gelomlicre (*p.* 81) stæfne his haligre trymnesse 7 láre.
   27. singalum gebedum.   ongann hýn 7 miclian.
   28. ꝥ án ꝥ.   ðære níwan cyrican.   angelcynne gesamnod.

C. S.   19. hyrde beon ongunnon.
   25. forþspilnesse.

O.   18. forðferedum sé.
   19. niwre cyricean.   butan hyrde ț,altrian ongunne (e *on eras.*).
   20. 7 hyrde on þam.   hyrdes.   cyricean.   rome. cyricean.
   22. staþelode is ꝥ gesæd ꝥ.   fultume godcundre.
   23. æfterfylgende gehalgade.   he þa.
   24. ærcebisceophade (a *of* æ *erased*).   þa ongan he framlice. cyricean.
   25. (10ᵃ) æþelice alede ge,ycean. seah   forðspownesse gedefenre heanesse mid gelicre stefne his.
   26. trymenesse.
   27. ongan.
   28. nalæs ꝥ an ꝥ he gýmenne (y *on eras. of* e).   niwan cyricean þe of angel.

Ca.   18. be hī lifigendū.   hī forðferedū.
   19. niwre cyricean.   butan hyrde tealtrian.
   20. 7 hyrede on þā þa.   ðæs.   hyrdes.   cyricean.
   21. aples.   rome.   cyricean.
   22. staðelode is ꝥ gesæd ꝥ.   hī to fultume godcundre.
   23. hī.   æft fyligende gehalgode.   laurenti'.
   24. arceƀ hade.   þa ongan he frālice ða.
   25. æðelice (*p.* 36) alede.   ycean.   forðspownesse gedefenre heanne mid gelicre stefne his.
   26. trymenesse.
   27. singalū bysenū ærfestre wyrcnysse he ongan héan.
   28. nalæs ꝥ an ꝥ he gymenne.   niwan cyricean.   angel.

VARIOUS READINGS. PAGES 106–108.

Page 106. 29. swylce.   ðara.   bigengena brytta.
B.   30. þ he.   manegum ðingum.
         31. ungeþwæredon 7.   swiðust þa hi ða symbelnesse þara haligra eastna 7 ðone.

O.   29. gesomnad.   swilce eac þara yldra bigengena (*first* e *on eras. of* o) brytta.   forþon.
         30. þ hi.   þingū.
         31. cyricū ungeþwæredon 7 eallra swiþost þ hi.

Ca. 29. gesomnad.   ac eac swylce þara yldra bigengena brytta.
         30. þ hi on monegū þingū.
         31. cyricean.   ungeþwæredon 7.   swyðost þ hy ða symbelnysse.

Page 108. 1. dryhtenlican æryste.   worðodon on rihte tíd.   hi.
B.   3. halsode þ hi on.   sybbe 7 ingehigd rihtra eastrena.
         4. gehwæredon.   þam.   cyricum þa geond.
         5. getogene synd.   ðeah þe ðas.   he dyde hú.   speowe.
         6. gyt.   andweardan.   tíde.   ylcan ðeawas kyðað.
         7. þissum.   com.   bysceop.   be ðam nydþearflicum intingum angelcyricean 7 he þa.

O.   1. þara halgena eastran.   drihtenlican æreste.
         2. weorþedan on rihte tid.   hie.
         3. þ hí on.   gehylde (y *on eras. of* æ).   eastrena.
         4. cyricean.   geo,ⁿd eallne.
         5. þing cyþaþ (*omitted words at bottom of page; variants are* hī speowe nú; 7 weardan ylcan þeawas).
         7. ðyssum.   com.   bisceop.   rome.
         8. þam nedþearflican intingū angelcyricean 7.   þa.   feorþa.

Ca. 1. þara halgena eastran.   drihtenlican.   on rihte tíd.
         2. hī.   hi.
         3. þ hi on.   gehylde.
         4. cyricean.
         5. ðe.   swyðe hī speowe.
         6. gyt.   7 weardan tíde.   ylcan þeawas.
         7. þyssum tidū com.   lundenceaste (*sic*) ƀ.   rome be.
         8. þam nydþearflican intingū angelcyricean 7.   þa.

VARIOUS READINGS. PAGE 108.

Page 108. 9. ðam. ⅠⅠⅠⅠ bysceop.
B. 10. frā (*p.* 82) scē gregorie 7.   þes.
  11. papa.   gesamnode.   bysceopa.   he ða wæs.
  12. be.   life.   be.   ðes.
  13. eahteoðan.   focatis ríces.   kaseres 7 he mellitus
   betwyh him.   þam seonoþe.
  14. regollice.
  15. ealdorlicnesse 7 mid.   7 æft.
  16. brytene ond ða.   him angelþeode ciricum.   healdenne.
  17. ætgædere.   ðam.   ylca.
  18. ðam.   arcebysceope laurentię.   geferum.
  19. æðelbyrhte cininge.   angelþeode.   trymnesse.
  20. lífes.
  21. A *space, and omits* wæs.   syx...(tyne *erased*).   syxtyne.
   fram dryhtnes.
  22. þ.   án.   þæs ðe.

O. 9. bisceop.
  10. fram.   7 he þa þæs (a *of* æ *erased*).   ylca.
  11. papa sinoð.   bisceopa.
  12. be.   be.   ðes sinoþ.   eahteþan.
  13. focatis.   7 he mellitus betwih hi.
  14. þam sinoþe.   þing.   þær regollice.
  15. ealdorlicnesse.   fæstnade 7.
  16. tó (10ᵇ) brytone.   ða.   on angelcyricum.
  17. ætgædere mid (*cross on last* d *erased*).   þam ærendgewritū.
   ylca.
  18. ærcebisceope.   geferū.
  19. æþelbyrhte.   eallre angel.   trym . nesse (*eras. of* e).
  21. syxtyne.   frā.
  22. mennyscnesse þ.   þæs þe.

Ca. 9. ƀ.
  10. burhge fram.   7.   þa ðes ylca.
  11. papa sinoþ gesomnade.
  12. be.   be.   þés sinoþ.
  13. focatis.   ðæs.   7 he mellit' betwih hi.
  14. þā sinoþe.   þing ðe þær regollice.
  15. ealdorlicnysse.   fæstnade 7.
  16. breotene.   on angelcyricean.   healdanne.
  17. ætgædere.   þam.   ylca.
  18. arceƀ.   eallū.
  19. æðelbyrhte.   angelþeode.   trymnesse.
  21. ða.   syxtyne.   frā.
  22. mennyscnysse þ.   þæs ðe agustin'.

VARIOUS READINGS. PAGE 108.

Page 108.
B.
23. geferum.   angelðeode.   þ te æðelbyrht cantwara kyning æfter ðam hwilwendlican ríce (*p.* 83) þ.
25. wundorlice.   7 ða.   mid geleafan astah.
26. III a..   on angelþeode kyningum suðmægðum weold. (*a later hand inserts in margin* þe *to correct construction*).
28. þysses.   ríce.   suðseaxe, se æftera (*additions by same hand as noted on l.* 26).
                  na cyng
29. cea,ling.   westseaxena kyning.   ðrídda.
    u
30. æþelbyrht cantwara cining.
31. kyning · Ū ·   wæs.   norðhymbra kyning.
32. ríce.   ,brytene buton cantwara anum swylce (*add. by same hand as in* 28).
      eal

C. S.
23. on *deest* (*before* angelðeode).
26. cyning in ongol.
29. wæs swa we.

O.
23. on angel.   þ æþelbyrht.
24. cantwara.   æfter þam hwilendlican.   þ.
25. 7 þa to þam.
26. astah.   þridda.   in on angelþeode cyningū þ eallū suþmægþū.
28. hefde.   þyses.   suþseaxna.   æftra.
29. ceaulin.   westsexna.   swa swa.
30. æþelbyrht cantwara.   feorþa.   rædwald.
        y
31. norþanh,mbra (*erasure*).
32. eall þa brytene butan cantwarum.   swylce.

Ca.
23. on angel.   þ æþelbyrht.
24. cantwara.   þā hwilendlican.   six 7 twentig (s. 7 t. *above the line*) · XXVI ·
25. wundorlice.   7 ða.   þā.
26. astah.   þridda cyning in on angelþeode cyningū.
27. þ eallū suðmægþū.
28. þysses.   æftra.
    u
29. ceawlin.   swa swa we.
30. æþelbyhrt canwara.   (*p.* 37) rǽdwald.
       a
31. eastengle.
32. eall ða brytene butan cantwarū ánū swylce.

VARIOUS READINGS. PAGE 110. 99

Page 110.
B.
1. manige brytta ealand. syndon geset betwyh hibernia scotta iglande 7 brytene angelcynnes ríce underðeodde.
3. norðhimbra kyning. se ðe þyssum ylcum.
4. ríce.
5. ḡeode.
6. gafolgildum. ða. æðelbyrht kynyng æfter.
7. . XX^{um} . wintrum. ðe he fulwihte 7 cristes (*p.* 84).
8. And on. on scē martines.
9. bryhte.
10. kyning betwyh ða oþre. leodum ðurh.
11. dóma gesetnessa. snoterra geðeahte.
12. het. awrítan 7 ða.
13. nu gýt mid him oð þis 7 gehealdene syndon. On ðam he ærest hu man þ gebetan sceolde.

O.
1. brytta ealand þa syndon. betwih hibernia.
2. scotlande. angel. syxta (y *on eras. of* e).
3. óswald norþanhymbra. bet.sta (e *erased*). þyssum ylcum gemærum (11^{a}).
4. óswi his broþor.
5. pe,hta þeode 7 sceotta óf myclum.
      o
6. gafulgyldum. ða. æþelbyrht.
7. twentigum.
8. 7 on cyricean. paules on scē martynes.
9. berhte seo cwen bebyriged.
10. betwih. oþre.
11. swilcra. gesetenesse. snotra.
12. bysena 7 þa het. awritan þa nu ḡna oððis.
       e e
13. h,ald,ne (1*st hand*). on þam.

Ca.
1. brytta. syndon gesette betwih hibernia.
2. scotlande. angel cynnes ríce. VI.
3. þyssum.
4. ylcū gemærū. oswi his broðer.
5. myclū.
6. gafolgyldū. ða. æðelbyrht. XXI.
7. ðe. fulluhte.
8. 7 on cyricean þara apostola. paul' on scē martines.
9. bebyriged. berhte. bebyriged.
10. betwih. oðre gód.
11. swylcere. gesetnesse.
12. æft. bysena 7 ða het. awritan.
13. nu oð ðis gehaldene synd on þā.

H 2

VARIOUS READINGS. PAGE 110.

Page 110. 14. seðe circean æhte oðða.
B. 15. bysceopes oþðe oðra háda þe beoð.   afyrrde wolde þam
        gebeorh gewarnian þe.
    16. láre.   þæs ylca.
    17. æðelbyrht.   ðæs fæder wæs octo.
    18. fæder eoríc 7 wæs his freoh nama oesc · fram þā sið þan cantwara
        kyningas.
    19. oescingas nemnede þæs oesces.
    20. angelcynnes on brytene.
    21. cwædon.
    22. ða.   æðelbyrhtes.   eadbold.
                                                        dide
    23. þam ríce 7.   (*p.* 85) wanunge.   æwyrdlan, (*later* ?)
        þære mæran ciricean geleaffulnesse.
    24. ꝥ án ꝥ.   geleaffulnesse onfón.

C. S. 17. 7 *deest* (*after* haten).
     23. wyrcende *deest* (*after* æwerdlan).

O. 14. man ꝥ gebetan sceolde seþe oððe cyricean æhte oððe.
    15. bisceopes oððe.   þam.
    16. þe he hiora.   ylca.
    17. æþelbyrht eormenrices sunu.   fæder oeric.
    18. oese fram þam syððan cantwara.
    19. oescyn . . gas nemde (in *erased*).   oesces.
    20. se þe.   ladteow.   on angelcynne on.
    21. sædon.
    22. æþelbyrhtes.   eadbold.
                                   lan
    23. þam rice 7.   æwyrd,.
    24. merwan cyricean weaxnesse forþan nalæs ꝥ an ꝥæt.

Ca. 14. man ꝥ gebetan sceolde se ðe cyricean æhte oððe.
    15. ꝧ oððe oþera.   þā.
    16. þæs ylca.
    17. æðelbyrht eormenrices.   haten 7 þæs fæder oeric.
    18. oese fram þam syþþan cantwara.
    19. oescyngas nemde.   oesces.
    20. ladteow.   on angelcynne on.
    21. sædon.
    22. ða.   æðelbyrhtes.
    23. þā rice 7.   mycle.   æwyrdlan wæs wyrcende þære.
    24. weaxnesse.   nalæs ꝥ án ꝥ.

VARIOUS READINGS. PAGES 110–112.

Page 110. B.
25. únalyfedre.
26. egelicre,wæs (*same hand as* dide 23).   ꝥ.   [he above]
27. æghwæþerū ðyssum mánum.   sealde forðam ꝥ hi hwurfon to ǽrran ðære únclænnesse ða þe.
29. ríce oððe.   þi kynelican fultume his oðþá clænnessa riht. And.
30. geleafan.   þam.   kyninge ðære upplican.
31. sweopon gewu.na (*late corrections*; ge *also struck through*). [y a, a above] ꝥ he ðurh.   geclænsad.
32. ge.ri,t (w(?), *eras.* h *later*).   we.dendre heortan his modes 7 ðæs (*erasure of one letter after* we).   insweognesse þricced. [h above]

O.
25. unalyfeddre forlegnesse.   (11ᵇ) wæs.
27. æghwæþerum þyssa.   þam.
28. he.   unclęnnesse.
29. oððe mid þy cynelican fultume his oððe ege clænnesse riht.
30. geleafan onfengon | frā his (*the stroke before* frā *seems modern ; see p.* 118. *l.* 16).

Ca.
25. ac eac swylce únalyfeddre forlegnesse.
26. ꝥ.
27. æghwæðerū þyssa.   þam.
28. ꝥ he.   unclænnysse.
29. oððe mid þy cynelican fultume his eges clænnesse riht.
30. geleafan onfengon frā his.

C. W.
30. *Note by Wheelock* (?) *in* **B**: " Qær. omnia a vbo *Ne þam* pag. 86 ad pag. 93 lin. 9 desunt, at in M Sº Cottoniano habentur pag. eiusdem M Sⁱ 59, lin. 2 (?) ad p. 64, l. ult."
30. getreowleasan.   upplican.
31. hi gewune.   hi gewuna. **S.**   geclænsad 7 gerehte.
33. onswognesse.

Page 112. B.
1. swylce.   toycte.   gedrefnesse.   sæbryhtes.
2. eastseaxena kyninges.   écan rico se. cende (*erasure*).
3. ðæs hwilwendlican.   þry.

C. W.
1. ætæcte ðysse gedrefnesse.
2. eastsexna cyning.   rico.
3. forleort. **W. S.**   hwilewendlican erfeweardas.   þrie.

Page 112. 4. hi. deofolgyldum þeowian ðam mannū.
B. 5. ꝥ hi æthwega forlǽten hæfdon (*p.* 86) be ðam.
6. 7 hi. leafe. deofolgild. beganne þā folcū.
7. þi hi. gesawon þa bysceopas mæssena onsymbelnessa mæssian on.
8. cyrcan. þam.
9. hi. elreordre. onblawene 7.
10. forhwan. ræcest. ús. ðone þu.
11. sabane urum. hi hyne. gita. on cyrcan.
12. þa andswarode. bysceop. aþw. gene (*one letter erased*).
13. wylle fullwihtes baðes.
14. wæs̒ (*over* s) ðonne. þæs halwendlican h. lafes (1 *eras.*) dælnymende.
15. dælnymende. gif ge þonne lifes. oforhicgeað.
16. mid ænigum þingum. hlafe onfón ða (1 *out of another letter*). hi.
17. ,ne willað on ꝥ. gangan forð þẹ̇ (*later* (?), *cp.* 110, 31). witon ꝥ. ðæs nane.
18. hwæþere. mid hlafe (þā *margin later after* mid). gereorde, (de *later*).
19. þi he (*later addition*). fram. manode. (*p.* 87) ꝥ ꝥ nán ðinga.
20. mihte 7 hi bútan. halegan geclænsunge fullwihtes baðes þam halegan. gemænsumode.
21. nystan. (*erasure of one letter*).

C. W. 4. ongunnan hi. deofolgildum.
5. ꝥ hi hwæthugu. lifgendum.
6. 7 hie buton lefnesse. W. S. deofulgild. þæm.
7. þy hie. gesawon þone b' mæssena symbelnessa.
8. on. cyrcan. husel sillan wærun hie.
9. elriordre.
10. reces þu. þone sealdest. W. S.
11. sabane. hi. on cyrcan selest.
12. 7 swarode. wyllaþ aþwegene.
13. wyllan fulwihte.
14. swelce.
15. dælnimende. gif ge þonne. forhycgeað.
16. ne magon ænige. hie.
17. wellað we on. gongon forðon ðe we witon ꝥ.
18. hwæþere. wyllaþ.
19. hie. manode. ꝥ ꝥ.
20. ꝥ hi butan. geclænsunge.
21. gemænsumode. nehstan.

VARIOUS READINGS. PAGES 112-114.

Page 112. 22. hi.   7 cwædon.   tó.   ðu.
B.   23. ús.   yðelicum þinge swa we ðe biddaþ ne miht ðu.
           24. in úre mægþe ne on urū gemánan wunian adrifon hine þa onweg.
           25. ƀ.   geférum.   ríce.   ða.
           26. onwég.   wæs þa com he to centlande.
           27. efenbyscpum.   þyssū ðingum.
           28. wære 7 þa hi.   geðeahte ƀ.
           29. seldre 7 gehealdre.   ƀ hi.
           30. frea.   þeowodon ðonne betwyh ða elreordiaṅ 7 þā
                wiðfeohtendā (*the strokes and additions all later*).
           31. þa gewiton twegen ærest ofer sǽ bysceopas 7 comon in dælas
                gallia.
           33. ƀ hi ðær woldon.
           34. ac þa (*p.* 88).   kyningas nal,es miclre tíde æfter ðon.

C. W. 22. hi.   ðu wilt.   **S.**   ðu ne wilt.
           23. on swa eþelicum þingum.
           24. on usre.   ne on ussum gemanan.   adryfon hine aweg.
           25. ƀ.   hiora.
           27. efenbysceopum.   ðissum.
           28. 7.   gemæne.   ƀ.
           29. gehældre.   ƀ hie.   hiora.
           30. þeowedon.   hi.   ælreordigan.
           31. wiðfeohtan.   butan.
           32. gewiton.   sæ.
           33. cwoman on dælas.   gestightedon ƀ hie þær woldon.

Page 114. 1. hi ðone soðfæstan.   fram.
B.   2. ƀ hi.   begangum.   Eac hi wæron cumende.
           3. westseaxena.   ætgædere.   gehruraṅ (*original*).
           4. ofslagene wurdon.   campwerode 7 þeah þe ða ealdras.
           5. wæron.   mihte.   ƀ.   ða gyt geriht béon ƀ te ǽr.
           6. máne.   geciged to hluttornesse.

C. W. 1. hie þone soþfæstnesse.
           2. ƀ hie.   hi wæron cumende.
           3. ætgædere.
           4. hiora.   7.   hiora.
           5. ealderas.   ƀ.   gyt.
           6. eft gecirred.   **W. S.**   bion.   hluttornesse.

Page 114.	8.	ID ði (*space*).	ða.	arcebysceop.	bysceopas.
B.	9.	geferum fylgean.		brytene forlǽtan.	þa het.
		on ðære.			
	10.	sylfan.	morgen.	on cirican ðara.	
	11.	be ðære.	sædon him bédd́ gewyrcean ꝥ (*the accents are perhaps incipient crosses for* dd).		
	12.	on gerestan mihte. And þa ðære nihte lange ærest on halegum gebedum.			
	13.	geát.			
	14.	ðære cyricean stealle (*p.* 89).		wæs.gesette.	
	15.	hwæthwugu slep þa ætywde him se eadiga ealdor.			
	16.	pætrus.			
	17.	diglan nihte.		grimmū swinglum swang.	
	18.	7.	frinende.	þære. ðearlwisnisse.	forhwan.
	19.	ꝥ.	ywde.	wolde ꝥ ðe him bebead to healdenne oððe.	
	20.	sceap on middum wulfum.			
	21.	hwylcum hyrde he hi forlete 7 cwæð.			
	22.	ofergytende.	bysene.	for.	cnihtum.
	23.	mid tacnunge.		bendas 7 swingelan 7 carcerna.	
	24.	geswinc.	nyhstan.	sylfan.	deaþ fram.
	25.	ungeleaffullum.	ðrowode.	ꝥ.	
	26.	Xr̄ē gesie fæsted.	ða wæs se.		
	27.	swingellan 7 trymnessum.	7 com.		
	28.	morgen.	kyninge.	onwreah.	eowode.

C. W.	8.	erceb' his geferan folgian wolde ꝥ hi hine ne forleton. ða oþrebiscopas *deest*. **W. S.** wolde ꝥ hi hine ne forleton ða. **W. S.**
	9.	het. on.
	10.	selfan stowe ða. **W. S.** morgene. on cyrcan.
	12.	strene gegearwian 7 ꝥ hi. 7 ða.
	13.	neahtes on.
	14.	fore. cyrcan. wæs gesette. **W. S.**
	15.	liomo. hwæthugu onslæpte ða ætiwde.
	16.	ealdor. mycelre.
	17.	tyde. deglan.
	18.	7. frinende.
	19.	ꝥ. ꝥte he. bebead.
	20.	healdenne. on.
	21.	hwelcum hyrde. he hie fleonde forleorte. **W. S**
	22.	ofergitende. bisene. cnihtum.
	23.	on.
	24.	geswencnesse. nehstan. seolfan.
	25.	ingeleafsumum. þrowode 7 aræfnede ꝥ.
	26.	ðiow.
	27.	trymenessum. gebælded.
	28.	morgene. onwreag. eowde.

VARIOUS READINGS. PAGES 114–116.

Page 114. 29. miclum swingellum (c above very pale). wítnod (p. 90).
B. wundrode.
30. acsode hwylc mann to ðam dyrstig. þ.
31. miclum wære. wite donne. cining.
32. þ. bysceop for hælo. fram.

C. W. 30. acsode hwelc. þ.
31. wære swelc.
32. oncneow þ.

Page 116. 1. micle tintrego 7 witu ðrowode.
B. 2. 7 sona. ealle þa begang ðara deofolgilda þe.
3. ða únrihtwifunge.
4. cristæs gelafan (sic). 7 se bysceop. gefullade.
on eallum.
5. ðære cyrcan æhtum. gefreoþode 7 fultumode.
6. mihte 7 swylce eac. ærendracan.
7. ríce 7 het. laðian. · bysceopas mellitum.
8. hi. bysceopscire hā. hi.
9. géar. ðæs ðe hi ǽr. brytene.
10. hrofeceastre. bysceop. ðone.
11. bysceop. onfon. ac hi swiðor lufedon heora deofol-
gilda bysc,pas 7 he (the o not 1st hand (?) : the e in he partly erased to form i).
13. kynynges. gymdon forðam. ríce ne wæs ofer (p. 91). hí.
14. Ac hwæðere. cantwarum siððan.

C. W. 1. micel tintrego 7 witu. sona swiþe. **W. S.**
2. and him swyþe ondred 7. eall.
3. ðara deest. **W. S.** diofulgylda. forleorhta. forleorhta
unryht. **W. S.** unryhtwifunge.
4. underfeng. **W. S.** 7 se bisceop. on.
5. cyrcan æhtum.
6. and he swylce eac. ærenwracan.
7. bysceopas.
8. hiora bisceopscipe. 7 hy.
9. gear. hwurfan. hie. breotene.
10. hrofeceastre. ðer. bysceop.
11. bysceop. onfon. ac hie lufedon þ hie ðeowedon
hiora diofulgilda bisceopum 7 hie eadboldes.
13. hy.
14. hwæðere. ðiode mid canwarum. cp. 116. 25.

VARIOUS READINGS. PAGES 116-118.

Page 116. 15. dryhtne gecirred.   þam.
B. 16. ðeowodon 7 hyrsumedon þæs is gít tó tacne ꝥ.   on.
17. pætres.   cyrcan getimbrian on ááre naman ðære.
18. þa eft.   naman gehalgode þa,wæs arcebysceop. [he]
20. N ðysses kyninges ríce (*space for cap.* I).   arcebysceop.
21. ꝥ heofonlice leoht geseah 7 on cyrican.   on mynstre.
22. bú his.   scę.
23. ðy feorþan.   nonarum.   æfter þan.
24. bysceop onfeng to.   bysceopríce cantwara.
25. circan se wæs þridda byscp (*old hand*) fram agustine. [o]
26. byscop ða gít lifiende.   rihte.
27. gesamnunge.   hrofeceastre 7 hi.   micelre gyminge.
28. angelcyrican.   rihton.
29. lichaman (*p.* 92) untrumnesse mid adle swiðe geþread 7 [fot]
    gehefegod.   hwæðere halegū gangū his ganges he.
30. eall yrrlico.
31. 7 symble.   fleogende.   heofenlican.
32. lufianne.   secanne.   licumlicre.
33. æþeles kynnes 7 mid.   heannesse.

C. W. 15. siððan.   dryhtne gecyrred.   godcundum.
16. þeowede 7 hyrsumede ðis is gyt.   tacne ꝥ te he. **W. S.** on.
17. cyrcan.   aare.   eadigan *deest.* **W. S.**
18. melitus on hiera.   ercebisceop.
20. on ðysses.   ercebisceop.
21. ꝥ.   gestah 7 on cyrcan 7 on mynstre.
22. by his.   augustine.
24. þam.   ær *deest.* **W. S.**   bisceop.
25. bisceopsetle. canwara.   *cp.* 116. 14.   circan.   bisceop.
26. augustine.   bisceop.   gyt lifgende 7 rehte.
27. 7 hy.   micelre menio. **W. S.**   7 gewinne ongelcyrcan.
28. rehton.
29. metrumnesse. **W. S.**   gehefegod.   hwæðere.
30. halgum.   eal eorðlicu.
31. 7. symble on his mode wæs smeagende ða. **W. S.** heofonlican.
32. lufianne.   biddende.   secene.   licomlicre.
33. 7 mid. **W. S.**   modes heannesse micele.

Page 118. 1. segean ꝥ we ðe eaþe eaðelicor furðor his mægen ongytan. [c]
B. Hit gelamp on sumere tíde ꝥte.

C. W. 1. anc.   ꝥ.
2. eþ ongitan hit gelomp.   magon *deest.* **W. S.**   ꝥte.

VARIOUS READINGS. PAGE 118.

Page 118.
B.
3. cantwara.   ðurh ungyminge.   fýre.
4. þ fyr 7 se lig.   miclode.   nán man.
5. wæteres onworpenesse wiðstandan mihte (n *above and* e *below later*).
6. wearð fornumen.   fór.   weallenda lig.   wið þæs bysceopes.
7. ða getrywde.   on.   fultum.   mennisca (*later*).
8. wom (*later*).   7 het.   hyne syl,ne.   þ fýr 7 hine.
   (wana)   (f)
9. ðær.   lig.   frecnes.   7 úntrum ongann.
10. frecnesse ðæs.   aweg.   adrifon þ.
11. (*p.* 93) hand strangra.   ðurh.   gewinn gedón.   mihton.
12. bærnesse.   ða burh bedraf se hine norð on wea,þ 7 út of bigde.
14. þ fýr acwanc 7 adwæsced wearð 7 forþy se.
15. wer innan barn mid ði fyre þære.
16. lufe 7 he oft.   hreohnessa.   fram.   sylfes.
17. sceðnesse.   gelomlicum.   trymnessum scylde 7 wiþsceaf.

C. W.
3. canwara.   *cp.* 116. 25.   ungemmenne.
4. fyr 7 se lig.   **W. S.**   micelede.   man.
5. wætres.   wiþstonden.
6. weallenda leg.
7. bisceope.   on.   fultum.   mennescea.
8. wom.   **W. S.**   het.   sylfne   ongen ðæm 7 asettan.
   fyre *deest*.   **W. S.**
9. lig.   sio frecenes.   7 untrum.
10. frecnesse.   adryfan.   sio.
11. hond.   manna.   gedon.   meahte.
12. bærnesse on.   burh stred.
13. ofbigde.
14. acwinen wæs 7 adwæsced 7.
15. stronlice innan.
16. 7 he oft.   ond hrionesse.
After gasta *Wheelock follows* Ca.

O.
16. *begins* frā his sylfes scydenesse 7.
17. gelomlicum bedum 7 trymenessum.

Ca.
16. *begins* frā his sylfes scyldenesse 7
17. gelomelicū bedū 7 trymnyssum.

Page 118.	18.	þ ðæs.	þ he.
B.	19.	windū 7 ligum gestillan mihte.	hi. freondon scaðedon 7 þes haliga (*originally* þæs).
	20.	bysceop.	ðon.
	21.	ða cyricam (*dot under last stroke of* m). forðferde 7 gewende to.	rihte on. rice
	22.	fæderum (his^his *above* 1st *hand*).	on ðam.
	23.	cyrican. ðy. eahteoþan.	kalendarū maiorum (*sic*).
	25.	þam (*no break of line*). hrofeceastre arcebysceop. (*p.* 94).	on bysceophade instus.
	26.	cyrican. bysceop.	
	27.	forðam. aldorlicnesse.	fram.
	28.	þ. bysceop hadigan.	

C. S.	19.	feondum.
	21.	rice forþferde to.

O.	18.	scylde 7 wiðsceaf (*the cross on* ð *is a mere scratch*). wyrðe þ.	þ þæs
	19.	ligum (i *out of* e *by imperfect erasure, no ink used*). mihte. hie him 7 hs.^i	swiþian
	20.	7 se halga bisceop.	
	21.	ða. ryhte on eadbaldes (on ead *on erasure squeezed in*).	
	22.	fæderū in þæ. cwedenann (*sic*).	
	23.	mynstre in cirican. eahteteoðan. magarum.ðæm sona (*no break in MS.*)	kalendarum
	25.	æft fyligde in bisceophade iustus. bisceop.	wæs ær æt hrofesceastre
	26.	þære. biscéop.	
	27.	forþon he aldorlicnesse.	
	28.	þæm. þ.	

Ca.	18.	scylde 7 widsceaf. þ þæs.	þ he.
	19.	middangeardlicū windū 7 ligum swiðian mihte.	hi hī.
	20.	freondū sceðeden 7 se halga. ƀ.	ðe.
	21.	cyricean. rehte on.	
	22.	heofonū 7 bebyriged. fæderum on þā.	
	23.	mynstre in cyricean. (*p.* 38) eahteteoðan. magiarū ðæm sona (*no break in MS.*).	kalendarū
	25.	æftfyligde in biscophade iust'. wæs ær at hrofeceastre ƀ.	
	26.	þære cyricean. ƀ.	
	27.	roman'. ealdorlicnysse.	frō bonofatio þā.
	28.	þ. bisceopas.	

VARIOUS READINGS. PAGES 118-120.

Page 118. 29. Æ re (*space*).   eac norðhymbra.   kyninge.
B.   30. onfengon.   se halega bysceop bododoe (*sic*).
     31. þam.   seo onfangennes.

O.   29. ðære.   norþanhymbra.   cyninge Edwine.
     30. hī paulinus se halga bisceop bodade.
     31. þam cyninge seo onfengnes.

Ca.* 29. Ðære (*break, number and capital*).   cyninge edwine.
      30. gelæafan.   hī paulin' se halga b bodade.
      31. þā cyninge seo onfengnes.

Page 120. 1. heofonlican.   swylce.   in halsunge.
B.   2. mihta.   ríces swa ꝥ nænig angelkynna.   hī.
     3. brytene.   anndweald.   þa ðe heora mægþe angelkynnes
        oð þa bryttas eardedon eall þæs he anweald (*dot over* d *in* don).
     5. swylce manige brytta ealand angelkynnes.   underðeodde.
     6. ǽr.   sædon.
     7. þysse ðeode ꝥ synt northhȳbre.

O.   1. geleafan 7 þæs heofenlican.   swilce.   halsunge.
     2. swa ꝥ nænig angelcyninga.   hī (12ª).
     3. breotona (a *on eras. of* e).   anweald (*eras. of final* e) onfeng
        þa þe oðð̇e hiora mægþe.
     4. on angelcynnes oððe brytta ær dydon eall ꝥ.   onweald.
        (*eras. of final* e).
     5. eac swylce moni ge (*sic*; oni *on eras.*) brytta ealand · ·
        angelcynnes (*after* d 2 *or* 3 *eras.*).
          ær
     6. , beforon (*sic*).
                           y
     7. þysse.   norþanh;mbrum (*eras. of* i).

Ca. 1. geleafan.   heofonlican.   swylce on halsunge.
     2. swa ꝥ nænig angelcyninga.   hī.
     3. breotone.   onfenge oðð̇e.   mægð̇e.
     4. on angelcynnes oðð̇e brytta ær dydon eall ꝥ.   anwealde.
     5. eac swylce monige brytta ealand angelcynnes.
     6. beforon.
     7. þysse.   ꝥ is norðanhymbrū.

VARIOUS READINGS. PAGE 120.

Page 120. B.
8. þ ðe se foresprecena kyning heora wæs mæg · (*p.* 95) sybbe geþeoded cantwara kyningū.
10. þanan wífe æðelburge æþelbyrhtes.   kyninges.
11. naman.   tate.   ærendracan.
12. eadbalde.   cantwara kyning.   þysse.
13. gemanan.   wilnode þa andswarode he 7 cwæð þ þ alýfed.
14. þ cristenu.   hæþenum menn.   wífe geseald.   ðy.
15. heofonlican kyningas mid ðæs eorðlican kyninges gemanan adilgod wære.
16. soþan kyninges begang.
17. ærendracan eft ðas word Eadwine brohton þa.
18. þ he naht.   dón ne.   þam.

C. S.
10. Ðæs *deest*.
15. mid ðæs cyninges *deest*.
16. adilgod.

O.
8. þ.   sprec fore,cena · (*eras. of one*) hiora.
9. edwine.   geþeoded cantwarana cynegum.
10. wife æþelburghe æþelbyrhtes.   cyninges þæs,seo (seo *on eras.*).
11. oþre naman wæs tate.   ærenddracan.
12. eadbalde hire breþer.   cantwara.   þysse.
13. gemanan.   þa 7 swarode he þæt þ.
14. ne wære þ cristenu.   hæþenum.   wife.
15. gerynu þæs heofonlican.   mid þæs cyninges *inserted above line*.
16. gemanan á idlad.   se þe þæs soþan.   bigang.
17. cuþe ða ða œrenddracan . . eft þas word edwine sædon (2 *eras. before* eft ; e *in* eft *out of* æ).
18. naht wiþerweardes.   þam.

Ca.
8. þ.
9. edwine.   canwarena cynegū.
10. wife æðelburghe æþelbyrhtes.
11. naman wæs tate.   ærendracan.
12. eadbalde.   can,wara. (t above)   þysse.
13. gemanan.   wilnade 7 þa andswarede.   þ þ.
14. ne wære þ cristenu.   hæþenū.   wife.
15. ða gerynu.   heofonlican.
16. gemanan aidlad.   bigang.
17. ða þa ærenddracan ða eft þas word edwine sægdon ða.
18. þ he naht.   þam cristenū.

VARIOUS READINGS. PAGE 120.

Page 120.
B.
19. ðe.   ac cwæð ꝥ.   geleafan begáng (*final g partly erased*).
20. hyre æfestnesse.   eallū hyre geferum þe hire mid comon.
21. þam cristenan ðeawe libban 7 ꝥ ðōn wel.   wiðsoc.
22. ꝥ he sylfa.   ylca æfestnesse.   ꝥ (*p.* 96).
23. fundon ꝥ heo haligre 7 gode leofre wærc ða wæs.
24. onsended 7 æfter ðon.   hi.
25. ḡhalgod.   bysceope code (c *roughly changed to* g ; *same ink*).
26. mid hyre faran sceolde to þam ꝥ.   ða.   hyre.
27. þære.
28. dæghwālicre láre.   ꝥ.   ðara.
30. bysceope.   fram.   arcebysceope.
31. ðy.   kalendas augustarū þa cóm.   ðære.
32. eadwine þam.
33. gesið licre (*the words are fairly close together*).   mare mid eallū.

O.
19. hio.   bigong. (e *eras*.)   hyre æfestnessc.   geferum
   þe hie mid coman þy (y *on eras. of* e) cristenan.   lifigean.
21. ne he no ne wiðsoc.
22. ꝥ he sylfa eac swilce þa ylcan æfestnesse.
23. fundon ꝥ hio haligre 7 gode leofre gemeted (12ᵇ).   mihte ða.
   sio.
24. and æfter fæce edwine onsended 7 æfter þoñ þe hi.
26. hi.   sceolde to þon.
27. æghwæþer.
28. ꝥ hi on.
29. hæþenra.
30. bisceope gehalgad fram.   ærcebisceope ðy.
31. kalendarum agustaī.   com.   ða.
32. edwine þam.
33. gesið cundlicre gegaderunga.

Ca.
19. ꝥ.   ðone.
20. æfæstnysse.   eallū.   ðe hi, mid come. (re above)
21. cristenan.   lifigean.   wél.   ne he no ne.
22. ꝥ he sylfa eac swylce þa ylcan æfæstnysse.   ꝥ fundon ꝥ.
23. haligre 7 gode leofre gemeted.   mihte ða.
24. edwine onsended 7.   ðe hi.
25. ƀ.
26. paulin'.   hi.   sceolde.   þon ꝥ.   ða.
27. æghwæþer.
28. ꝥ hi on.
30. ƀ.   frā.   þā arceƀ.
31. kalendarū agustarū.   (*p.* 39) ða com.   ða.
32. edwine þam.
33. gesið cundlicre gegaderunga.   he mid ealle.

VARIOUS READINGS. PAGES 120–122.

Page 120. **B.**
34. þ.   ða.   ðe he gesohte þ he ða to gelyfenne þæs soþan.
35. láre gecigean. Mid þy ðe se bysceop.

C. S.
35. lare gecerde.

O.
34. þ.   ongyteness þe soþan.
35. þa.

Ca.
34. þ.   ðeode.   ongytenysse.

Page 122. **B.**
1. ða.   cóm.   ðære fænan.   wann.
2. þ.   geféran.   comon (*p.* 97).
3. þ hi.   asprungon fram (m *out of* h).
4. hwylcne mihte ðara.   ðurh.
5. gecirde.
6. on.   láre þ te.   ða mód.   ungeleaffulra ablende.
7. ðy.   unlihtnes (*accent above, dot under* u *and* o *above in original ink*).
   o′
8. þa ðy.   com.   mann on.   norðhymbra mægþe.

O.
                                                          he
1. bisceop on.   mægþe com mid þa.   ða wende,.
2. þ he æghwæþer.   geferan þa þe.   hine coman.
3. gyfe.   þ hi.   asprungen fram hiora.
4. mihte þare (*sic*) hæþenra.
5. gecyrde.   þe he swa mycelre.
6. on.   þ.   mod.   ablende.
7. onlyhtnes cristes (13ᵃ).
8. æftran.   com.   man on.

Ca.
1. ƀ on.   com mid þa fæmnan ða wende.   swyðe.
2. þ.   geferan.   hine coman.
3. gyfe.   þ hi.   asprungan frā (*sic*).
4. mihte þæra.
5. gecyrde.   apł cw̄.   he swa mycelre tíde.
6. on.   þ.   ða mód.   ablende.
7. hī.   onlyhtnes.
8. com.   man on norðanhymbre.

VARIOUS READINGS. PAGE 122.

Page 122.
B.
9. nama.   7 wæs sended fram westseaxena.
10. ꝥ he sceolde.
11. kyning.   somod.   ríces.   lífes beniman.   hæfde 7 wæg twyecge.
12. ge ætred.   ꝥ.
13. ꝥ ꝥ.   gefultumode com.
14. ðam kyninge.   easterdæge be.
15. ðær wæs þæs cyninges ealdorbold.   swa swa his.
16. ærende abeodan sceolde 7.   ða geswiperū.
17. muðe liccetende ærende rehte (*p.* 98), 7 leaslice ongann 7 þa astod semninga.
18. getogenum wæpne.
19. kyning þa ꝥ.   geseh ðæs cyninges.
20. on handa ꝥ.   gescyldan mihte.

C. S.
9. eormær.
15. he him swa.

O.
9. mægþe.   nama eormær.   frā.
10. ꝥ he sceolde edwine.
11. somod.   lyfe (y *on eras.*) beniman.
12. ꝥ.   genihtsumede.
13. ꝥ þæt.   gefultumade com.
14. easterdæge be.   éa.
15. ealdorbotl.   in (*erasure before and after* i *originally* inn ?).
16. arende (*sic*).   sceolde.
17. licettende.   wrehte (*erasure of* a, *the cross stroke of* e *prolonged over it*).   fleswade.
18. un his (*sic*).
19. ꝥ.   heoldesta.
20. handa þæt he.   gescyldan mihte.

Ca.
9. nama eormær.   frā.
10. ꝥ he sceolde edwine.
11. somod ge líf ge rice beniman.
12. twigecgede.   ꝥ.   genihtsumede.
13. ꝥ ꝥ.   gefultumade com.
14. þa.   easterdæge be.   éa.
15. ða.   ealdorbotl ða.   ín.
16. ærende.   sceolde 7.
17. muðe licttende.   wrehte.   fleswede.
19. ða ꝥ ða.   hī.
20. handa ꝥ.   gescyldan mihte.

I

VARIOUS READINGS. PAGE 122.

Page 122. 21. lichaman beforan ðam stinge 7 he þurhstang.
B. 22. ðone kyninges.   wæs he sona mid wæpnū ymbhæfd hwæt he ða gyta on þam úngerece oðerne kyninges þegn.
24. forð ÷ (*so in text . in margin* here *same hand*).   þi mannfullan.
26. ðære ylcan nihte.   þære halegan eastrena (*sic*).
27. þam kyninge.   nama.   ða se kyning on.
28. bysceopes andweardnesse ðanciende.
29. for ðam cyme (*sic*) his dehter.   ongean ðam se bysceop cóm ꝥ cyðan þam cyninge ꝥ.
31. he ꝥ.   bénum.   ꝥ seo cwén.
32. butan hefegum sáre ꝥ.   kyning ðis.

C. S. 22. gyta.
26. ꝥ *deest* (*before* cende).

O. 21. lichaman betwih.   stinge 7 he.
22. þonne.   þeng.   wæs he.
23. æghwanon.   ymbhyped (y *on eras.*).   hwæt he þa gena eac on þam ingerece (i *out of* u) oþerne.
24. þeng.   maanfullan.
26. ylcan nihte þara.   sio.
27. þam.   wæs (13ʰ).   mi, þy he þa se ylca.
28. on þæs bisco͞ps andweardnesse.   dide.
29. dehter ðe.   ongen þon ongan.
30. þancunge don dryhtne.   7 þam cynin͞g cyþan ꝥ.
31. hī.   hi, seo.
32. butan.

Ca. 21. betwih.   7 he.
22. ðone.   þeng.   wæs he.
23. æghwanon.   wæpnū ymbhyped.   hwæt he þa eac on þam ingerece oð,rne.
24. þeng se wæs.   mánfullan.
26. ðære ylcan nihte þara.   ꝥ seo cwen cende.
27. þā.
28. mid þy he ða se ylca.   on.   ƀ andweardnesse.
29. godū for ðære dehter ðe hī.   ongean þon ongan.
30. ƀ þancunge.   7 þā.   ꝥ he ꝥ.
31. benū.   hī.   ꝥ.   cwén.
32. butan hefigū.   ꝥ.

VARIOUS READINGS. PAGES 122–124.

Page 122. B.
33. ongann, .⟨he⟩   bysceopes wordum (p. 98) 7 gehet hine sylfne to drihtne 7 to deofolgildum wiðsóe 7 ꝥ.
34. þeowdom.

O.
33. ongan.   ⟨bis⟩,ceopes wordum 7 gehet.
34. deofulgyldum (y on eras.).   þeowdom.

Ca.
33. ongan.   ƀ.   gehet.
34. deofulgyldū.   ꝥ.   þeowdom.

Page 124. B.
1. líf.   forgeafe.   ðam.   gehogod.
2. wið þone kyning þe þone myrðran þider sende þe.
3. gewundode 7 his þegnas acwealde 7 þa ylcan.   criste to halgienne 7 þam bysceope on wedde sealde.
4. ꝥ he ꝥ ḡhát.
5. gefullad on ðam halegan dæge pentecosten manna ærest.
6. norðhimbra.   endlyfan fæmnum.
7. ðære.   hirede 7 ꝥ cild wæstwelfte.

C. S.
2. ðe from ðæm se.   fram *deest* (*after* ær).

O.
1. forgeafe on þam.   ðe he ær sended wæs (*rest at bottom of page*) gehogod hæfde wið ðam cynincge frā þa se myrðra.
3. gewun,⟨d⟩ade 7 þa ylcan his dohtor criste to gehalgianne.
4. bisceope.
6. norþanhymbra (y on eras.).   .XI. (on eras.) fæmnum oþrū.   hirede hio.   twelfte.

Ca.
1. hī líf.   forgeafe (p. 40) on þā.   ðe he gehogod.
2. þā cyninge þe se myrðra ær fram sended wæs se ðe.
3. 7 þa ylcan his dohter criste to gehalgianne.
4. þā ƀ.   ꝥ he ꝥ.
5. gefullad.
6. manna.   XI fæmnū of þære.
7. hirede.   twelfte.

VARIOUS READINGS. PAGE 124.

Page 124.
B.
8. þære tíde. kyning. fram. wunde · þe he ær wæs gewundod · þa. gesamnode he fyrde wið.
10. þyder cóm. sona ðæs he. hi. hys gecyðede þa ðe.
12. ofsloh. andweald. sigfæst (gfæst *end of line ; afterthought* ?) swa ham.
13. nales þ̄ he sona instæpe. þam.
                   he þeah
14. ðæs. geleafan ne, þam deofolgildum ofer þ̄ ðeowode siððan (*p.* 100).
15. ðeowdome.
                þa
16. gehaten. á of tide (*later* ?).
17. fram þam were arweorðan. pauline þ̄ leornode. halegan.
18. ealdormannū.
19. snotoroste. þ̄.
20. þyssum ðingum. ge he eac sylfa mid þy he wæs on ingehigde se.

C. S.
9. friþ.
18. wiseste 7 *deest*.

O.
8. fram. hī.
9. gesomnade. wesseaxum.
10. com. hie.
11. gecyðde. emb. syredon (y *on eras.*).
12. ofslogh. on . . *eras. of two*.
13. þ̄ he sona instepe (i *out of* u ?) 7 ungeþeahtendlice þam gerynum onfon.
14. þ̄ he ofer þ̄ deofolgyldum ne (14ª).
15. syððan.
16. á. æghwæþer.
17. fram þam. pauline þ̄.
18. ealdormannum.
19. snotereste. ðæt. þeahtade.
20. ðyssum. ge he eac sylfa mid þy he.

Ca.
8. frā. ðe hī.
9. gesomnade. westseaxū.
10. com. ðe. hi. hī.
11. gecyðde. ðe ær emb. ða sume ofsloh.
12. anweard. hā.
13. nalæs þ̄ he sona instepe 7 ungeþeahtendlice þā gerynum onfon.
14. ðe þ̄ wære þ̄ he ofer þ̄ deofulgyldū ne þeowode syþþan.
16. á.
17. frā þā arwurðan. pauline þ̄.
18. ealdormannū.
19. snotereste. þ̄. hī þeahtade.
20. þyssum ðingū. ge he eac sylfa mid þy he.

VARIOUS READINGS. PAGES 124–126.

Page 124. B.
- 21. man oft ana.   swygiende.
- 22. manige spræce smeade.
- 23. wære to donne 7 hwylc æfestnes.
- 25. ÆRe *space*.   eac þæs.   setles se bysceop.
- 26. eadwine cyninge.   mid þam he.
- 27. geleafan (*no break*).
- 28. wæs sum godcunde arfæstnes onwreah þa he.
- 29. rædwolde eastseaxena kyninge (engla *above line is modern*). gefultumude.
- 30. andgit to antynanne 7 to onfonne (*p.* 101) manunge þære.

O.
- 21. on gecyde.   man 7.   lange a . na (*one erased*).
- 22. ác.   monig mid him.
- 23. hwylc æfestnes.
- 24. healdanne.
- 25. swilce.   setles bisceop.
- 26. e,dwine (a above).   tryme, (de above).   geleafan (*no break*).
- 28. godgespréce.   ónwrigenes.
- 29. iu.   arfæstnes onwreah.   wrǽcca.   redwealde.
- 30. cyninge seo þe swi (þe above), gefultumade his angyt.   ongytanne. lare.

Ca.
- 21. on getyde.   man 7.   lange.
- 22. monige þing sprecende.
- 23. hī.   hwylc æfestnes hī.
- 25. setles ƀ bonefati'.
- 26. eadwine.
- 27. geleafan (*no break*).
- 28. godspræce.   onwrigenes ðe hī.
- 29. íu.   arfæstnys onwreah.   redwalde.
- 30. cyninge.   swyþe gefultumade.   andgyt.   ongitanne þa. lare.

Page 126. B.
- 1. ða.   bysceop.   þ.   mihte ða heahnesse ðæs.
- 2. módes.   gecyrran.

C. S.
- 2. 7 þ he.

O.
- 1. se bisceop.   þ he unyþelice mihte þa hea,nesse (n above).
- 2. gecyrran.

Ca.
- 1. ða se b' paulinu'.   þ.   unyðelice mihte þa.
- 2. eadmodnesse gecyrran.

VARIOUS READINGS. PAGE 126.

Page 126. 3. ðam gerynum ðære.
B. 4. cristes rode 7.   somod.   hæle ðæs kyninges 7 ðære.
                           ing
      5. 7 mid worda trymnessum mid mannum wann (ing *not first hand*).
      6. mid ðære.   arfæstnesse.   wordum.   wann ƀ he
         for hi þingode . þa æt nyhtan geleornode he on.
      8. hwylc onwrigenes iú.   ætywde þam kyninge.
      9. hyt ða.   sona eode.
   10. manede ƀ.   ƀ he on ðære onwrigennesse gehet þe him ætywed.
         tide yrmðo beswicode.
   12. heannesse cyneríces becóme.
   13. gód gesprec 7 ðeos onwrigenes þyses.   mid þy ðe.
   14. æhte benam æðelfrið se ðe (*p.* 102).   7 he.   missenlic.

C. S.   6. gebeda won.

O.   3. ece.   and þam.   rode.
      4. 7 he somod for . . . hælo (*three letters erased*).   fore (14ʰ).
         wón.
      6. ƀ he fore hie þingade.
      7. nyhstan (y *on eras.*).   on.
      8. hwylc (y *on eras. of* e).   onwrigenes.   ætywde þam cynincge.
      9. yllde.
   10. 7 he hine manade ƀ.   ƀ.   on.
   11. gehet.   ætywed.   tide yrmðo beswicode.
          n
   12. hea,nesse.   become.
                        ge
   13. godgesprecen.   onwri,nes þysses.
   14. æþelfrið se þe.   7 he þurh.

Ca.   3. ece.   þam.   þære liffæstan rode.
      4. 7 he somod for.   ðe.
      5. monnū won.
      6. þa.   ærfæstnyssa.   gebeda ƀ he for hi þingade.
      7. on.   hī.
      8. hwylc onwrigenes.   ætywde þā.
      9. wræcca.   ða.   þā.   manode ƀ.
   10. gefylde þe he on ðære onwrigenesse gehet (*p.* 41).
   11. hī ætywed.   ðære tide yrmðo beswicode.
   12. heannesse.   become.
            ge
   13. god,sprecen.   onwrigenes ðysses.
   14. se þe.   hī.   7 he þurh.

Page 126.	15.	stowe manigra. tíde. þa. æt nyhtan rædwold.	
B.	16.	cyning. bæd ꝥ.	
	17.	life. ehtres sætnunga. hym feorh hyrde.	
	18.	wære wið æþelfryð cyning 7 he. gehet ꝥ.	
	19.	Æfter ðon. se cyning æðelfryð.	
	20.	geacsode ꝥ. rædwolde ðam cyninge. ða sende he	
		ærendracan.	
	21.	þan þe.	
	22.	oððe. ageafe . þa ne fremede owiht on ðā þam cyninge ða sende he oðre siðe þa ne fremede ꝥ nanwiht . þa sende ðriddan siðe . 7.	
	24.	gyfe. þōn.	
	25.	7 het. ꝥ. fyrdẹ gefeohte (*dot under e in* fyrde).	
	26.	gyfe.	

C. S. 20. ðam cyninge.

O. 15. stowe monigra.   flyma (y *on eras.*) wæs þa.   nyh,tan.[s]
16. com.   rẹdwolde (o *on eras.*).   ꝥ.
17. lif.   sætingum (æti *on eras.: the letters after* s *and before* n *were both* e).   feorh hyrde.
18. 7.   gehet ꝥ.
19. æfter.
20. geacsade ꝥ.   rædwolde (o *on eras. of two letters*).
21. ærenddracan.   ðon þe.
22. oððe hine him.   ageafe ne he hwæþere.   þam fremede.
23. æfterran siþe arenddracan sende.   ðriðdan siðe (*cross stroke on* ðd *not completed*).
24. gyfe.   þone he.   sende wiþ.
25. 7.   ón (15ᵃ) beodan.
26. gyfe.

Ca. 15. stowe monigra.   þa.
16. com.   ꝥ.
17. lif.   mycles.   sætningū.   hī.
18. 7 he.   hī gehet ꝥ.
19. ða.
20. geacsade ꝥ.   rædwolde.
21. ærenddracan to hī 7 mycel.   wiððon þe.
22. oððe hine hī.   ageafe ne he hwæðere.   ðam fremode.
23. æfterran.   ærenddracan sende.
24. mycle þonne.   hī.   sende 7 wið.
25. 7.   ꝥ.   myd.
26. gefeoht.

VARIOUS READINGS. PAGES 126-128.

Page 126. 27. mód. þam gebeóte. þam gyfū.
B. 28. þ. ðæs kyninges.
29. (p. 103) þ. ofslean wolde oðþe his. agyfan.
30. þeign. getrywesta ðe þas.
31. ongeat.
32. acigde. sæde hu him mann embe ḡdon.
33. 7 cwæð.

O. 27. æghwæþer. þam beotungū. þam gyfum.
28. þ he geþafede ðæs.
29. þ. oððe his. agea, (ea *on eras*.) [fe above]
30. þegn (*altered from* þen). sreond (*sic*). treowesta þe þas.
31. ongeat.
32. acigde ut 7 him sæde.
33. hine mon ymbe gedon. gen. þu.

Ca. 27. þam.
28. þam gyfum. þ. ðæs. gehét.
29. þ. oððe his feondū. ageafe.
30. þeng. treowesta. þas ðing.
31. ongeat.
32. 7 wæs. acigde út 7 hī sæde (*accent on* ut *partly erased by cleaner* ?).
33. hine mon emb gedon. cw' hī ða to gif þu wylt.

Page 128. 1. on. sylfan tíd. ðe alæde. mægþe. ða.
B. 2. gelǽde. ðe. ne rædwold. æðelfriþ.
3. ðance. syndon þine. lufu 7 hwæðere. þ dón
   þ ðu. þ ic.

C. S. 1. 7 *deest* (*before* in).

O. 1. on. tíd. (e *erased*). alæde of þisse mægþe in. stowe . . . . . . þær (6 *erased: first* g).
2. ne rædwold (o *on eras. of two; the upward end curve of a remains*). æþelfrið. magan.
3. syndon þine. lufu.
4. hwæþere. don þ. lær. est þ (*erasure*).

Ca. 1. on. tíd *accent* (?). alæde. mægðe in þa.
2. ðé. rǽdwold. æþelfrið. magan.
3. cw'. hī. syndon þine. lufu.
4. hwæðere. þ don þ ðu. þ.

VARIOUS READINGS. PAGE 128. 121

Page 128. **B.**	5. wáre forlǽte.	swa mærum cyninge genam for þi he.
	6. nanwiht yfeles ne dyde ne laðes ne ætywde.	
	7. ꝥ he me.	únæðelra mann.
	8. hwæder (*sic*).	ic fleon leng manigra. tíde.
	9. brytene.	wæs 7 wið hete bearh ic me wið his lað 7 warnode.
	10. ða eode his freond aweg fram.	he ana eadwine.
	11. gewunode (*p.* 104).	unrot uppan anum stane ætforan þære healle dura.
	12. ongann.	manegum hatum.
	13. oððe.	wære þa he þa lange mid.
	14. neranessum. módes.	þi blyndan.
	15. midde.	
	16. mann wið his weard uncuðes andwlitan.	gegyrelan.

C. S. 14. mid *deest.*   nearonessum.

O.
5. genam.
6. nowiht.   laþæs (a *of* æ *partly erased*) ætywde.   deaþ.
7. me to deaðe gesylle.   unæþelra . man (*eras. of one*).
8. oððe la (l *squeezed in*).
9. ꝥ.   berhg (g *imperfectly erased*).
10. freon,ᵈ.   fram.   eadwine.
11. swiþe.
12. ongan (15ᵇ).   monegum.
13. oððe,.ʰʷᵃᵗ
14. ðy.   lange.   nearo sum (nearo *ends,* sum *begins a line*).
15. midre niht (ni *out of* m) mon.
16. gangan uncuþes 7 wlitan þa he þa.

Ca.
5. wære.ᵗʳᵉᵒʷðᵉ   myclū.   genóm.
6. nowiht.   ætywde.
7. ꝥ he me.   gesylle þonn.   man.
8. oððe.
9. ꝥ.   berh 7 wearnode.
10. fram hī.   eadwine.
11. gewunode.   swyðe únrot.
12. ongan.   monegum.   geswenced.
13. oððe.   hī.
14. (*p.* 42) lange.   næarosum.   modes mid þy.
15. fýre.   middre niht mon.
16. gangan uncuðes 7 wlitan þa he ða to hī.

VARIOUS READINGS. PAGE 128.

Page 128. B.
17. þa he to. cóm ðe wæs (ðe *rubbed, but certain*). þa
    eode þ he ær geseah to him 7 hine grette.
18. hwan. on ðære.
19. slepon ana swa. stana sæte wæccende.
20. fræn. ðæs. belumpe he wacode.
21. slepe. ð, úte ðe inne sæte . þa andswarode.
22. 7 cwæð him tó. þ ic.
23. ðinre unrótnesse (*dot above*). wæccene 7 anlypnesse.
    utsetles.
24. wat hwæt. hwā ðu.
25. ðe on neahnysse. Ac (*p.* 105) gesege.
26. sillan wille. menn. þ þe frā þyssum.
27. 7 rædwolde. beswape þ.

C. S.
18. ða oðre.

O.
17. com.
18. on. oþre.
19. slepton (t *erased*). ána unrot (swa above). þa.
20. tó. belumpe hwæðer, (he above). slepe 7 hwæþer.
21. ute (u *on erasure*). þa 7 swarode.
22. cwæð him to. þ.
23. unrotnes̄s̄. wacone. anlipnesse (i *out of* e). utset,es[1]
    (2*nd* t *on eras.*). cuþlice.
24. g, . ornast (*one erased*) (n above, t below).
25. on . eh,nesse (*one erased, then* e *on eras. of another*). forhtast
    (*dot above*). gesege.
26. ðam. þ þe fram þyssum. 7 rædwolde (o *on eras. of two*
    before l *curve left*). beswape þ he þe nawiht.

Ca.
17. com.
18. hī. on.
19. slepon. ana. sǽte.
20. hī belumpe.
21. slepte. ðe inne. þa 7 swarede.
22. cw' hī to. ðu me þ. ðone.
23. ðinre unrotnesse. wacone 7 anlepnesse. utsetles.
24. wát.
25. ðe on ehtnysse. gesege.
26. þ ðe frā þyssū nearonessū.
27. 7 rædwalde. beswape þ he ðe nanwiht.

Page 128.	28. ðe nanwiht laðes ne dó ne ðe.		feondum.	ne agyfe
B.	ða andswarode he.	cwæþ ꝥ.	eall ꝥ gód ꝥ.	mihte.
	30. gesylla (*sic*).	ꝥ ða ætícte.	gýt.	
	31. spræce.	cwæð hu gif þe eac.		
	32. on soðe.	kyneríce.	ꝥ te.	ꝥ án.
	33. 7 eac ealle kyningas ða.		ou brytene wǽron.	ðu on.

C. S.   31. hu gif.

O.   28. laþes ne do.   þe.   feondum.   ne agife (i *out of* e *by eras.*).
29. andswarode he 7 cw̄.   eall god þa þe he mihte.
30. þyslicre.   þa ætycte.
31. cw̄ and (*on eras.*) gyf he þe.   þinum.
32. on soþe.   þætte nalæs ꝥ án.
33. yldran (y *on eras. of* e).   on breotone (16ᵃ).   ær þe in.

Ca.   28. ne dó.   ðe ðinū.   ne agefe.
29. 7 swarede he 7 cw̄ ꝥ.   eall gód.   mihte.   méde.
30. þyslicre.   ða geycte he ða gýt.
31. gesprec 7 cw̄ and.   ðæ eac.   feondū.
32. on soðe cynerice.   ꝥ nalæs ꝥ án.
33. ac eac.   on.   ær ðe in.

Page 130.   1. mihte.   on ríce þu hi feorr.   wæs eadwine.
B.   2. on.   frinnesse . forgife ꝥ he him þæs wuldorlice þancunge
don wolde (*rest wanting*).
4. spræc 7 gyf.

C. S.   4. hu gif.

O.   1. mihte 7 on.   b,aldra (*final* a *on eras. of* e). [superscript e above b]

2. on þære frigneſſ.   se þe him þęs (*omitted words at top of page : variants* frēsumnesse ; forgeafe).
3. wyrþ . lice (*eras. of one*).   þancunge.
4. wið spræc 7 nu gif.

Ca.   1. mihte 7 on.   ða.   edwine bealdra.
2. on.   hī.   mycle.
3. fremsumnysse forgeafe ꝥ.   hī ðæs.   wurðlice þancunge.
4. cw̄.   hī.   se ðe wiþ hī spræc 7 nu gif.

VARIOUS READINGS. PAGE 130.

Page 130. 5. man.   þyllice gyfe.   soðlice towearde forecwyð 7.
B.   6. ðinre hæle.   beteran.   nytran.
           7. ætywan.   þōn.   ðinra.   oððe þinra.
           8. cwisttu (p. 106) hwæðer his ða.   manunge onfón.
           9. hyrsum.   ylde.   eadwine.   ꝥ.
          10. on.   þingū hym hyrsū béon.   láre.
          11. onfón.   ðe.   fram.   manegum yrmþum.   teonū.
          12. heannesse kyneríces.   he ðisse andsware.
          13. þe wið hine.   mid his swiðran handa.
          14. ꝥ.   þonne ðe þis tacen tocume þōn.
          15. ðu.   tíde 7 uncre spræce þa ne wiste he sona hwær (*rest wanting*).

C. S. 9. nanuht.

---

                                                                a
O.   5. man se þe þe ðyslice gyfe.   soðlicre.   towe,rde (e *on*
                                     e
           eras. of o).   for,cwyð 7.
           6. beteran.
           7. ætywan.   þoñe.   oððe.
           8. cwyst.
           9. hyrsum.   ylde he eadwine ówiht.
          10. ꝥ.   on.   hyrsum.
          11. fram.   yrmþum (y *on eras.*).   generede (n *out of* r).
                    n
          12. hea,nesse.   ða he þa þysse andsware.
                                                                                t
          13. instepe (i *on eras., the curve under* e *in pale ink*).   set,e.
              swiðran hand.
          14. ꝥ.   þonne.   tacon þyslic þe tocume.
          15. þisse tide 7 úncres.
          16. ꝥ.   me gehete þa he þas.

Ca.   5. man.   se ðe þe.   mycle soðlicre.   forecwyð 7.
           6. beteran.
           7. ætywan.   oððe.
           8. cwyst.   ða.   onfón wylle 7 hī.
           9. hyrsum.   ða ne ylde he eadwine.   gehét ꝥ.
          10. on eallū þingū hī gehyrsum.
          11. onfón se ðe.   fram.   monegū yrmðū.   teonū genérede.
          12. heannysse.   ða he ða þysse andsware.
          13. se ðe.   þam stepe.   swiðran hand hī.
          14. ꝥ.   cw̄ þoñn.   ðyslic.
                    y   ne
          15. tocume.   gemune.   ðisse tide 7.   gespræces 7, yld.
          16. ðu ꝥ.   ða.   me gehete þa he þas word (*p.* 43).

VARIOUS READINGS. PAGE 130.

Page 130. 17. cóm he wolde ꝥ.
B. 18. on ðam ongeate ꝥ te ꝥ mann.   ðe.   ætýwde.   ꝥ he gast.
20. 7 mid þi.   ána.   ða gít sǽt 7.
21. be ðære.   hwæþere.
22. sorgiende geornlice.   hwanan.   cóme.
23. ðas word sprecende wæs to him.   cóm eft se.
24. bliðū andwlitan hine grette.
25. arís 7 gang inn 7 gereste þine leomu 7 ðin mód butan sorgum forða.
26. kyninges (*p.* 107).   oncirred.
27. gedón.   he wile.   trywa.   ðe.
28. beon wið æþelfrið kyning sæde hī (hī *in marg.* 1*st hand*). æfter ðam ꝥ.   his geþanc be þam ic ðe.

C. S. 18. hit *deest* (*before* gast).
26. nele he ðe nanuht.
28. be ðæm ic þæm ic.

O. 17. hwær he com (r *on eras. of* he).   ꝥ he on þon ongyte ꝥ þæt.
18. ætywde ac, þæt.   ꝥ te
20. 7.   þa se giunga.   ana.   set 7.
21. gef,ende (*sic*).   ðære.   hwæþere sorgiende.
22. oððe hwonon he come.
23. se þe þas þing tó (16ᵇ).   sprecende, . (wæs)
24. bliþe 7wlitan.   and grette.   cw̄.
25. gang.   lichaman.   butan sorgum forþon.
26. óncyrred.   þe.
27. treowe.   ðe.
28. sæde.   æfter.

Ca. 17. cóm wolde ꝥ he on.
18. ongeate ꝥ ꝥ.   se ðe hī ætywde ac ꝥ ꝥ hit.
20. 7.   iunga æþeling ana.   ða.   7.
21. be.   hī.   hwæðere sorghiende.
22. oððe hwonon.   come se ðe þas.
23. hī.   hī.
24. 7wlitan.   cw̄ árís 7 gang.
25. ðin mód butan sorgum.
26. oncyrred.
27. gedón.   má.   tre,we.   gehát wiðð ðe gehealdon.
28. sæde hī.   ꝥ.

VARIOUS READINGS. PAGES 130–132.

Page 130. 29. on digolnysse . onwreah ða.
B. 30. fram þam yflan inngehigde.
31. módes.   manode ꝥ ꝥ ná ne gerise swa.
32. kyninge.   geþungenū ꝥ.
33. betstan on ywde gesettan 7 wið golde gesyllan 7 his trywa.
34. feoh gytsunge forleosan.   ðeorwyrðre 7 máre þōn ealle
    madmas.

C. S. 34. seo wære deorwyrðre.

O. 29. geþohte bi ðam.   on digolnysse.
30. onwr͘,ah þa.   hio.   fram þære yfelan ingehygde (i *on eras.*).
31. manade þæt ꝥ nænige þinga gedafenade.
32. æþelum.   geþungenum ꝥ.   on nyde (y *on eras.*)
    gesettum on.   bebycgean.   feo . gytsunge (*eras.*).
    dyrwyrðe 7 mare eallū.

Ca. 29. geþohte big þā ðe ic þe.   sægde.   on digolnysse.
30. þa.   fram.   yfelan ingehygde.
31. manede ꝥ ꝥ nænig ne gedafenade.   geþungenum ꝥ.
33. on nyde gesettum on.   bebycgean.
34. feo gytsunge.   seo þe dyrwurðre wære 7 mare eallū.

Page 132. 1. þæs mare secgean.
B. 2. ꝥ án ꝥ.   þone wreccan þe hine gesohte to.
3. gefultumode ꝥ.   ríce.
4. becóm forðam.   ærendracan.   cirdon.
5. ærendedan.   gebeonn rædwold.   fyrde.   werod.
6. gesamnode to winnanne.   æðelfrið kyning þa.   togeanes.

O. 1. hwæt sceolan we þæs ma.
2. swa swa.   nalæs ꝥ an ꝥ he þone wrec͘,an þe hine gesohte to.
                                hā cyrdon þe his cwale ærendedon.
4. becom.   syððan.   ærenddracan ; þa geban rædwald.
5. fyrde 7 micel werod.
6. gewinne.   æþelfrið.   togenes.

Ca. 1. maðmū.   sceolan we þæs mare secgean.
2. swa swa.   nalæs ꝥ án ꝥ he þone wræccan þe hine gesohte to.
3. hī.   ꝥ.
4. becóm forðon.   þa ærenddracan hā cyrdon.
5. ærenddedon.   rædwold.   fyrde 7 mycel werod.
6. gewinne.   æþelfrið ða fór he hī togénes.

VARIOUS READINGS. PAGE 132.

Page 132. 7. ungelicū werode forðam he him ne wolde fyrst alýfan (*p.* 108) ꝥ.
B. 8. werod eall gesamnian þa.   hi tosamne 7 fuhton.
9. myrcna ðeode.   ðe ís iddlé (*accent or blot over* e).
10. kyning ofsloh 7 eac on þam ylcan.
11. man slog.   wæs rægnere haten swa he eadwine.
12. æfter ðære godan spræce.   ꝥ án ꝥ.
13. þa sætnunge gewarenode ðæs únholdan.
14. swilce eac æfter.   him þæs ríces.   æfterfylgde.
15. þi.   ða.   bysceop.   bodode.
16. ylde.   gýt.   tide geornlice smeade 7 þohte ðær he ana wæs hwæt (*rest wanting*).
18. *from* 7 hwylc *text follows* O *to* 136, 18 wig.

C. S. 9. ðeode 7 east.
14. wuldul (*sic*).

O. 8. werod eall.   þa geforan hi.   gefuhtan.
9. (17ª) myrcna (y *on eras.*).   þeode 7 eastdæle.   ea.
10. æþelfrið.   slogh swilce.   on þam ylcan.
11. slogh redwaldes.   regenhere haten 7.
12. swa he eadwine æfter þam godgespre,.   nalæs ꝥ an ꝥ he hī.
   ce
13. unholdan.
14. swylce eac.   on þæs, wuldur æfterfylgde.
   rices
15. bisceop.
16. ylde.
17. gelimplicum.   hine sylfne.
18. selost.

Ca.   7. werode forðon.   hī.   ꝥ.
   o
8. eall.   hi.
9. myrcna.   þeode 7 eastdæle.   ea.   ídle.
10. æþelfrið.   sloh.   on þā ylcan.
11. regenhere haten 7.
12. swa he eadwine.   gódgesprece.   ǽr.   nalęs ꝥ an ꝥ he hī þa sæt,unge.
   n
13. þa gewearnode þæs unholdan.
14. swylce eac.   slæge hī on.   æfterfyligde.
15. paulin' se ƀ.
16. ylde.   tíd.   cwǽdon gelímplicum (*p.* 44).
17. hine sylfne.
18. hī selost.   æfæstnys hī to healdanne.

VARIOUS READINGS. PAGE 132.

Page 132. 19. healdenne.   þa wæs se godes, ʷᵉʳinngangende.
B.   20. hím ðær.   ána.   7.   his swiðran hand.
    21. ꝥ̇.   acsode hwæþer.   ꝥ.   ongitan mihte.
    22. oncneow he ꝥ tacen sona swutule.   him sona to fotum.
    23. godes wer úpp ahóf.
    24. cwæð hwæt.   gyfe ðinra.
    25. (*p.* 109) hand beswicen.   þe.   7 þurh his gife 7 his mihte þu ðam ríce onfenḡ.
    26. þu wilnodest.   gemyne þu ꝥ ðu drihtne gelæste ꝥ ðu himgehete ꝥ ðu.
    28. se ðé fram hwilwendlicum earfoðum.   eac þemáre (*sic*) hwylwendlices ríces.
    29. 7 gif.   hyrsum.

C. S.   24. ond hwæt.
    25. ða ðu ðe ondræde.

O.   19. Ða (*begins line with capital*).   ingangende.
    20. 7 sette 7 sette (*the first* 7 sette *struck through*).   hand.
    21. ꝥ.   acsode hwæþer.   tacon.   mihte.
    22. hī.
    23. fotum.   man up áhof.   cuþlice.
    24. cwæð hwæt.   gyfe.
    25. hand beswicene þa þu þe ondre, 7 þu þu,h.ᵈᵉ ᵣ   gyfe þam.
    26. onfenge þa þu.   ꝥ ðridde.
    27. gelæste ꝥ þu gehete ꝥ þu ónfo.   hiˢ, beboda.
    28. se þe þec (ec *on eras.*) fram hwilendlicum earfeþum.   on are hwilendlices.
    29. áhóf (17ᵇ) 7 gif þu.   hyrsum.

Ca.   19. ða.   ingangende.
    20. hī.   ána.   7.   hand hī.
    21. ꝥ.   acsode.   ongitan mihte.
    22. swotole.   hī.
    23. man úp ahóf 7 hī cuþelice.
    24. cw' hwæt.   gyfe.
    25. handa beswicene þe ðu þe ondrædest.   gyfe þā.
    26. onfeng.   gemune.   ꝥ ðu ꝥ.
    27. gelæste ꝥ ðu gehéte ꝥ.   beboda.
    28. fram hwilendlicū earfoðum.   on are hwilendlices.
    29. ahof 7.   gehyrsū.

VARIOUS READINGS. PAGES 132–134.

Page 132. 30. þōne.   ðurh me þe læreð 7 bodað.   ðe eac fram tintregum.
B.   31. yfla 7 ðe dælnymende.
    32. ríces on heofonum.

O.   30. me þe.   fram tintregum.
    31. generet ælcra.   7 þe dælnimende.   hine.   on.

Ca.   30. wylt.   me þe.   læreþ.   þonn̄.   frā tintregum.
    31. ælcera.   7 þe dælnimende.   hine.
    32. on.

Page 134. *Text follows* O.

B.   1. A *space*.   cyning þa,word (w *out of* s).   andswarode.
    cwæð.
    2. æghwæðer.   ðe.
    3. þ he wolde ge sceolde.   freondum 7 mid his ealdormannum
    7 mid his witum spræce habban 7 geþeaht gif hi þ ðafian.
    5. gode gehalgode.
    6. wæron.   cyning swa he.   bysceop þ geðafode.
    7. spræce.
    8. synderlice.   frinende.   ðuhte.
    9. gesewen.   lár (*p.* 110).   ðære godcundnysse begang.   ðær.
    11. andswarode.   aldorbysceop.   ceafi.
    12. ðu.   hwylc.   sy.   bodod.   Iic (*sic*).
    13. þ.   geleornod.   þætte.   owiht.

O.   1. hehī (*both words out of original* him).
    2. þæt.   þe (e *on eras.*).   wolde his.
    6. þæt.
    12. ðe.

Ca.   1. 7swarede.
    2. þ he ægðer.   scolde þā.   onfón.
    3. cw̄ þ he.   freondū.
    4. wytum spræce.   geþæht.   þ.   þ.
    5. woldon.   gehalgode wæron.
    6. ða.   cw̄.   biscop þ geþafode ða.
    7. gespræce.
    8. frā hī eallū.   hī.
    9. lár.   godcundnysse.   ðær.
    11. hī.   7swarede.   ealdorbiscop.
    12. hwylc.   lár sý.
    13. þ.   þ.

K

VARIOUS READINGS. PAGE 134.

Page 134. 14. nytnesse.   seo.   þis.
B.   15. beeodan . forðam nan.   gelistfullicor hine geþeodde on úra.
          16. begangum.   ic 7 þeah monige syndon ðe máran (*accent* ?)
              gyfe 7 fréfulnesse.   ðe.
          18. ic 7 eallum þingum on gehwam.   wát.
          19. úre godu.   mihta.   ðonne.   hi me bet fultumian forðam.
          20. forðam.   þincð.
          21. ðu.   ðing beorhtran.   strengran.
          22. þ.   ðam þam (*second struck through*).   onfón.
          23. *Begins* þa ðæs cyninges wita oðer 7 his ealdorman geþáfunge (*dot*).
          24. ðære.   ðus cwæþ.   þyllic.   gesewen cyning leofusta.
          25. líf.   an corðan.   wiðmætenesse.
          26. ðe us nu cuð is swylc þu æt swæsendum.   ðinū ealdormannū.
              So ends line 23 of page 110 in **B**: *line 24 begins on* (*in margin*) healle (*final e small and afterthought*) gewyrmed . 7 hit ríne 7 sniwe (*then blank* = 11 *letters*), *then follows* 25 heall gewyrmed 7 hit ríne 7 sniwe 7 halgelge 7 án *the words repeated underlined: as also are* 7 án. *Page* 111 *in* **B** *begins* 7 an spearwa ðanan útene (*first* e *out of* æ) cume 7 hrædlice þa healle ðurhfleoge 7 cume ðurh oðre duru inn þurh oðre.

C. S.   23. ðæs wordum oþer cyninges.
            28. sniwe 7 hagelge cume.   cume an.

O.   19. ure (18ª) godo.   woldan (w *out of* þ).
          27. -tide 7 (e 7 *on eras.*).
          28. ,eall.ʰ   cume (u *on eras.*).

Ca.   14. nytnesse hafeð seo æfæstnys.
          15. forþon.   ðegna.   neodlucor ne gelustfullode hine.
          16. sylfne to ura goda.   þonn̄.
          17. ðe.   fremsumnysse.
          18. ic.   þingū maron.
          19. godas.   þonn̄ woldon hi.
          20. forðon ic him (*p.* 45).   þoddeᵉ.   forðon.   wíslic.
          21. ða.   strengran.   bodade.
          22. þ.
          23. þyssū wordum oðer þæs.
          24. cw̄ ðyslic.   gesewen cyning.
          25. andwarde.   wiðmetenysse.
          26. swa gelíc swa.   þinū.
          27. ealdormannū.   þenumᵍ.   tíde.   sy fyr onæled.
          28. ríne.   úte cume þonn̄ an.

Page 136. 2. ðe.
B.
3. þi.   ðæs.   þ.   eagan beorht 7, læste.
4. of wintre on winter.
5. þonne ðis manna líf.   ætywed hwæt ðær beforan gange 7 hwæt.
6. æfterfylge.   cunnan forðam.
7. ðeos niwe lar.   ḡrislicre bringe.   wyrðe heo is þ we ðære fylgean þissum.   gelicum.   ealdormenn.
9. kyninges.   spræcon.
10. ða gyt toæticte ceafi.   cwæð þ.   bysceop.
11. ðam.   sprecende þe he embe.
12. ð̊, het.   dón.   þa he ða.
13. clipode.   þus cwæð forðam swa micle (*rest wanting*).

C. S.
3. eagan beorht.
4. on ðone winter.
5. mendlicum fæce (? mediclum).
7. geweorlicre bringe.
11. ðæm ðe (*after* sprecende).

O.
2. in (i *on eras.*).   gewite (ew *on eras.*).
3. ðy storme (or *on eras.*).
5. ætyweð (y *on eras.*).
6. æfterfylge.
7. forþon.   niwe lar.
8. *after* fylgen *a pale comma*.
9. þæs.
10. tó ætyhte (yh *on eras.*).
12. þa het (18ᵇ).

Ca.
1. þ hus þurhfleo þurh oðre.
2. oðre út gewíte.   ða tid.
3. ríned.   ðy.   þ.
4. þ.   fǽc.   of wintra in winter.
5. þonn̄.   medmyclū.
6. æftfylige.   cunnon forðon gif þeos niwe.
7. bringe heo þæs wyrðe.
8. þ.   ðære fyligean ðyssum wordū.   ealdormen.
9. þæs.   þeahteras.
10. ða gét togeyhte cæfi.   paulinu'.   ƀ.
11. sprecende þe he.
12. ða.   dón ða.
13. þ ongeat þ þ.

Page 136. 14. ðæm begange þ.
B. 15. nu ðonne.
16. andette þ on þisse láre þ.   þ us mæg ða gife syllan.
17. eadignesse.   forðam ic þōn nu lære cyning leofesta þ tempel þ ða weofedu þa ðe.
18. *T begins again at* bedo.
19. butan wæstmum heoldon ǽr 7 halgedon ær þ.   ða raðe.
20. forleosan 7 forbærnan mid fyre . þa wæs se.
21. andettende (*p.* 112).   bysceope.   þ.
22. ðam.   7 cristes.
23. þi.   ða.   fram ðam.   bysceope.
24. acsode.   hi ǽr beeodon.   ða weofedu.
25. ða hergeas ðara.   heora hergū.   hi.   wæron hwa hi ærest adilgian sceolde 7 toweorpan.

C. S. 15. hu ðonne.
16. openlice on þ þ **C** *in textu* : ondet—*in marg*.
20. ond hwæt.

O. 18. wigbede þa þe we.   butan.   nytnesse hal . gedon (i *and part of g erased*).
20. forleose, 7 fyre forbærne, óno (o *on eras.*).   þa se.
        n   n
21. andette þam bysceope.   eallū.
22. deofulgyldū wiðsacan 7.
23. myd.   fram þam.   bisceope.
   de
24. acsa hiora.   hi ær beeodan hwa þa.
25. heargas þara deofolgylda.   hiora hegum þe hngum þe hi (þe hngum *struck through*).   wæron hi ærest aidlian.

Ca. 14. þ.   forðon.   mycle.   þā.
15. þ.   þonñ.
16. óndette þ.   þ.   þ us.
17. syllan þa gife.   eadignysse 7 éces.
18. ic lære nu cyning þ þ tempel 7 ða weofedu ða þe.
19. butan wæstmū.   nyttnysse.   þ we ða braðe forleosan 7 on.
20. forbærnon hwæt he ða se.
21. andette þā.   hī eallū þ.
22. deofolgyldū.   7.   onfón.
23. þy he ða.   fram þam.
24. acsode.   hi ær beeodan he hét hraðe ða wigbed.
25. heargas.   deofolgylda.   hegum.   hi.   wæron aidlian 7.

VARIOUS READINGS. PAGES 136-138.

Page 136. **B.** 26. andswarode he mid ðam 7 cwæð hwa mæg hi yð toworpan þænne ic sylf ðurh þæs snitero.
29. fram ðam. 7. ða. fram.
30. ydlan. ðe. 7.

C. S. 26. ic hwa mæg þa nu eþþe ic longe C &c. *fere ut in* O.

O. 26. sceolde þa 7swarade.
27. ða nu eððe ic lange (eððe *defaced but certain*). dysinesse.
28. oþra manna gerisenlicor. sylfa.
29. snyttro. ic fram þam soþan. 7 he þa. frā hī.
dysinesse 7.

Ca. 26. toweorpan þa 7swarede he se ƀ efne ic þa godas lange mid dysinysse beeode oð þis hwa mæg hi gerisenlicor nu toworpan to bysne oðra manna (*p.* 46) þonn̄ ic sylfa þurh.
29. snyttra. frā þam. 7. fram.
30. hī. ða. dysignysse. 7.

Page 138. **B.** 1. ƀ. 7 gesteddhors ƀ. mihte on faran 7 ƀ deofolgild.
2. forðan þā bysceope næs alyfed ƀ.
                    ne furðon.
3. wæpen werian nelles buton (*words above in a later hand*).
4. rídan. sweord 7 he. begyrde.
5. nam him spere. hand. ðæs. ðam.

C. S. 1. 7 stodhors.
3. ne elles.

O. 1. ƀ. sealde (19ᵃ). ƀ he mihte.
2. 7 ƀ. forþon. þam bisceope hiora halignes̄.
3. ælcor butan on myrran (*first* r *erased but plain*).
4. hī. ƀ. begyrde.
5. nam him spere. hand. þam.

Ca. 1. ƀ. hī. gestedhors ƀ. mihte.
2. 7 ƀ. toworpon. þā bisceope ne wæs.
3. ƀ. ælcor butan.
4. ða. hī. ƀ. begyrde.
5. nam hī. hand. þam.

VARIOUS READINGS. PAGE 138.

Page 138.
B.
6. deofolgylde‿rad.   þ.   hine geseah.   gescirpendne (*sic*).
7. ða wendan hi þ he tela nyste ac þ he wedende wære.   ðæs.
8. nealæhte.   þam hearge.   ði.   þ.
9. ðam hearge 7.
10. ongytennesse.   beganges 7.   þa het toweorpan his geferan (*p.* 113) eallne.
11. hearh 7 ða getimbro forbærnan.
12. git ætywed iu ðara deofolgilda feor east fram.
13. eoforwícceastre.   deorwetan.   eá 7 git.
14. bysceop.   ðæs soþan.
15. innbryrdnesse.   ða weofedu þæs hæðenan gyldes 7 hi gode gehalgode.
                                  þe on þære
17. A (*space*).   þam æðelingum, þeode wæron (*add. later hand*).
18. miclum.   geleafan onfengon 7 fulwihtes baðe.

C. S.   8. mid ðy spere.

O.
6. deofulgyldum.   þ.
7. hi þ.   tela.
8. gelyhte.   þam hearge.   mid his spere.
9. sticade.   þam hearge 7.   swiþe.
10. ongyteness̄.   soþan.   biganges 7.   þa het.
11. toworpan.   hearh.
12. ætywed giu þara deofolgylda naht.   fram eoferwicceastre.
13. 7.
                  n
14. godmundi,gaham.   bisceop.   soþan.
15. onbryrdnesse.   sylfa.
17. þam æþelingum.
18. bæþe.   fulluhte bæþe.

Ca.
6. deofolgyldū.   ða þ.   ða.
7. hi þ.   tela.   þ.
8. ðe.   gelihte.   þam hearge.   mid his spere þ.
9. þam hearge 7.   swyðe.
10. ongytenesse.   biganges 7.   hét.   toworpon. hearh.
12. æteowed giu þara deofolgylda naht.   frā.
           y
13. éa 7 gęt to dæg is.
14. godmundingahám ðær.   ƀ.
15. onbryrdnysse.   sylf.   gehealgode.
17. þam.
18. mycle.   fulluhte.   ændlyftan.

VARIOUS READINGS. PAGE 138.

Page 138. 19. gefullad fram pauline þam bysceope.
B. 20. on. ðy halgan easterdæge on scð.
21. pætres ciricean. ða. hraðe geworhte cyricean
treowene siððan. gecristod wæs he ongann mid (*rest wanting*).
24. bysceopes. cyrican timbrian 7 hyhran (e *original*) stæncnne ymb ða ciricean þe he ær timbrede.
26. ærðon. heannes gefylled 7 geendod wære þ.
27. þ ylce.
28. æfterfylgende oswolde. ðære.
29. bysceop. gear fulle þ wæs oð ende. þ.
30. fultume (*p.* 114) on ðære. menn.

O. 19. gefullad fram pauline þam bisceope.
20. on. easterdæge on.
21. cyrican (19ᵇ). hrędę gew,rce (*eras. of* y). treowe
(eo *on eras.*).
22. cyricean getimbrede syððan. swylce he eac on þære cestre
his larewe 7 his. pauline bisceopsetl (*after* t *eras. perhaps of* e).
23. 7.
24. ongan. bisceopes. cyricean 7 hyhran.
25. stænene (*eras. after first* e). timbrian 7wyrcean ymb þa cyricean.
26. ærþon þe seo hea,nes. gefylled 7 geendad wære þæt he,.
27. þ ylce.
28. æfterfylgende óswalde. ðære.
29. bisceop. gear full. oð ende. þ.
30. fultume on. mægþe. bodade.

Ca. 19. he wæs gefullod fram pauline þam b.
20. on eoferwicceastre. easterdæge on.
21. cyricean. ða. geworce. treowe cyricean
getimbrede syððan.
22. swylce he eac on þære ceastre his.
23. 7 his b pauline bisceopsetl. 7 sona ðæs þe he gefullad.
24. ongan. b. cyrican 7 hyhran.
25. stænene timbrian 7wyrcan. cyrican.
26. ærðon þe seo heannes. walles gefylled 7 geendod wære þ
27. þ ylce.
28. æftfyligend,. forlét. ðære paulin'.
29. b. gear fulle þ. oð ende. þ.
30. fultume on. bodade.

Page 138. 31. gefullode. manige swa foreætywed.
B.   32. ðam ecan.   On ðam wæron þa begen acennede osfrið 7
                eadfrið eadwines suna kyninges þa he wrecca.
        33. cwenburge.

O.   31. foreteode.
        32. on þam wæron ósfrið 7 eadfrið.
        33. acende.   cwenburge.

Ca.   31. gefullade.   foreteode.
        32. on þā.   eadfrið.   ða.   hī.   acende.
        (p. 47) he wræcca.   cwénburhge.

Page 140. 1. myrcna kyninges 7 wæron.   7 wæron.
B.   2. gefullode æfterfylgendre tide 7 his oðre bearn 7 his oðre bearn
            (sic).   æþelburge.
        3. cwene acennede wæron æðelhun 7 æþeldryð his dohtor 7 oðre
            naman his sunu wuscfrea hatte. Ac ða.
        4. twa.   forðferdon 7 on cyrican on eoforwic ceastre bebyrgede.
        5. swylce.
        6. yffeᵃ gefullad.   manige æþelingas of ðam cynig kynne.

C. S.   6. cyning cynne.

O.   1. dohter myrcna (y on eras.).
        2. æfter æfter fylgendre (second struck through).   tide.   óf
            æþelburge þære cwene.
        3. æþelhun 7 æþelðryð.   oðer his suna wuscfrea hatte.
        4. þa.   forðgeferdon.
        5. on cyricean.   eoforwicceastre bebyrigde.   swylce (y
            on eras.).
        6. gefullad.   ósfrides.   æþelingas of þam cyning cynne.

Ca.   1. dohter myrcna.
        2. gefullade æft fyligendre tide oðre.   æðelburhge ðære cwene.
        3. æðelhun 7 æðeldfrið.   dohter.   suna.
        4. wuscfrea hatte.   twegen.   forðgeferdon.
        5. on cyrican.   eoforwicceastre bebyrigde.   swylce.
        6. gefulwad.   of þam cynecynne.

VARIOUS READINGS. PAGE 140.

Page 140. 7. þ sæd ꝑ.　　　　hæte.　　　　wære on norðhȳbra lande cristes
B.　　　geleafan 7 fulwihte onfengon ꝥte paulinus se bysceop.
　　9. sumere.　　　ðam kyninge 7 þære cwene.　　ðone tún.　　túu.
　　10. nēned.　　　ætgefrinn.　　XXX·.　　ꝑ.
　　11. ðær ꝑ.　　cristnode 7 fullode.　　nan þing elles ne dyde eallum.
　　12. fram.　　　æfen 7 com ꝑ cristen folc ðyder.
　　13. eallū þam.　　7 ðam.　　godcunde.　　timbrode.
　　14. on synna forlætnesse fullwihtes (p. 115) baðe aðwoh on þam.
　　　　þe glene.
　　15. ðes tún.　　on ðara æfterfylgendra kyninga tidum.
　　16. for ðam.　　on.　　ðe melmen.
　　17. stowa.　　　on.　　　eac swylce on ðære mægðe.
　　18. bysceop.　　þam kyninge.　　ꝑ.
　　19. fullode ꝑ.　　swealewan.　　be cetrih.

O.　　7. sæd ꝑ.　　mycel hæto.　　cristes (20ª).
　　　　　　　bæðes
　　8. fulwihtes, on norþanhymbra ðeode þæt.　　　bisceop.
　　9. on.
　　　　　　　　　　u
　　10. nemned ætg ré, in (*from* g tō i *eras.*, re *on eras.*).　　wunade.
　　　　þritig.　　ꝑ.
　　11. ꝑ.　　fullade.　　nowiht.　　eallum.
　　12. fram ærne mergen.　　þonne.
　　13. stowū.　　timbrede 7 on (7 *squeezed in and in a shaky hand*).
　　14. beþe aðwogh.　　þam.　　clæne.
　　15. þara (*final a over eras. of* e).　　æfterfylgendra.
　　16. oþer.　　for þam getimbrad on.　　maelmen (*last* e *converted into* i *by rough eras.*).
　　17. on.　　mægþe.　　swylce eac in dera mægþe.
　　18. bisceop.　　ꝑ.
　　19. on swealwan.　　be.

Ca.　　7. þ sæd ꝑ.　　mycel hæto.
　　8. fulluhtes bæðes on.　　ꝑ.　　ƀ.
　　9. com.　　7 ðære cwene on.　　tún.
　　10. nemned ætgéfrin.　　þ he ðær ꝑ.
　　11. fullade.　　nowiht.　　on eallū þā dagū.
　　12. fram ærne mergen.　　Đonn̄ ꝑ (*cap.*).
　　13. eallū tunū 7 stowū.
　　14. 7 on synna forlætnysse.　　aþwoh.　　þā.　　clæne.
　　15. þæra æfīfyligendra.
　　16. forðon.　　on.　　ðe man elmen hatt (*sic*).
　　17. on.　　swylce.
　　18. ƀ.　　ꝑ.
　　19. fullade ꝑ.　　on swalewan.　　be cetereht.

VARIOUS READINGS. PAGE 140.

Page 140. 20. forðam.   gyta.   cyrcan ḡtimbrede ne fulwihtes
B.   stowa on ðam fruman.   acennedan cirican getimbrede.
21. hwæðere on.
22. wæs ða kyninges.   cyrican timbrian þa æfter.
23. hæðenan.   þi bolde (*in margin with mark of insertion before* forbærndon).   forbærndon . forðam eft.
24. ofslegen.   fram ðam.   æfter.   bold.
25. on ðam lande.   loides.   *No break after* hatte *which ends a line, but* Hæfde *is written with an ordinary capital.*
26. eadwine.   beganges.
27. þ.   kyning.
28. rædwoldes.   þam.   þ.   ða.   deofolgyldes.
29. gerynum.
30. eastenglum.   rædwold.   iu geara.   on.
31. on ða geryno.   forðam þe he.

O. 20. cyricean getimbrede on þam fru͞, an (*blot erased*).
21. acennedan cyricean.   hwæþere on.   þær wæs þa.
22. botl (t *on eras. of* đ ?).   edwine.   cyr,cean getimbrian þa æfter.
23. hæþenan.   botle (tle *on eras., part of a cross stroke of* đ (?) *seen*).   fram þā.
24. ofslegen.   for þam.   æftran (e *eras. after* t?).   botl (tl *on eras.*).
25. on þam lande þe loíd is haten.
27. þ.   eorpwald (*before this eras. of two to three letters*).
28. redwaldes.   þ.   deofulgylda.
29. þā gerynum (20ᵇ).   geleafan mid his geleafan (m. h. g. *struck through*).   mægþe eastenglum.
30. ,rædwald.   giu.   on.   (wæs above)
31. geryno.   forþam þe.

Ca. 20. forðon þa gyta.   getimbrede.   on þā.
21. acennedan cyricean.   hwæðere on.
22. wæs ða.   botl hét.   cyricean getimbrian.   Ða eft.
23. hæþenan.   botle.   fram þā.
24. ofslegen.   ðam.   æftran.   botl.
25. on þam lande ðe loid,is haten (*comma as shown*).
26. mycele wilsumnysse.   biganges.
27. þ.
28. þ.   forlét ða.   deofolgylda.
29. þā.
30. and rædwald.   wæs iu geara on.
31. geryno.   forþam þe he.

Page 142.	1. cóm.	beswicen fram.		fram sumum.
B.	2. þ he forlet (*p.* 116).		hlutornesse.	ða.
	3. nearran.	wærsan þonne ðære ærran.		swa ðæt.
	ðeawe lyfde þe iu ða.			
	4. samaritáne.	þ.		
	5. þeowiende.	deofolgildum and.		on ðam hearge weofod.
	6. Xr̄s.	deofles onsægdnesse.	ylca hearh.	
	7. wunode.	oð eadulfes.	ylcan.	kyninge.
	8. sæde.	þ.	cniht wesende.	
	9. kyning rædwold æþelre.		þeah ðe on dæde he æ,le nære. [þe]	
	10. tytelaes.	haten for ðam.		
	11. cyningas wuffingas nemned wæron.			
	12. And hwæt þa eorpwald se.			
	13. fram.	hæðenum menn ricbyrht.		þanan ða seo.

C. S. 13. wæs *deest* (i. e. *read* hatte *not* wæs haten).

O.
1. wæs he beswicen fram.   7 fram.   þæt he forlet ða.   nearran.
3. wyrsan þam.   þ he þy.   iu.
4. þ.
5. deofulgyldum 7.   on.   ylcan hearge.   wibed.
6. onseg,nesse 7 oþer.   onsægdnesse se ylca hearg (g *in* sægd *an afterthought but first hand*). [d above onseg]
7. aldwulf . es (*original abrasion?*).   ylcan mægþe cyninge sæde.
8. þ.   cniht wesende.
9. redwald æþelre.   unæþele.
10. titeles su,. [nu above]   fram þam forþon eastengla cyningas wuffingas. nemde.
12. þa eorpwald se.   nalæs.
13. fram sumum hæþenum.   ricbyrht hatte þanon þa sio mægþ.

Ca.
1. wæs he beswicen frā.   (*p.* 48) 7 fram sumū unrihtū.
2. þ he forlét ða hluttornysse.
3. nerran tíde.   wyrsan.   þ he ðy.   ðe iú.
4. þ.
5. deofolgyldū 7.   on.   ylcan hearghe.
6. onsægdnyssa 7.   onsægdnysse se ylca hearh.
7. wunede.   tíde.   ylcan.   cyninge sæde.
8. þ he hine cuðe cniht wesende wæs he.
9. rædwold æþelre.   ðe.
10. titeles.   fram þam.   cyningas wuffingas.   nemde hwæt þa.
12. eorpwald se cyning nalæs æft.
13. fram sumū hæðenum.   ricbyrht wæs haten þanon seo.

VARIOUS READINGS. PAGE 142.

Page 142. **B.**
14. mæð (*seems an* i). fulle on. lifiende wæs oð þ siebehrt.
15. eorpwoldes. mann.
16. ðam. lifiendum.
17. on. lande. ðær wæs, mid gerynum cristes geleafan geléred
he wolde.
18. dælnymende gedon sona swa he to.
19. 7 þam godan.
20. fultumode. bysceop. cóm. burgondena.
21. com he ærest (*p.* 117).
22. ,onorio þā arcebysceope. sæde. ða.
23. godcundre. 7 he.
24. se æresta. landes. on.
25. þære ðeode æfter ðam gerynum his geleaffsumra 7 he ealle ða þeode æfter ðam gerynum (*sic*). naman fram langre wonesse. ungsælignesse.

O.
14. fulle on dwolan. lifigende oððæt þe sigebyrht.
15. broþor.
16. lifigendum.
17. on. lande. (21ᵇ) gerynum.
18. well. dælnimende (ni *out of* m).
19. þam.
20. gefultomode. bisceop. com óf. burgundana.
21. gehalgad com. tó.
22. þam ærcebysceope. sæde.
23. on. 7.
24. arfesta. landęs mycelne wæst . m (e *erased*). on.
25. eall þa ðeode æfter þam.
26. fram langre (gr *on eras. of* l ?). wonesse.

Ca.
14. fulle on dwolan. lifigende oððæt sigebyrht.
15. eorpwalde.
16. þā breðer lifigendum.
17. wræcca on. lande. þā.
18. well. ðæs.
19. gedón. ðe. þā. well.
20. gefultumode. ƀ. com. burgundana. dælū.
21. com. sǽ.
22. þā ærceƀ 7 hī sæde. ða.
23. lærænne on. 7.
24. landes mycelne. gemete on. (t)
25. ðeode. eall. þā. frā langre wónesse. ungesælignysse.

VARIOUS READINGS. PAGES 142–144.

Page 142. **B.**
27. worcū. gifū.
28. ḡsælignesse. bysceopseldes on domocceastre 7.
                     t l
29. þi he ·XVII· wint on bysccoplicū. wæs 7 ðær on sybbe. geendode.
31. Ærde *space*. bysceop. swylce. on.
32. lindesige. mægð nyhst on.

C. S.
28. eac *deest (before* onfeng).
29. 7 ðær.
31. lærde he.

O.
27. tó soðfæstnesse we,rcum 7 to gefean þære. (o above we)
28. ónfeng (ó *on eras*.) he bisceopsetles on. · 7.
29. þy he seofontine. on bisceoplicum.
30. on.
31. bisceop. swylce. on.
32. mægþ. nyhste on.

Ca.
27. soðfæstnysse weorcū 7 to gefean þære.
28. gesælignysse gelædde he eac onfeng biscopsetl on. 7.
29. þy he. on bisceoplicū. wæs þær.
30. on. líf geéndode.
31. lærde scs paulin' se b. swylce. on.
32. nyhste on suðhalfe.

Page 144. **B.**
1. sæ 7. gecyrde lindcylne ceast.
2. ðæs nama. hirede.
3. swylce he eac on ðære. stænene cirican timbrede æþeles weorces ðær gyt
4. man. ða. standan.

O.
1. 7. gecyrde.
2. nama. blæcca (a *of* æ *partly erased*). hirede swylce he eac.
3. stænene cyricean. æþeles. standan.

Ca.
1. ligeþ út on sǽ 7. gecyrde lindcolene.
2. nama. blecca. hirede.
3. swylce he eac. (*p*. 49) stænene cyricean.
4. gýt to dæg mon mæg. standan.

VARIOUS READINGS. PAGE 144.

Page 144. 5. 7 þær gyt.   ætywed beoð manige.   untrūra.
B.   6. þa.   seceað on ðære sylfan cyrican.
   7. bysceop his gast to criste onsende 7 honoriū for hine (*p.* 118).
   8. bysceope.   swa eft her æft myngiað be.
   9. sæde.
   10. arweorðe.   þam.
   11. ƀ.   sæde.   wita ƀ.
   12. gefullad.   fram pauline ðam bysceope on eadwines.
   13. andweardnesse.   kyninges 7.   mænigo.   on.
   14. be.   sæde.   ylca mann.
   15. ðæs bysceopes hiw wære scē ƀ he wære se mann lang.

C. S.   7. forþferde. **W.**
   14. be Teolfinga ceastre *deest*.

O.   5. 7.   æghwilce (æ *on eras.*) (21^b) gere ætywed beoð (eo *on eras. squeezed in*).   wundur.
   6. þe þa.   seceð on.   sylfan cyricean.
   7. bisceop ða.   bisceop to.   ferde (de *on eras.*).
   8. honorius.   bisceope gehalgade.   heræfter.
   9. gemyngiað be (e *out of* i).   be ðysse mægþe (be *out of* bi ; ðy *on eras.*).   sæde.
   10. óf peortaneá þam.
   11. kwæð he.   sæde.   wita, ƀ (*not first hand*).
   12. gefullad æt middum.   fram.   þam bisceope on edwines.
   13. 7wearnesse þæs cyningges 7.   menigo.   on.
   14. tre . ntan (*eras. of one*).   be.   sæde se ylca man hwylc . (*one eras.*).
   15. bisceopes hiw.   paulines cw̄ ƀ.   se mon lang.

Ca.   5. 7 þær æghwylce.   ætywede beoþ monige wundru.
   6. þæra ðe þa.   sccead on.   sylfan cyrican.
   7. paulin' se ƀ.   ƀ to.   ferde.
   8. honorius.   ƀ.
   9. gemynegiað be þysse.   cwæð béda.   sæde.
   10. arwurðe.   þam hám.
   11. cwæð ƀ hī sæde.   wita ƀ.
   12. gefullod.   frā.   þā ƀ on eadwines 7weardnysse.
   13. 7 mycel menigo.   on trenton.
   14. be.   sæde se ylca man.
   15. ƀ hiw.   paulines cw̄ ƀ.   lang.

VARIOUS READINGS. PAGE 144.

Page 144.
B.
16. blæcne andwlitan.
17. nosu 7 ꝥ he.   arweorðlic ge ondryslic.
18. beseonne.   fultume on.
19. ðenunge Iacobū.   man.   7 æþele 7 on cristes circan se gelyfde oð ure tide.
21. S (space) ꝥ sæd ꝥ.   sibb wære on brytene.
22. æghwæðer.   swa swa.   ðe.   wíf.
23. hyre sucendum.   mihte gegán butan ælcre sceðþednesse fram.
24. ðis igland.   ylca kyning.
25. nytnesse funde.   ꝥ in manegum stowū.
26. willas.   be folccuðum strætū ðær man,a faru mæst ($\overset{n}{p}$. 119).

C. S.
16. won forðhal.   he *deest* (*before* hæfde).   7wlitan medmicle.
19. ðone *deest* (*before* diacon).

O.
16. ,won forð$\overset{e}{h}$,al$\overset{d}{h}$,.   blacne 7wlitan.
17. nosuþynne (y *on eras.*).   7 he wære æghwæþer.   ondrysendlic ón tó.
18. on.
19. þenunge.   well.   æþele.
20. on criste ge on.   cyrricean se lifde oð (ð *on eras.*).
21. Is þæt sæd ꝥ on þa.   sibb.   on.
22. æghwider.   swa swa edwines.   ðe an wif.
23. hyre nace dum (*eras. of one*).   hio mihte.   butan ælcre sceaþenesse.
24. frō sǽ to sǽ ofér.   ylca.
25. fand (and *on eras.*) his leodum ꝥ.   mone (22ᵃ) gum stowum þær þe.
26. wyllan urnun be folcuþum.   færnes.   wæs . (*eras.*).

Ca.
16. he hæfde.   blacne 7wlitan.
17. midmycle neosu.   he wære.   arwurðlic ge ondrysenlic.
18. hī.   fultume on.   godcundon.
19. þenunge iacobū þone.   man well.   æþele.
20. on criste ge on.   cyricean se lifde oð.
21. is ꝥ sǽd ꝥ on þa tíd.   mycel.   on.
22. æghwider.   swa swa edwines.   ðe án wif.
23. hyre nacendum.   mihte gegán butan.   sceaðenysse fram sǽ.
24. ,$\overset{ea}{lond}$.   ylca.
25. nytynsse fand his leodum ꝥ.   þær ðe hlutre wyllan.$\overset{t}{}$
26. be folccuðu strætū.   færnys.

VARIOUS READINGS. PAGES 144–146.

Page 144. 27. þ.   ðær het.   wegferenda clænnesse.   onsettan.   ðær.
B. 28. ærenne.   ónahon 7 þeah hwæðere.   for his ege 7 for his lufe.   wolde ne ne dorste buton to his nydþearflicre ðenunge.
   30. swylce.   heannesse in ðam kyneríce þ ðe.
   31. þ an þ hi.   ætforan him.   ac swa hwylce eac.

C. S. 31. beforan him.

O. 27. he þær het.   gecelnesse stapulas asettan (e *on eras.*).
   28. onhon (*second o out of a by eras.*).   hwæþere.   for his ege 7 for his.
   29. butan to his nedþearfli . cre (i *out of u by eras.*).   þenuncge.
   30. swilce.   heanesse on' þæt.   þæt nalæs þæt an þ h,e segen.
      bæran.   ac swylce eac on.

Ca. 27. 7 þ he ðær hét.   gecelnysse stapulas.   onhón 7.
      hwæðere.   for.   7 for his.
   29. hi rinan.   butan to his neodþearflicre ðenunge.
   30. swylce.   eac swa mycele heannesse on þ.   þ nalæs þ
       mærcan
       an þ hi segen.
   31. hī.   ac swylce eac on.

Page 146. 1. tide.   betwyh his hamum.   oððe.
B. 2. ðegnū.   þeah ðe he.   þ him symle þ tacen beforan wæg. On ðære (*no break*).
   4. bysceophad.   setles.
   5. bonefatiu' æfterfylgend . þa he þa (*sic*).   þ geacsode.
   6. þ norðhimbra ðeod.

O. 1. tide.   betwyh his hamum oððe.
   2. þeah þe he.   þ him symble þæt tacon beforan weg (*no break*).
   4. on.   bisceophad'.   ápostolican setles.
   5. þa se.   þ geacsade.
   6. þ norþanhymbra ðeod . (*one eras.*).   edwine hyra.

Ca. 1. tíde.   rád betweoh his hámū oððe be túnum.
   2. þeah þe he eóde þ him symble þ tácen beforan wég (*no break*).
   4. on.   tíde.   setles.
   5. bonefacius æftīfyligend ða he þa.   þ geacsade þ norðanhymbra þeode.
   6. édwine (*p.* 50).

VARIOUS READINGS. PAGE 146.

Page 146.
B.
7. andetnesse gecyrrede wæron.
8. ðam ylcan bysceope.   And swylce.
9. ðam kyninge.   trumlic ærendgewrit.   mid lufan fæderlicum.
10. þ hi on ðam.   soðfæstnesse.
11. ðe hi.   astodon 7 awunedon (*sic*).
12. Etweonan (*space*) þyssū ðingū þa.   arcebysceop.   þam.
13. heofonlican.   þi.   IDVM N,UEMBRIV̄ (*p*. 120). 7.
14. bysceope.
15. cóm.   scō pauline.   hadian.
16. togeanes.   7 to lindcolne.   on ðære cyrcan.
17. sædon.   ðær.   bysceope.   frā scē.
18. arcebysceop cantwara.   þam bysceope eac s,ylca (*corr. not 1st hand*).

C. S.
9. trumlic ærendgewrit.
11. astoden.

O.
7. andetnesse gecyrred wæs ðurh.
8. ylcan bysceope.   pallium 7 swilce eac edwine þam cynincge.
9. trymendlic.
10. þæt hi on þam (t *in* þæt *afterthought*).   soðfæstnesse.
11. hi.   symble.   ástodent 7 áwunedan (á *junctim in both*).
12. betwih þas þing þa.   ercebisceop.   þam.
13. heofonlican.   feorþan.   id,um novembriū 7.
14. bisceope.
15. com.   pauline þ.   haligian (*the first* i *is erased; the second* i *is out of* e *by erasure*).
16. togenes (22ᵇ).   lindcylne.
17. sædon.   bisceope.   scē austine.
18. ercebiscop cantwara burghe þam bisceope.

Ca.
7. andetnysse gecy,red.   paulin'.
8. ða.   þā ylcan b̄.   pallium 7 swylce eac.
9. edwine þam.   trymmendlice.
10. þ hi on þā.   soðfæstnysse.
11. ðe hi.   stodan 7 awunedon.
12. betwih.   þing.   ærceb̄.   þam.
13. heofonlican ríce.   novembriū 7.
14. b̄.
15. cóm.   paulíne þ.   hī togeanes férde.
16. líncylne.   cyricean.
17. sædon.   b̄.   frā scē.
18. augustine.   ærceb̄ cantwara burhge ðam b̄.

VARIOUS READINGS. PAGE 146.

Page 146. B.
- 19. honor .. i' (*space of two letters eras.*).   pallium.   on ðam.
- 20. ꝥ.   cantwara burge bysceop oððe.
- 21. ðyssū life gewende ꝥ.   lifiende.
- 22. 7 ðæs hades (*after this erasure of ten letters*).   ꝥ mihte. bysceop in to ðære stowe halgian.
- 23. forðferde.   læs sy nidþearf ꝥ hi symle.
- 24. ofer langne weg.   landes.   róme.   arcebyscpes.
- 26. *Begins* Wæt (*space*).   ðon.   seofontyne gear angelðeode ætgædere weold 7 brytta wuldorlice on cynedome.
- 27. ðam.
- 28. six.   campode.   wann.
- 29. cadewalla brytta kyning.   fultume.   fyrmesta.

C. S.
- 21. forðferde.
- 26. ond (*for* ono).

O.
- 19. ylca.   pallium.   on þam.
- 20. þæt.   cantwara burge bisceop oððe.
- 21. þyssum.   geferde þæt se þe.
- 22. mihte oþerne bisceop.   halgienne.
- 23. oþer for,ferde þy.   nyd.   ꝥ þæt hie symble. wæran.
- 24. langne wæg.   arcebisceop (a *out of original* æ).
- 26. edwine.   þan, seofontyne wint̄. (þe he)
- 27. angelþeode (an *on eras.*).   ætgædere 7 brytta wundurlice on cynedome fore.   þam.
- 28. ða won.
- 29. cadwalla.   fultume.

Ca.
- 19. ylca.   pallium.   on þam.
- 20. ꝥ.   cantwara burhge ƀ oððe eoforwícceastre.
- 21. þyssum.   geférde ꝥ.
- 22. mihte.   ƀ.   ðær.
- 23. forðferde.   nýd.   ꝥ hi symle swente.ᶜ
- 24. langne weg sǽs 7 landes.   ærcebiscop.
- 25. *Begins* hwæt he.   ðe.   seofontyne wint̄.
- 27. angelþeode ǽtgædere 7 brytta wundurlice on cynedome fore. þā.
- 28. wint̄.   cámpode Ða won.
- 29. cadwalla brytta.   hī.   fultume.

VARIOUS READINGS. PAGE 148.

Page 148.
B.
1. myrcna cyningkynne 7 he.   ðære.
2. ylcan.   myrcna.   twa 7 XX :   hlyte fore wæs ða wæs (p. 121) geboden hefig.
4. ðy.   idum octobriū.   ða.
6. werod oððe.   oððe aflymed.   on ðam.
7. ylcan.   sé hwátosta fyrdesne 7 eadfrið for nyde.
8. þam.
9. kyninge gebeah 7 æfter.   fram.   ða.   cyning on unriht wæs ofslagen ofor.
10. trywa.
11. þ mæste gefeoht 7 wæl.   on norðhymbra.
12. þeode 7 circan to pen̄ne ne. (w d)   þ.   forðam.

C. S.
5. seofon 7 twentig.
7. esne oþer his sunu eadfriþ.
9. gebeah &c. ad treowa desunt.

O.
1. 7.   þæræ.
2. þa ylcan.   twa.   hlete (on eras.; original?).
3. ða wæs geþeoded.   in hæðfelda.
4. edwine ðone.   ðy feorþan.   idum hoctobrium.
5. ða.
6. werod oððe.   oþþe aflymed.
7. ylcan.   o,frið his sun, oþer. (s u)   ,watesta. (h)
8. fyrdésne (23ᵃ) oþer his sunu eadfrið for niede (ie on eras.). þam cynincge gebeah 7.   æfter.   fram.
10. ofslagen ofer.   treowa.
11. on norþanhymbra þeode 7 cyricean.
12. þ holenga forþon oþer.

Ca.
1. ésne.   7.   tíde.
2. þa ylcan ðeode.   twa.
3. ða.   gefeoht mycel.
4. man edwine sloh.   idum.
5. octobriū.
6. weored oððe ofslægen.   oððe aflymed.   eac.   þam.
7. ylcan.   his oðer sunu.   hī.   hwatesta.
8. fyrdesne and eadfrið se oðer for neode.   þā.
9. gebeah 7.   fram hī.
10. ofslagen ofer.   treowa.
11. ðære.   þ.   wæll.   on.
12. þeode 7 cyrican (p. 51).   þ holenga.   oþer ðæra cyninga. (heretogena)

VARIOUS READINGS. PAGE 148.

Page 148. B.
13. hæþen.   þ.   ḡfremede.   þam hæðenū reðra
14. forðam he ellreordig.
14. ealle þā werede myrcna ðeode deofolgyldum.
15. ðæs cristenan naman.
16. unwís cadwalla þonne ðeah ðe.   andetnesse.   ðæs.
17. naman hwæðere he.   on.   to þam.
18. þ he ..... ðam wiflicū (*five letters erased*). oððe. unsceðþedan yldo ðara cilda ne arede.
19. wildeorlicū reðnessum.
20. 7.   langre.   ḡwede.
21. geondfarende 7 his.   ðridode (*p*. 122) þ he.   eal.
22. angelcynn.   brytene gemǽrum.   7.   ðe.
23. áre witan.   ðære cristenan æfestnesse.
24. cuman mæg.   gyt.   dege brytta.
25. þ hi angelcynnes.   æfestnesse.   nowiht.

O.
13. þ,þ.{e}   gefremede oþer.   þam hæþenum reðra 7 grimgra.
14. forþon he ellreordig.
15. myrcna (y *untouched*).   deofulgyldum.   cristenan naman.
16. cadew,ella{a} (a *not 1st hand*).   þonne þeah þe.   þa andetnesse.
17. naman hwæþre he wæs on.
18. ellreordig þ he ne furþum wiflice (u *on eras. not 1st hand*). oððe þære unsceðþendan yldo (y *on eras.*).
19. arede.   wilddeorlice.
20. 7 he langre.   hiora mægþe.
21. geondfarende 7 (a *out of* æ).   þreodade þ he.
22. angel.   7.   cristen. (*eras. of* e).
23. áre witan.   cristenan æfestnesse.
24. upp.
25. þeau.   hi angel.   æfestnes̄ for nówiht.

Ca.
13. þ.   gefremede.   þā hæðenan.
14. forðon he ellreordig.
15. me,cna.{r}   deofulgyldū.   cristenan noman.
16. cadewalla þonn̄ ðeah þe.   andetnysse.
17. naman he hwæðere.   on.   ðeawum.
18. ellreordig þ he forðon wiflice háde oððe þære unsceðþenda.
19. ylde cilda ne árede.   reðnysse.
20. 7 he langre.   gewéde.
21. geondfarende 7.   þ he.
22. angolcyn.   gemærū.   7 þeah ðe.
23. áre witan.   cristenan.
24. æfestnysse.   hī upp.   gýt to dæg brytta.
25. þ hi angelcynnes.   æfestnysse.   nowiht.

Page 148.	26. him nænigum ðingū má gemænsumian.			þoñ.
B.	27. hæðenū þa wæs.			
	28. eadwines.	eoforwicceastre.		
	29. æfter ðon.	on scē pætres cyrcan.		apłs.ða.
	30. he ær timbrian ongann.		oswold.	hi geendode.
	31. sædon.	geset on.	gregorius portic.	
	32. fram ðæs discypuli.			
	34. æfter eadwines.		ðysse tída frecennessa.	

C. S.	26. ne him nænigum.
	30. he geendade.

O.	26. on ænigum.	gemænsumian.		þoñ hæþenan (23[b])
	mannum þa.			
	28. edwines heafud.	eoforwicceastre.		
	29. æfter.	gedon..... (*five erased*).		on. cyricean
	þæs apostoles.			
	30. timbrian ongan.	óswald.		æfterfyl.gend (i *erased*).
	hi (i *on eras.*).			
	31. sædon.	on scē gregorius.		
	32. fram.			
	34. æfter.	edwines.	ðyssa.	frecenesse.

Ca.	26. hī an ænigū þingū gemænsumian.			þon má þe hæðenū mannū.
	28. edwines.	eoferwicceastre.		
	eft			
	29. ,æfter.	gedón on.	cyricen.	apostoles.
	30. timbrian ongan.	æft fyligend hi.		
	31. sædon.	on scē gregorius.		
	32. frā.	lífes.		
	34. edwines.	ðissa.	frecennysse scs paulinu' genam. .	

Page 150.	1. bysceop.	genam.	him.	æðelburge. cwene ðe he.
B.				t
	brohte 7 him mid fare ḡhwearf eft to ceng lande.			
	ra			
	2. heo, ladðeow.			

C. S.	1. ða cwene.

O.	1. bisceop genam.	æþelburghe to cwene. 7 on his scypgefere.
	2. hiora látþeow edwines þeng þæs cyninges.	

Ca.	1. æðelburhge cwene.	ǽr. 7 on his scípgefere.
	2. edwines þeng ðæs cyninges.	

VARIOUS READINGS. PAGE 150.

Page 150. 3. þegn ðæs cyninges se fyrmesta 7 hi fram honorio ðam
B. arcebysceope.
    4. ealdbalde.   swyðe arwurðe onfangene.
    5. hi eac mid.
    6. yffe his sunu osfriðes.   þa seo.
    7. onsende æfter þam.   oswoldes.
    8. kyninga.   ríce.   (*p*. 123) dægbryhte þam kyninge.
    9. hyre.   hi.   on.   æfter.
  10. gerysenre.   æðelnessa in cyrican bebyrgede.
  11. hire.   manige deorwyðe (*sic*).
  12. þā.
  13. 7 sū gylden calic gehalgod to weofodes þenunge. ða nu gyt
     mæg man sceawian on cantwara cyrican gehealdene.

C. S. 3. fyrmesta.
    5. swylce mid.

O. 3. 7 hie fram.   þam ærcebisceope.
    4. swiþe.   arwyrðlice.   onfangene (*eras. after first* e).
    5. hie swilce.   edwines dohtor an wusfrean (s *on eras.*).
    6. uffa (*on abrasure*).   ósfriðes þa.
    7. modur.   óswaldes.
    8. on.   tó.
    9. hyre.   hi.   on cyldhade.   forð forð ferdon
     (*second struck through*).   æfter.
  10. are hiora æþelnesse.   unsceðenesse (*second* e *scratched into* i).
     on cyricean bebyrigde.
  11. hio.   mid hi.
  12. edwines.   þam.   mycel.
  13. mæl (24ª).   calic gehalgod.   þenuncge.   gena.
  14. ðis.   sceawian gehealden. (*before and after* n *eras. ;* e
     inserted in the first).   on cantwara cyricean.

Ca. 3. 7 hi fram.   þam ercebiscope.
    4. edbalde þā.ª   arwurðlice onfangene.
    5. hi hæfdon swilce eac.   hī.   edwines dohter 7 wusfrean.
    6. uffa.   osfriðes eft.
    7. moder æft.
    8. on.   dægberhte þā.
    9. hi.   on.   forðferdan.
  10. æðelnysse 7 unscæððignysse on cyricean bebyrigde.
  11. cwén.   hí monige deorwurðe.
  12. edwines.   þā.   mycel.
  13. mæl (*p*. 52).   calic gehalgod.   ða nu gyta oðð ðis.
  14. mon mæg sceawian gehealdene on cantwara cyricean.

Page 150.	15. on ða.	æt hrofeceastre seo cyrce.		hyrdeleas forðam
B.	románus.			
	16. bysceop.	fram.	þam arcebysceope.	
	17. ærendracan sended.		7 ða wearð besenced on.	
	18. 7. ꝥ.	bysceop scē.		
	19. cyrcan.	arcebysceopes.	eadbaldes.	
	20. hæfde on ꝥ ðe he.	*from* tide *to* hond *page* 152, 22 *text is from* O.		
	21. ríce astah.	ðæs wuldorlican.		
	22. ðære cyricean.	pauliū¹ þæne he.	þā.	
	23. lichoma.	sybbe.	forlet he on.	
	24. cyrican.			
	25. ꝥ cyrlisc.	eallū.	syðþan.	
	26. ðære cyrcean.	wuniende.	hloðe.	
	27. fulwihte ðam.	feonde oðbræd 7 ðone.	(*p.* 124) oftost.	
	28. ceterehtan gyt to dæge man.			

C. S. 23. eac *deest* (*after* he).
24. on *deest*.   diacon wæs.
28. noman cweðeþ.

O. 15. on.   cyrice.   hrofesceastre (h *and* o *on eras.*).   hyrdeleas forþon.
16. biscop. (*eras.*).   fram.   þam ærcebisceope (e *of* æ *erased*).
17. ærenddracan sended.   honori, (ono *on eras.*).   7 þa wearð besenced on.
18. 7.   ꝥ.   bisceop.
19. cyricean.   ærcebiscopes (e *of* æ *erased*).
20. þa.   oððæt þe he.
28. neh.

Ca. 15. on þa tíd.   cyrice.   hrofeceastre.   hyrdeleas.
16. roman'.   frā.   þā ærceƀ.
17. ærendracan sended.   honorio þā.   7 þa wearð besénced on.
18. 7.   ꝥ.   forasprecena ƀ scs paulin'.
19. cyrican.   arceƀ.   eadbaldes.
20. oððæt.
21. ðæs wundorlican.
22. forlét.   palliū.   frā þā.
23. lichoma.   he forlét eac.
24. iacobū.   7 wæs ꝥ.
25. wér.   eallū þingū.
26. wunigende.   mycle hloðe.
27. fulluhte þā.   tún ðe.
28. neah.   gýt to dæg.

Page 150.	29. forðam he.	In ciricsange.	
B.	30. on sibbe.	norðhymbra.	þ rím.
	31. geleafsumera.	manigra.	cyriclices.

O.   29. cyricsonge (e *squeezed in ; 1st hand*).
      30. norþanhymbra mægþe.

Ca.	29. forðon.	æft fæce on sibbe.	
	30. mægþe.	þ.	
	31. geleafsumra.	cyriclices.	æfter.

Page 152.   1. ða.   dagena full 7 godra dæda.   æfter ðam þa halegan
B.   gewritu.   þ.   wære gefylgende (*after this a break of 1½ lines, and then follows* a eadwine).
           5. A (*space*) eadwine wæs on ðam.   ofslagen.   feng daera to rice.
           6. forða.
           7. mægðe eadwine.   osric.
           8. scē paulinus.   bysceopes.
           9. þo,ne feng to.   æðelfriþes.
          10. eánfrið.   forða he wæs þære mægðe kyningcynnes 7 þas.
          11. mægða norðhymbra geo geára todælede wæron.

C. S.	5. ða wæs on ðæm.	wæs *deest* (*after* ofslegen).
	6. osfriþ.	

O.   2. ha (24[b]) ligge.

Ca.   1. ða.   dagena.
       2. dǽda æft.   ðe.   þ he.
       3. fyligende.
       4. *This and Latin heading of* Bk. III *from* Ca.
       5. eadwine on ðam.   ofslægen wæs ða.
       6. ælrices osfrið.   forðon.
       7. mægðe.   osric.
       8. ƀ.   þā gerýnū.
       9. gelǽred.   ðonne.   to.   æðelfriðes.
      10. suna.   forðon.   þære mægðe.
      11. ðas.   mægðe.   norðanhymbra.

VARIOUS READINGS. PAGE 152.

Page 152.	12. ealre ðære.	kyning.	eanfrið mid *but* mid *struck*
B.	through.		
	13. æþelfriðes sunu (a *later*).		micelre æðelinga geogoþe.
	scotum.		
	14. peohtum wrac,odon.	ðær.	
	15. 7 ða sona. ðe.	ofslagen wés (of *ends the last line of*	
	p. 124 *in* B, slagen wés *is added in the margin by a later hand*:		
	p. 125 *begins* heora).		
	16. heora. hwurfon.	hám.	heora.
	17. rice hwæt æghwæþer.	kyninga syððan.	
	18. ríce. forleton.	ðæs heofolican (*sic*) gerines mid ða.	
	19. gehalgode. east (*dot under* a, *cross stroke through* ſ *making it* f, *not* 1*st hand*). hwurfon. unsyfernessum deofolgylda.		
	20. forluron.		
	21. yldinge æghwæþer,e cadewalla brytta.		
	22. handa 7 mid rihtre wrace hi acwealde 7.		*T begins again*
	at ac hwæðre.		
	23. nehstan. on.	úngeárone.	
	24. fyrde becom. eallum. · werede.		

C. S.   12. se eanfriðes sunu.
        17. to breotona rice.   ond (*for* ono).   ða *deest* (*after* hwæt).

O.   14. wrac. don (*eras. after* c).
       22. hwæþere.   wræce hi acwealde 7 ærest (25ᵃ).
       23. nyhstan sumere on.   ón.
       24. becom.

Ca.   12. ealre.   edwine.
        13. æðelfriðes.   mycelre.
        14. wracode.   ðurh.
        15. and.   ðe.   (*p.* 53) ofslegen.
        16. heora.   hwurfon.   hám.   heora.
        17. rice hwæt þe æghwæðer.   syððan.
        18. ríce.   forlétan.   ðæs.   þā.
        19. gehalgode.   hwurfon.   þā.   unsyfernyssū.
        20. deofulgyldum.
        21. yldinge ægðerne.   brytta.
        22. hand.   hwæðere.   wræce hi acwealde 7.
        23. nyhstan.   on.   ðære.
        24. fyrde becóm.   weorude.

VARIOUS READINGS PAGE 154.

Page 154.
B.
1. adilgode æfter ðon he ealne þone andweald norðhymbra ahte.
2. þ he hi grimsiende.
3. 7 he hi. troianiscan traiscan wales wund . ode (*one letter erased ; corr. not 1st hand*).
4. com. butan.
5. witena. þ. sybbe.
6. gelyce hlyte genyðrode 7 ofsloh.
7. þ. gyt. for.
8. þara cyninga fram. gecirdon.
9. we . de,re heortan (*one letter erased ; corr. not 1st hand*). þæs cyninges forðam þ ða eallū (*rest wanting*).
10. licode. ðara .. kyninga tide tiledon (*two letters erased*).
11. he .. aweg (2 *eras.*). ða. (*p.* 126) trywleasra. 7 þ ylce gear.

C. S.
1. gear anweald.
10. toledon.

O.
1. adylegade æfter. onwe ,. alh mægþe.
2. nalæs. þ.
3. grimsiende. 7 hi. gelicness.
4. com. butan.
5. witena. tó. friþes.
6. þa. ófslogh.
7. þ. laþe.
8. þara cyninga fram. deofulgyldum cyrdon.
9. fore wedenheortnesse. brytta. forþon þ.
10. þara. tide tyledon (ty *on eras.*).
11. hie. getreowleasra. 7 þ ylce gear.

Ca.
1. adylgode. géar onwealh norðanhymbra ahte.
2. nalæs. þ.
3. 7 hi. glicnyss. tráiscan.
4. ða. com. butan geðeahte.
5. witena. hī þ.
6. hléte geniðerade 7 ofsloh ðis.
7. þ. gýt to dæg. for.
8. þara cyninga frā. deofolgyldū cyrdon.
9. wedenheortnesse. brytta. þ.
10. ða eallū. licode. tidum tiledon.
11. hi. getreowleasra. 7 þ ylce gear.

VARIOUS READINGS. PAGE 154.

Page 154.
B.
12. ðæs æfter cyninges.   tiledon þ.
13. ðæs.
14. broþor þ.   cóm mid miclum werede.
15. getrýmede.   brytta.
16. werodum þ he ge ap þ (*the* l *runs into the* a *and forms* d).
17. mihte þa ofsloh.   on ðære.   angle.
18. denisces burna is seo stow (*no break*).
19. git.   ætywed.   on.
20. þær oswold.   þyssū.   cóm 7 ðær.   tacen.
21. cneowu bigde 7 god wæs.   þ.
22. on.   nydðearfe.   biggengum.   heofonlicum fultume.

C. S.
12. toledon.
16. ðæm he gealp.
20. com *ad* cneow *desunt*.
21. god *deest*.

O.
12. æfterfylgendan.   tyledon (y *on eras.*).   ís.
13. ðæs.   óswaldes.   æfter eanfriþes.   sl. ege (a *erased in* æ).
14. broþor þ he com oswald medmicle.
15. manfullan brytta cynincg.
16. unmętum weorodum þam.   þ.   wiðstondan.
17. mihte ofslogh 7 ac,ealde on.   engle.
        w
18. denisses.
19. geen.   ætywed.   on micelre (25ᵇ).
20. osweald to þysssum (*sic*) gefeoh . te (*one eras.*) com.
21. cneow bigde 7 wæs biddende biddende (*second struck through*). þ te he on.
22. nedðearfnesse.   heofonlice (*final* e *on eras.*) fultume.

Ca.
12. æft fyligendan.   tyledon þ.
13. ða.   æft.   þ he com.   medmycle weorude.
15. getrymmed.   ðone.   brytta.
16. unmætū weorudū þe he.   þ hī.
17. mihte ofsloh.   on.   engle.
18. denisses.
19. gýt to dæg ætywed 7 is on.   arwurðnysse.
20. hæfed ðær þe oswald.   ðyssum.   com.   he þ.   tacen.
21. cneow bigde 7 wæs biddende þ te.
22. on swa mycelre neodþearfnysse.   bigengū mid heofonlice fultume.

VARIOUS READINGS. PAGE 154.

Page 154. 23. ꝥ sæd ꝥ.　　cristes.　　hraðe geworhte.
B. 24. on ðam.　　standan sceolde 7 se.
25. sylf wæs wealdende mode on.　　ꝥ.
26. genam 7 on ðone.　　asette 7 hit mid.　　handū bam heold.
27. ꝥ.　　ðegnas.　　hit bestreddon 7 gefæstnedon 7.
28. wæs 7 he.　　upp ahof.
29. to eallum his werede.　　bigean.
30. ure cneowu.　　gemynelice.　　god 7 þone.
31. lyfiendan 7 ðone.　　ꝥ.　　ús fram ðā oferhidigean.
32. ðā réþan.　　myltsunge.　　forðam.
33. ure.　　hi.
34. het.　　morgen.　　ongann.

C. S. 27. bestryðedon.

O. 23. is ꝥ sæd ꝥ he þæt cristes ,reͪde.
24. seaþ.　　on þam hit gestandan sceolde 7.
25. sylfa wæs weallende on.　　ꝥ.
26. genam 7 on þone seaþ.　　handum bam.
27. oðð ꝥ.　　bestyredon 7 gefæstnedon 7.
28. upp ahof.
29. cliopade tó eallum þam werode.　　cw̄ utan.　　bigan úre, 7.　　ᶜⁿᵉᵒʷᵘ
30. god, (7 *rude and pale*).
31. soþan ꝥ he usic from þæm oferhydigan.
32. mildsunge gescylde forþon.
33. ꝥ we riht rice winnað fore.　　ure.　　hie.
34. het.　　morgenne (mor *on eras.*).

Ca. 23. is ꝥ sæd ꝥ.　　cristes mæl hræde weorc.
24. on þā.　　gestandan.　　7.
25. sylfa wæs weallende on.　　ꝥ.
26. genám.　　on.　　handū bam.
27. oððæt.　　bestyredon (*p.* 54) 7 gefæstnedon 7.
28. wæs he his stæfne upp.
29. clypode to eallū þam werode.　　cw̄ utan.　　bigean ure cneowe.
30. god 7.
31. ꝥ he us from þam oferhydigan.
32. þam.　　wát.
33. ꝥ we riht rice winnað.　　ure ðeode ða.　　hi.
34. het.　　morgenne.　　ongan he fór

VARIOUS READINGS. PAGE 156. 157

Page 156.
B.
1. on ðæne.   togeanes gesamnod.   æfter geleafan ferdon þ hi.
2. on ðære.
3. gebedstowe mænig mægen.   gefrēmede.   kyninges.   7.
4. gyt.
5. ðā treowe þæs kyninges halegan.   sponas þwitað 7 scafeðan nimað.
6. ða on wæter.   þ wǣt on geadlede menn 7 on nytenu.
7. hi.   hæle.
8. nemned heofenf,l. d on englisc (*one letter erased*).   7 wæs geára nemned for.
9. þara toweardra.   forðā.
10. ðær þ.   aræred wearð 7 þær.
11. þā cyninge.   ðær gyt.   heofonlice wundra.
13. forðam.   þ.   án mægen 7 án wuldor 7 an wundor (*stroke under 7 án wuldor*).

O.
1. togenes.   earnunge.
2. hi.
3. æfter þon monige.
4. tacnuncge.   7.
5. gen (*on eras.*).   þam trieo ˢ.
6. sceafþan nimað.   wæter sendaþ 7 þ on, wæter.   ón adlige.
7. (26ᵃ) stredað oððe.   hi.
8. ge . nemned (*one eras., stroke of* e *drawn across*).   heofenfeld to nemned *omitted and supplied in upper margin ;*   heo *for* geo.
9. tacnung þære toweardra.
10. þe ær þ.   sceolde.
11. .. þam cyninge (*two erased*).   geen (en *on eras.*).
12. wundor (*on eras.*).
13. forþon.   þ we an.   an wundur.

Ca.
1. hī togeanes gesomnod.   earnunge.
2. þ hi.   ahten.
3. monige.   gefremede.
4. 7.
5. gyt to dæg.   þā treowe ðæs.
6. sceafðan nimað.   on wǣt.   þ wǣt.
7. stredað oððe.   hi.
8. nemned.   wæs heo geara.
9. for.   þæra toweardra.
10. þ.   sceolde.   heofonlice.
11. ðam cyninge.   gyt to dæg heofonlice.
12. wundru gemærsode.
13. þ we án.   an.

VARIOUS READINGS. PAGE 156.

Page 156.
B.
14. man̠num asecgeað.   [eg]   ðyssum halegan.
15. ðam gebroðrū.   circan.
16. hægestealdes ea.   nama.   eode sumre nihte. [he]
17. íse ... wærlice (*three letters erased*).   sæmninga. [un]
18. 7 þeaxle swiðe gestræste. [a]   7 he mid þære.
19. swa (*p.* 128) þ he ne mihte for ði sare his hand to his muðe gedón.
21. gebroðra.   þ.   þam.
22. ðæs arweorðan treowes sumne dæl.
23. 7 cwæð þ.
24. þ.   þ mihte hæle.   7 þurð drihtes (*sic*).   ða dyde se broðor swa se oðer hine.
25. com eft on ham þa.

C. S.
14. mæle gecweden wæs.
22. treowes sumne dæl.
23. gefelde.

O.
14. asecggan ðe.   þyssum.
15. þam broþrum.   cyricean.   h,agostealdes ea þæs nama. [c]
16. sumre nihte.
17. gefeol.
18. gebręc 7 he mid ða.
19. þ.   sare ne mihte furþon.
20. hand to muþe gedon þa.
21. broþra.   þ.   þam.
22. þæt.   arwyrþan treowes hwylcne hugu.
23. þone.   þ.
24. þ he þurh þ mihte.   dryhtnes gyfe þa dyde þe broþor swa he.
25. æfen ham þa þa broþor.

Ca.
14. monegū.
15. þā broðrū.   cyricean.
16. heagostealdes.   nama.   bóthelm.   sumre nihte.
18. swyðe geþræste.   7 he mid þa hefiginesse.
19. þ.   ðy.
20. mihte forðon.   hand.
21. þ.   þā.
22. hī ðæs arwurðan treowes hwylcne hugu dæl.
23. þonn̄ he hā.   cw̄ þ.
24. þ he.   þ mihte.   onfón.   gyfe ða dyde.
25. broðer swa he.   com.   æfen hám.   þa ða ḡ broðru.

VARIOUS READINGS. PAGES 156–158.

Page 156. 26. his gebroðro æt gereorde.   ða brohte he mid him.
B.   27. ðam halegan treowe geweaxen.   þa sæt se his broðor æt beode 7.
      28. handa hwæðere þa gebrohtan.   sceolde.   ða hi on.
      29. bosm 7 æft þam to his ræste gewat 7 forgeat þa þ he on oðre stowe þa lac geheolde 7 hi forðon.
      30. ḡwunedon.
      31. midre nihte þ he wæs wæccende ða.
      32. licgean.   handa.

O.   26. brohte he him.   m,oses. (e above)
      27. treowe geweaxsen.
      28. handa hwær he þæt ge (26ᵇ) brohte.   sceolde.   on.
      29. þa he þa.   ða forgeat he þæt he on oþre stowe þ.
      30. for, on.   . wunian (*one erased*).
      31. midre nihte.   gefe . lde (*one erased*) caldes et.   licgean.   handa.

Ca.   26. brohte he hī.   dǽl.
      27. ðe on þā.   treowe geweaxen.   ða.   7 næfde ða.
      28. honda hwær he þ gebrohte healdan sceolde.   on.   ða he þa.
      29. forgeat he þ he on oðre stowe þ.
      30. ac lét.   on.   awunian ða.
      31. midre nihte ða.   gefelde (*p.* 55).
      32. sídan licgean.   handa.

Page 158. 1. þ.   hand.
B.   2. ne bryce ne nan yfel gedon.
      3. *Begins* A (*space*).   ylca kyning.   ðe.   lufude.
      4. willnode þ te.   ðeod.   he ofer cyning wæs.   ðæs.

C. S.   2. næfre ne.

O.   1. hand swa hale . . . . (4 *erased*).
      2. ne bryce ne.
      3. ono (*out of* And *as* 146, 26).   þa se ylca.
      4. þ.   ða gyfe þæs cristenan.

Ca.   1. þ wære ða.   hand.
      3. ond þà se ylca.   ðæs.
      4. wilnode þ.   ðeod.   þa gyfe.

VARIOUS READINGS. PAGE 158.

Page 158.
B.
5. cristenan geleafan 7 cyðnesse (*rest wanting*).
6. on sigefeohtum elreordigra kynna.
7. (*p.* 129) ealdormonnum ærendracan betwyh ðam he langre hwile wrecca.
8. ðam he langre hwile he fulwihtes onfeng geryno. þegnum ðe mid him.
9. ꝥ hi. ,   bysceop onsendon þæs ðæs.
10. þenunge angelðeode þe he rihte þæs drihtenlican.
11. geleornode 7 ðam gerynū onfeng.   baðe.   hi.
12. tiðedon.   bysceop.
13. modþwærnesse 7 arfæstnesse 7 gemetfæstnesse mann.
14. godes ellen 7 his fultū 7 lufe micle þa se bysceop to ðam. cóm.   stowa 7 bysceopsetl be.

C. S.
10. ðe he rihte.
13. 7 arfæstnysse *deest*.

O.
5. 7 cýþ . nesse (*one erased*).   swiðost.
6. on sige,feohtum (*not* 1*st hand*). [ge]
7. ealdormannum ærenddracan betwyh þa he langre.   wrecca. fram þam.   þegnum þe mid hine.
9. hi ꝥ hi him bisceop onsen,. [de]
10. þenuncge angel (a *out of* o).   he rehte þæs drihtenlican. gyfe.
11. þam gerýne onfeng fulwihte bæþes.   7 hi hine.
12. tiþedon.   bisceop.   monþwǽrnesse.   arfæstnesse 7 gemetfæstnesse mon.
14. ellenwodnesse.
15. þa he þa se bisceop to þam cyningce com þa sealde (27ª).   hī. bisceopsetl on lindesfearona.   sylfa.   7.

Ca.
5. cristenan.   ðæs.   7.   swyðost.
6. on sigegefeohtū.   ða.
7. ealdormannū ærenddracan betwyh þe he langre.
8. frā þā he wulluhtes. (*sic*).
9. mid hine.   hi ꝥ hi hī sumne biscop.
10. ðenunge angelþeode ꝥ he rihte.   drihtenlican.
11. geleornode 7 þam geryno.   fulluhte.   hi hī.
12. getiðedon 7 hī.   aidan'.   mycelre.
13. monþwǽrnysse 7 arfæstnysse 7 gemetfæstnysse mon.
14. ellengodnesse 7 his lufan ða he þa se ƀ to þā.
15. cóm.   hī.

VARIOUS READINGS. PAGE 158.

Page 158. B.
- 16. sylfa bæd 7 se cyning on eallū þingum his maningum eaðmodlice on eallum þingum 7 lustlice hirsum wæs.
- 18. cyrican on.   ríce.
- 19. 7 oft fægeru wæfersyn gelamp ꝥ se bysceop godcunde.
- 20. englisc fullice geleornod hæfde se ðe englisc fullice ne cuðe ꝥ (*two versions confused?*).   sylfa.
- 21. geleornod.   ealdormannū.
- 22. ðære heofonlican.   wealhstod ḡeworden.   ðære.
- 23. *From* of Scotta *to* 162, 10 *þæt text is from* O.   comon.   iglande.   brytene.
- 24. ðam mægðū angelþeode ðe oswald.
- 25. wilsumnesse cristes geleafan (*p.* 130).   7 ða.
- 26. ciricean timbrade.
- 27. manegū stowū.   ðyder.   comon.
- 28. godes word to bodienne 7 to gehyranne.   hi.

C. S.
- 19. ðonne *deest* (*before* se).

O.
- 17. mo. nungum (*one erased*; g *on eras.*; nu *in margin*).   on eallum.
- 18. cyricean on.   timbrade 7 rærde (*1st* r *squeezed in*).
- 19. fægere ∴ lærde (*omitted words in upper margin; variants* gelamp ꝥ; bysceop; godcunde).
- 20. þe.   cuþe ꝥ.   sylfa se þe scyttysc.
- 21. geleornað (l *on eras. of* f; *cross on* ð *partly erased*).   ealdor-
  mannum.   heofo,lican.
- 22. geworden (word *on eras. of which* s *was 1st letter*).   coman.
- 24. angelþeode.

Ca.
- 16. biscopseld on lindesfearona.   ˢᵉᵗˡ sylfa.   7 he.
- 17. monungū eadmodlice.   on eallū þingū gehyrsū.
- 18. cyricean on.
- 19. fæger.   gelamp ꝥ ðonn̄ se ƀ godcunde.
- 20. ꝥ se.   sylfa.
- 21. scyttysc.   ealdormannū.   ðegnū.
- 22. heofonlican.
- 23. coman.
- 24. þā þeodū mægðu (*a circle of dots round* þeodū).   angelþeode   ðe oswald.   mycelre willsumnysse.
- 25. bododon.   þa ðe.
- 26. fulluht ðenedon ða.
- 27. getimbrede.   monegū stowū.   comon.
- 28. godes.   gehyranne þe hi.

M

VARIOUS READINGS. PAGES 158–160.

Page 158. 29. geaf 7 sealde æhta. 7 land. 7 mynster. lif to.
B. 30. scotas.   þeodscipe forþam þe ꝼ.
  31. wæron þe ða.   comon.

C. S. 30. on reogollicne &c. *ad* wæron *desunt*.

O. 30. þéodscype.

Ca. 29. hī geaf.
  30. þeodscipe forðon þe munecas.
  31. coman wæs eac.

Page 160. 1. ðam.   ðam.
B. 2. ꝼ.   eallū.
  3. eallū.   micelre.   ealdordom onfeng mid heanessū.
  4. hwæðere.   sealdon scotta munecū forðam.   hyra.
   ofengeon 7 ðære godcundan lufan.
  6. A fram (*space for* þ). þyssū. þissa. freondscipe.
  7. to læranne.   bysceop.
  8. 7 he se bysceop betwyh oðre. mannū. lifienne.
  9. bysene.   geongrum forlét ꝼ. forhæfednesse.
  10. is lare gefyllste ꝼ he oðrum life ne lifode butan. forða.

C. S. 11. nemne swa. swa *deest* (*i. e. second* swa).

O. 2. þe his is.
  3. heaness (27ᵇ).
  6. Ono *out of original* And.
  11. oþre.   lyfde.

Ca. 1. ƀ.   þā.   þā.
  2. ðe his is nemned ꝼ.   eallū norðscottū.
  3. eallū.   mynstrū.   ealdordom.
  4. hwæðere hit (*p.* 56). sealdon. munucū forðon.
  6. And frā ðissum ealonde. frā þyssa.muneca framscype.
  7. to.   angolðeode.   ƀ.
  8. ða se bisceop.   monnū to lifig,ᵉanne.
  9. bysne.   gingrū forlét ꝼ. forhæfdnysse.
  10. swiðost.
  11. ꝼ oðre.   lyfede butan swa swa. forðon.

VARIOUS READINGS. PAGE 160.   163

Page 160.
B.
12. nowiht ne sohte.   lufode ða þe þyses middan (*p.* 131)
    geardes.
13. ða woruldgod ealle þe hī frā.   7 frā.
14. worulde seal gifene (seal *pale, washed out*).   ða.
15. gife þearfū ræhte 7 sealde þam ðe.   togeanes comon.
16. mynsterstowa.   folcstowa.   he.
17. heorses,   wolde buton hwylc þy mare neod wære ac.
18. fotū.   cóm.   hwylcne.
19. swa ricne 7 swa heanne þonne.
20. ungeleaffulle.   þonne liðode he him ꝥ.   onfengon ðam.
21. gerynum.   ꝥ he hi gestrangode 7 getrymede ꝥ.
22. hyra.   áwunedon to ælmessum (á *ends a line*).
23. fylgnessū he hi arehte.
24. wordū.
25. swyðe.   fram ura.   aswundennesse ꝥte.
26. ealle þa ðe.   him eodon.   bescorenne.   læwede
    swa hwylce.

C. S.
12. nowiht sohte ne ne.
13. god ða ðe.
15. gyfeonde.
17. abædde *deest*.
23. he *deest* (*before* hí).

O.
12. þa þe.
17. ac he eall.
19. hi (*out of* he *by eras.*).
25. (28ᵃ) frā.

Ca.
12. ne sohte ne no lufode.   þa ðing þe ðisses.
13. weoruldgod þe hī frā cyningū 7 frā.
14. mannum þisse weorulde gegyfne.
15. ða þearfū rẹhte.   þa ðe hī togeanes.
16. he ferde geond ealle mynsterstowe ne he.
                              butan.∴.
17. hrycge.   nemne.   hwylc nyd mare.   ac he eall.
18. fotū.   cō.   hwylce.
19. þonn̄.   þā.
                                                    þā geryno
20. wæron 7 he hi laðede.   onfengon , cristes.
21. ꝥ he ða gestrangode.
22. heora.   awunedon 7 to ælmessan.
23. he hi aweahte.
24. wordū.   dædū.
25. líf toscægde frā.   aswundennysse ꝥ te.
26. ealle þa ðe.

VARIOUS READINGS. PAGE 162.

Page 162.
B.
1. swa hi gesohtan oððe hi. sealmas gode sungon 7 leornodon oþðe oðre halige gewrita ræddan oððe þridde in halegum gebedū stodon (*after* hi eras. *of* s).
3. wæs dæghwālic   ealra.
4. ðe him mid.   þ wæs.   hwæðere seldan gelamp þ.
5. þ.   cyninges gereorde gelaðod.   inn.
6. ánū opðe.   7 ðæs þe hi hwon ge (*p.* 131) reorde.
7. raðe.   ḡbede.
8. halgan bysene.
9. ða tíd gehwylce.   wæpnedmenn.   wifmenn þ.   him gewunan.
10. þ he ðurh.   gear.   nihta.
11. þ hi di.   þi sixtan fæsten.
12. 7.   ðæs bysceop.   mannū.   né.   áre.
13. swigian wolde þ he hit him sæde gif hi owiht agyltan ac he mid heardum þreate him to spræc.   hi.   7.   menn.
15. syllan.   butan.   swæsendu.   þam.

C. S.
3. ðara *deest.*
6. oþþe twam.
9. ge wæpnedmen.

O.
4. þa, þe. (ra)
10. hi.   ealle.   butan.   nihta.
11. eastran.   hi.   fæs,tono. nes (1 *eras.*). (tan)
12. 7 he þæs (a *of* æ *erased*).   bysceop.   mannum.   áre. næfre.
13. wolde gif hi ón.
14. hi ónspræc.   7 hi.   7 nænigum (i *out of* e *by eras.*).
15. syllan.   swǽsendo þam.

Ca.
1. hwylcere.   coman.
2. oðre.   halgū.
3. gebedū.   ðis.   ealra ðara.
4. þ.   hwæðere seldon.
5. þ.   simble gelaðod.
7. arás.   út.
8. geferū.   ðysses.   bysnum.
9. tíd gehwylce ǽfeste wepmen ge wifmen.   hī.
10. to gewunon naman þ hi.   eallne gear butan.   nihta.
11. eastran þ hi ðy.
12. 7 he ðes.   rícū mannū.   áre.
13. wolde.   hi.
14. hi.   hi.   7.   rícū (*p.* 57).
15. syllan.   nemne.   þā ðe. (butan)

VARIOUS READINGS. PAGE 162.

Page 162	16. sohtan ac swiðor þa gyfe 7 þ feoh ðe.		menn.		
B.	17. oððe he hit þearfū.	áre gedyde oððe he alysde þamenn ðe			
	(tick under m, to divide?).				
	18. gebohte.	7 he.	monige.	ðe.	
	19. weorðe.	discipulū genam.		ða.	
	20. sacerdhade gedyde 7 þurh his geornesse gelærde.				
	21. secgeað menn þ oswald cyning.		ealande bysceopes bæde.		
	22. mihte his.	fullwihte ðenigean.			
	23. bysceop.	módes mann.			
	24. þa.	angelðeode bodode.			
	25. fremede on.	þ.	ghyran wolde ac hwerf.		
	26. on his eþel.	on ge (p. 133) móte.		witena.	
	27. sæde þ.	nanwiht fremman mihte on.		ðe.	
	28. to sended.	forðam.	menn.	untrymendlice (dot under i).	

C. S.   26. his oþer on (? oþel).
27. meahte 7 his.

O.   16. sohtan.   þa gyfe (y out of e).
17. .þe (eras. of 1).   ðearfum to are.   oððe. [oð above]
18. manna.   7 he monige.
19. weorðe.   discipulū.   genam 7 þa æfter.
20. tó sacerdhade þurh his leornesse getyde (eras. before y).
21. þa (28ᵇ).   ealande byssceopes béde se þe.
22. mihte.   þenian.
23. oþer bisceop.   reþes módes man . (1 eras.).
24. þa.   angel.
25. fremede on.   gehyran.
26. on his eþel.   on gemote hiora witena.
27. sæde þ.   fremian mihte on.   to sended.   forþon þe þa.

Ca.   16. 7 þ feoh.   hī.   menn.
17. oððe þearfū.   are dælde oððe.   sealde.
18. manna ðe.   7 he monige ðara.
19. weorðe.   hī to discipulū genā.
20. sacerdhade ðurh his leornesse.
21. ða.   ealande.   bæde.
22. hī mihte.   fullihte þenian.
23. hī.   réðes módes mon.
24. sū.   angelþeode.
25. fremede on.   þ.   gehyran.
26. on.   eþel.   on.   witena sæde þ.
27. fremian mihte on.   ðære.
28. to sended.   þe þa.

Page 162.	29. elreordiges 7 hi ða.		ðe menn sædon on ðam gemote.	
B.	30. geþeaht.			
	31. 7. þ.		være þ hi wilnodon þ hi ðære.	
	32. hælo gedon mihton.		hi bene wæron 7 hi onfon ne woldon	
	(*rest wanting*).			

O.	29. ellreordes 7 hi.	mén sædon on þam.	
	30. gemote. smea.	unge (1 *eras.*).	
	31. 7 cwædon þ hī.	være 7 hi wilnadan þæt hi.	
	32. mihte þe hi. 7.		

Ca.	29. ellreordes and hi.	ðe.	sædon on ðam.	
	30. geþeaht. hī.			
	31. 7 cwædon þ hī.	være þ hi wilnaden þ hi ðære.		bon^e
	mihton. hi. 7.			

Page 164. 1. þa hi.
B. 2. on ðam. betweonan.
3. witum 7. bysceope siððan.
4. þincð broþor þ,være ðam.^{ðu} mannū.
5. on. láre 7 þ ðu.
6. ne sealdest æfter ðam. þeodscipe meoloc.
7. oð þ ðe he hi sticcemælū afedde beon mid þi godes geleafan þ ða fullfremedan bebodu godes hi onfon mihton. þa ða witan þ gehyrdon.

O. 1. þ hi þam. hi.
2. to sendan þa sendon (*last two words struck through*). on þam.
3. betwih oþrum witum. bysceope syððan.
4. þinceð (i *out of* e *by eras.*). broþur cw̄. þæm þam
  (þam *struck through*). ungelæredum mannum.
5. þonn. on. 7 þ.
6. ne sealdest æfter þam. ðeodscype meolc (c *on eras.*).
7. oððæt þu hi (u *on eras.*). af. edde (*eras. of* 1).
8. worde þ þa fullfremedran 7 þa gehyrau. (29^a) onfon
  mihte þa hi þa þa witan.

Ca. 1. sorhgedon þ hi. hi hī.
  · to
2. sendon. aidā on þā. betwih oðrū witū 7 cw̄.
3. þā. syððan.
4. þinceð broðer þ ðu. þā ungelæredū mannū.
5. þonn. on. 7 þ ðu hī. ærest ne sealeest æft þā.
6. ðeodscipe.
7. nésean. oððæt þu hi styccemælū afedde.
8. worde þ ða gehyrendan. godes beboda onfon.

VARIOUS READINGS. PAGE 164.

Page 164. 9. gecyrdon hi hyra eagan and wlitan.
B. 11. 7 ða. eallra. þ.
12. bysceophades. þ. wære to angelcynne.
13. gyfe. on.
14. hi. bysceope gehalgodon 7.
15. onsendon þa bysceophade onfeng he hæfde he swa swa.
16. ǽr mid þære ḡ metunge (*p.* 134).
17. æfter.
18. oðrū gastlicū mǣgenū. gefrǣtewod ywd. (*stop*).
19. *Begins* þyses, (*blank for illumination*). bysceopes. angelþeode.
20. gelæred wearð þ te. þ án þ. him.

C. S. 20. gelæred wæs þætte. na læs *deest*.

O. 9. gecyrdon hi hiora.
10. 7 h,ora andwlitan. tó.
11. 7 þa hiora. dóme. þ.
12. bisceophade. óngelcynne se þe.
13. gyfe. on.
14. hi. tó bysceope. 7 ósw. alde (1 *eras.*).
15. hiora freondæ (a *of* æ *erased*). láreowe onsendon.
bysceophade.
16. onfangen. hi (*by eras. out of* he). þā (*top stroke not* 1*st hand*) gemetgunge.
17. æfter. oþrū.
18. ḡfrætwed ætywde;
19. þyses bisceopes. óswald. angelþeode (*final* e *squeezed in*).
20. gelæred wæs þte nales (*from* -æs *to* -es *in the margin; and by another hand*). þ he æt him.

Ca. 9. mihten ða hi ða þa witan þas. ða gecyrdon hi.
10. andwlitan. hī.
11. cwǽde 7. dóme.
12. þ. angel.
13. on.
14. hi. gehalgodon 7 oswalde þā.
15. onsendon ða. bhade onfangen.
16. þā gemetgunge.
18. gefrætewod ætywde.
19. 7 mid þysses ƀ (7 *large and coloured*). angelþeode ðe.
20. gelæræd nalæs þ án þ.

Page 164. 21. geleornode. ðā. rīceo heofona gehyhte. onfonne
B. swylce eac.
22. rīceo má. yldrena fran (*sic*) ðam ylcan.
23. onfeng. eorðan gesceop forðam. brytene.
24. cynn. mægða þe syndon. ·IIII· wereda todælde ꝥ. brytta.
25. angle on anweald. 7 þeah ðe.
26. þære heannesse. ahafen. þon læsse ꝥ is (læsse *junctim*).
27. cweþenne ꝥ he symle þearfum 7 elðeodigū mannum eaðmod.
28. fremfull 7 rummod.
29. secgeað menn ꝥ ꝥ. on sumre tīde. halegan easterdæge ꝥ.
30. bysceope sæt his.
31. wæs ahafon toforan 7 þær stodon uuppan micel sylfren disc 7.

C. S. 22. ma ænig.
27. elðeodegum.

O. 21. þæt he þā upplican rīce heofona gehyhtte to anfonne.
22. swylce eac eo,þlice rīce ma ænig his yldrana fram þam ylcan
     gode onfenge (on *on eras., not 1st hand*).
                                           r
23. gesceop forþon all breotoncynn.
24. syndon on. ꝥ is brytta.
25. angla in anweald. 7 þeah.
26. ðā hea,nesse. ahafen. læs . . þæt. (*2 erased before
          n
     þæt, 1 after*).
27. wundur to cweþan, he þearfum 7 ellþeodigum symble.
           ne
28. fremsum 7 rummod (mod *partly erased*).
                                                                   n
29. ꝥ ꝥ. eastor (29ᵇ) dæge. byisceope (*sic*). under,swæsendum.
31. hafen. sylfren. 7.

Ca. 21. geleornode ꝥ. þā upplican rīce heofona gehyhte to anfonne.
22. swylce. eorðlice rīce. þoñ. yldrana frā ðam ylcan.
23. eorðan. breoton cynn.
24. syndon in. gereorda. ꝥ is brytta.
25. angla in anweald. 7. ðe.
26. ðā heannesse ðæs. anhafen. læs ꝥ is.
27. cweðanne he. ellreordigū symble.
28. frēsū 7 rummod.
29. ꝥ ꝥ. easterdæge ꝥ.
30. ƀ. undernswæsendū.
31. hī wæs hafen. mycel. 7.

VARIOUS READINGS. PAGE 166.

Page 166.
B.
1. smeamettū afylled 7 se bysceop nam hlaf 7 senode 7 ðam kyninge.
2. sæmninga.
3. þa he.   ꝥ.   sceolde.   manna.
4. ærendo abeodan 7 sæde þam.   ꝥ æghwanon come.
5. mænigeo (*p.* 135).   weorði full.   bæde.
6. ꝥ het he sona se cyning geniman.   swæsendu.
7. geset wæron.   ðam ðearfū.   ꝥ.   ðone.
8. eall to sticū 7 ðam.   dælde.   bysceop ꝥ geseah.
9. ða.   dǽd.
10. genan (*sic*).   ða be.   handa 7 hine cysde.
11. hand.   ꝥ eac swylce æfter ðam.
12. forðam.   man.   on.   sloh.
13. gelamp ꝥ.   man.   hand.   þi.   ðam lichaman.

O.
1. mid . . cynelicum (2 *eras.*) mettum.   7 se bysceop nam.
2. þam cynincge.   þeng sum in þam.
3. sceolde.   manna ærende.
4. wrecan (r *partly erased; erasure before* c) 7 sæde þam.   ꝥ æghwanan come micel menigio þearfena ꝥ.
5. full.   bæde þa het he sona se cyning niman.
6. ða swasendo (*sic*).
7. ꝥ.
8. tobrę́ce t,sticcum 7 þam þearfum gedǽlan.   bisceop ꝥ.
9. bi.   cynincges genam.
10. be,re (*not 1st hand*).   swi,ran (*not 1st hand*) handa.   cw̄.
11. hand.   æfter þan.   bletsuncge.
12. forþam þa.   on.
13. gelamp hit ꝥ mon aheow . (1 *eras.*) þa hand.   þam lichaman.

Ca.
1. 7 se ƀ nam.
2. þā.   þeng sū in þā he.
3. ꝥ he sceolde.   manna.
4. ærende beodan 7 sæde þā.   ꝥ æghwanone coman menigo þearfan ꝥ.
5. ful.   bæde.
6. ða het he sona se cyning niman.   hī.
7. aséted.   þearfū.   ꝥ.
8. þā ðearfū gedǽlan ða se ƀ ꝥ geseah.
9. ðe hī.   hī.
10. genám.   be.   handa.   cw̄.
11. hand.   ꝥ.
12. forðam.   on.   sloh.
13. ða gelamp hit ꝥ mon.   ða hand.   þā.

VARIOUS READINGS. PAGE 166.

Page 166. 14. gyta. ungebrosnod wunað. þa. hi man on ða cynelican
B. buruh þe man.
15. bebbanburuh 7 ðær on scē pætres cyrcan on. sylfrene.
16. gehealden. swylce.
17. þyses. geornnesse. dere *omitted*.
18. beornica oð þ hi him betweonan úngeþwære 7 ungesybbe.
19. on ane sybbe 7 on an. geteah 7 geþwærode.
20. æþelan. wæs he his swustorsunu. þ.
21. ðæs wyrþe. æþele. æwfæstnesse. ríces. on silfes mægsybbe.
23. Ære (*space*) tíde þa wæs westseaxena ðeod (t *in* west *small and partly below line*). kyninge.
24. on (*p.* 136) fengon bodode him (*after* him 6 *letters erased*). se bysceop.
25. com on brytene gehet h . e (*sic*, 1 *letter erased*).

O. 14. gyta oð ðis ungebrosnade. brohte hi.
15. on þa cynelican burhg. nemneþ bebbanburh 7 ðær on scē petres cyricean on sylfrene.
16. arwyrðlice gehealden. swylce.
17. þysses. geornesse. mægþe norþanhymbra.
18. þa þe oð ðæt. betwih. (30ᵃ) 7 ungesybbe.
19. on ane. 7 on an. geteah 7 geþwær,de. oswal, ᵈ.
20. æþelan.
21. wyrþe þ te. æþele. æfestnesse.
22. óf his sylfes mægsýbbe.
23. þa. cynigelse hiora.
24. onfeng. bisceop.
25. com on.

Ca. 14. gyta oððis ungebrosnad wunað hine mon brohte on.
15. cynelican burh. bebbanburh 7 ðær on scē petres cyricean on sylfrene.
16. arwurðlice gehaldene. swylce.
17. þysses. geornesse þa , . ᵗʷᵃ norðanhymbra dere 7 beornice on ane sibbe 7 on an folc geteah 7 geþwærede oð ðæt hi betwih hī ungeþwære 7 ungesibbe wæron wæs he.
20. sweoster sunu wæs þ.
21. þ te swa æþele. æfestnysse.
22. sylfes.
23. ðære tide westseaxna. cynigelse.
24. onfeng. hī 7 lærde (*p.* 59). birínus.
25. ðæs. com on breotene.

Page 166. 26. ꝧ.   on.   fyrstan.   angelcynnes ðær.
B.
    27. lareow ær ne cóm þe þe,s—ædsæwe (sic).   halegan.   ða.
    28. hadigean to bysceope.   to brytene.
    29. úp on westseaxum (t *as line* 23).   he þær hæðene.   ðuhte.
    30. betere ꝧ.   bodode.
    31. on brytene.   sceolde.   7.   þa.
    32. don^e (e *later*).   gecyrde 7 hine.

O.   26. ꝧ.   on þam fy,^restan.   angelcynnes.
    27. nænig lareow ær có.
    29. upp on westsexsum 7 hi þær hæþene.   þuhte.   betere
        þæt he þær.
    31. fyr.   sceolde 7 he þa.
    32. gecyrde.

Ca.   26. hī ꝧ.   on þā feorræstan dælū angelcynnes.
    27. nænig lareow ær có.   sǽd.   ða.
    28. b.   ða.
    29. upp on.   hi.   hæðene.
    30. hī nyttre (y *out of* u).   betere ꝧ.
    31. on.   sceolde 7.
    32. gecyrde.

Page 168.   1. cristnode.   fullwihtes baðe.
B.   2. ðeode wesseaxū.   gelamp.   in ða sylfan tíd þe mon
        ðone kyning fullode ꝧ ðær.   se sigefæsta 7 se hal,^gesta
        (*perhaps original*).

C.   C. 1^a *begins* 3. þær wæs se *complete from* 5. bæðe.

O.   1. æfter.   fullwihte bæþe.   aþwogh.
    2. gelamp on þa.   syl fan (*sic ;* 1*st* 4 *letters on eras.*).
    3. cyninc fullade þa þær.   sigefæstesta.

Ca.   1. fulluhtbæðe aþwogh.
    2. westseaxum hit gelamp on þa sylfan tid þe.
    3. fullade ꝧ ðær.   sigefæstesta.

172 VARIOUS READINGS. PAGE 168.

Page 168. 4. norðhimbra cyning oswald hæfde his.
B. 5. beweddod.   he his 7 nam.   fullwihtes bæþe.
6. bysceopes handa.   þenunge.
7. þa.   geafon begen þa bysceopas cyningas (*hardly original*) eardungstowe 7 bysceopsetl on dorce ceastre 7 he þær on god gelyfde.
9. halgode.   arfæstū.   manig.
10. driht,e, ferde 7 on ðære ylcan (n̄ 1*st hand*). *Then beginning over* ferde *and between lines* gelærde 7 swa to heofenū 7. (*This is same hand as* cyningas *in line* 7.)
11. 7 æft æfter manigu.
12. se bysceop het.   lichaman úpp adón 7 læddan to (*p.* 137).

C. 4. óswald.
5. Ónd æt.
6. bisceopes handa.   þenunge.   þa.   geafon þæm bisceope begen þa cyningas.
8. bisceopsetl on dorceceastre.   bīsp.
9. cyricean.   gehalgode. Ond.
10. gecyrde.   geendede.
11. Ond in.   æfter monigum.
12. bisceop het.   up adon.

O. 4. norþanhymbra oswold 7 weard (7 *on eras.*, *not* 1*st hand;* e *out of* æ *by eras.*) hæfde.
5. hī 7 nam æt.   bæþe 7 . æt (1 *eras.*).
6. þęs (s *on eras.*) bysceopes handa.   god (30ᵇ) suna.
7. þa.   geafon þam bisceope begen þa cyningas.
8. bisceopsetl on dorc . . ceastre (dorc *at end of line with two erased, 2nd was* t).   7.   lifde bisceop gode, .
9. cyricean.
10. gecyrde 7.
11. ylcan.   bebyriged.   7.   æfter monigū.
12. bisceop het his lichaman úp ádon 7 lædán.

Ca. 4. 7 weard 7 hæfde.   hī.
5. ða.   hī 7 æt fulluhtbæðe nám æt þæs ƀ handa.
6. ðegnunge hī.
7. ða sealdon hí 7 geafon þā ƀ begen ða cyningas.
8. biscopsetl on dorceceastre 7.   ƀ.
9. cyricean.   halgode.
10. gecyrde 7.   geendode.
11. ylcan.   bebyriged wæs 7.
12. monigū gearū.   ƀ het.   úpadon 7 lædon.

VARIOUS READINGS. PAGE 168.

Page 168.
B.
- 13. wintceastre þara eadigra apostola petrus 7 paulus 7 sett is.
- 15. æfter ðissum.   cynegels.
- 16. cenwalh.   to rice.   þ.
- 17. þam gerynum.   7.   æfter medmiclū.
- 18. mihte.   forlet hi ða 7 nam him oðer wif (*no more*).
- 20. him fyrmde 7 here on.   benæmde þa.
- 21. anna nenned mid þam.
- 22. ðreo gear.   ðær ongeat 7 onfang.   soðfæstnesse.

C.
- 13. wintanceastre.   ciricean þæra.
- 15. æfter.   se cyning cynegils.   Ond.
- 16. fengg (? 2nd g *dubious*).   hís.   þ.
- 17. æfter.   ðæs.
- 18. aan.
- 19. sweostor ða.   wife.   nam.
- 20. wíf ða.   fyrd 7 here on.   benam þa.
- 21. ðone.
- 22. gear.   wreccea.   ongeat Ond onfeng soðfæstnesse.

O.
- 13. win,ceastre 7 on cyricean þære (1*st hand*).   [tan]
- 14. arwurðlice.
- 15. æfter þyssum.   se cyning cynigels.
- 16. cenwalh.   to , rice.   þ.   [his]
- 17. þam.   7.   æfter.
- 18. þa . miht (1 *eras.*).   eorþlican.   án pendan sweostor.
- 19. wife.   nam.   oþer wif.
- 20. fyrd 7 here on.   benam þa.
- 21. tó.   ana.   mid þone.   [n]
- 22. þre,gear.   óuget and onfeng (t a *on eras.* a *out of* o, d on *in margin*) soðfæstnesse geleafan 7 gefulwad.   forþon. ðe he.

Ca.
- 13. wintaceastre 7 on cyricean þære.
- 14. arwurðlice.
- 15. þyssum ða.   se cyning cynigels.
- 16. cenwalh.   wiðsóc þ.
- 17. þā.   7 sona.   medmiclū.
- 18. miht forléas.   he eac pendan sweoster.
- 19. hī.   broht 7 nam hī.
- 20. wíf ða teah hine penda fyrde 7 hére on.   benám.
- 21. þa gewát.   mid þone.
- 22. gear.   wræcca.   andgyt onfeng soþfæstnesse geleafan 7 gefullad.

Page 168. 23. gefullad.　　　forðam.　　　he mid wæs wæs gód wæpned
B.　　　mann 7 gódes cynnes 7 haliges 7 gesæliges.
　　　25. eft heræfter.
　　　26. mid ði he ða cenwalh eft on.　　geset.　　cóm on wesseaxe.
　　　27. bysceop of hibernia.　　ealande.　　nama.　　egelbyrht.
　　　29. gewrita.　　on hibernia.　　ealande.
　　　30. 7 he ða.　　þam.
　　　31. lærde ða se cyning his lare 7 his geornfulnesse.
　　　32. þa bæd.　　þ he wunode on.　　biscpas lærde 7 he him sealde arlic setl 7 geseadlic his bysceophades 7 he ða his benū.

C.　　23. forþon ðe.　　wreccea.
　　　24. Ond godes.　　haliges 7 gesælig.
　　　25. eft.　　　1ᵃ ends heræft, 1ᵇ begins 26 ða cenwealh eft and is complete from 27 Scotta.
　　　27. súm bisceop óf hiber . . a.
　　　29. hibernia.　　wunigende.
　　　30. Ond.　　Ond.
　　　31. ða he.　　geornfulnesse.
　　　32. ðeode.　　hira bisceop.
　　　33. Ond.　　bisceopsetl.　　Ońd.

O.　　24. wæpnedman 7 godes.　　haliges 7 gesæliges.
　　　25. eft heræfter ongytan magan.
　　　26. þy he þa cenwalh eft.　　(31ᵃ) ða com on.
　　　27. bisceop of hibernia.　　,lande þæs nama.　　(ea above)
　　　29. gewrita.　　on hibernia.　　ealande.
　　　30. 7 he þa willsumlice.　　tó þā (cyninge in margin; then all to se between the lines; 1st hand).
　　　31. geornfulnesse.
　　　32. geseah , bæd , hine (not 1st hand).　　wunade on.　　bisceop.
　　　　　(þa, he above)
　　　33. bisceopsetl.　　7.

Ca.　23. ðe.　　wræcca.
　　　24. wæpnedman 7 gódes.　　haliges 7 gesæliges.
　　　25. eft.　　ongytan.
　　　26. þy he ða cenwalh eft.　　ða.　　on.
　　　27. b.　　hibernia.　　nama.
　　　28. (p. 60) ac for leornunga.
　　　29. gewrita.　　mycelre.　　on hybernia.　　wunigende 7.
　　　30. ða.　　þā.
　　　31. ða he ða.　　geornfulnysse.
　　　32. geseah þa.　　þ he wunede on his ðeode.　　b.
　　　33. hī.　　bisceopsetl.　　7.

VARIOUS READINGS. PAGES 168–170.

Page 168. 34. manige gear. ylcan ðeode on bysceoplicū (*p.* 138) anwealde.
B. 35. þa. nystan. westseaxna reorde cuðe (t *in* west *at end of line* 1*st hand* ?).

C. 34. benum. gear. ðeode. Ond bisceoplicū.
35. ðe.

O. 34. benum geþafade. gear. ylcan. bisceoplicum.
35. onwalde. nyhstan. se þe.

Ca. 34. géar. ylcan.
35. onwalde. nyhstan.

Page 170. 1. aþroten. aspeon him ða on wesseaxe oþerne bysceop se
B. wæs wine haten 7 se his gereord cuðe.
3. on. ríce. 7 he ða. on ·$\overline{\text{II}}$· scira westseaxena (t *in pale ink*).
4. 7 þam. sealde bysceopsetl on wintceastre.
5. ægelbyrht. gebolgen forðam.

C. 1. an. gesprece. Aspeon ða.
2. oþerne bisceop. Ońd.
3. bisceopscire.
4. Ond ðæm. bisceopsetl.
5. wintanceastre ða. forþon (n *partly gone at end of line ; no more on line*). þe *deest* C. S. (*after* forþon). cyninge (*sic*) ; *begins line*.

O. 1. an. aþroten ellreordre (2*nd* r *on eras.*). gespræce (a *of* æ *erased*). aspeon þa on.
2. oþerne bisceop se þe. cuþe.
3. se wæs on. gehalgad 7 he ða. tó dælde on twa bisceopscire.
4. westsexna mægþe 7 þam. bisceopsetl on win͞,ceastre.
5. ða wæs ægelbyrht swiðe · bolgen (a *erased*) forþon þe se.

Ca. 1. an. aþroten. ællreordre gespræce aspeon ða on.
2. ƀ.
3. he wæs on. 7 he ða. on.
4. 7 þā. biscopsetl on wintanceastre ða.
5. ægelbyrht swyðe. forðon þe se.

VARIOUS READINGS. PAGE 170.

Page 170.
B.
6. butan. ða. brytene 7 hwearf (*dot over f which is not original*). on.
7. on. ríce 7 he þær onfeng.
    biscopdō
8. ceastre, (*pale*). ðær eald. full.
9. þa. manegum. æfter. aweggewitennesse.
10. brytene ꝥ te. ádrifen fram þam ylcan (á *at end of line*).
11. bysceopscíre. myrcna cyninge.
12. 7. feo. ꝥ bysceopsetl on.
13. bysceop. 7. wesseaxena.

C.
6. butan. gedyde. ða. Ond.
7. agen. Ond he þær onfeng.
8. bisceopscire pari . siace (1 *eras.*). eald.
9. naht monegúm gearum.
10. óf. ꝥ te. frō.
11. of his bisceopsetle · ða.
12. feo ā bohte (*end of* 1ᵇ).

O.
6. butan. gedyde gewat (at *on eras.*). of brytone. on.
7. on. 7 he þær.
8. bisceopsciré. ald⁷, godra. full.
9. gearum. æfter his onweggewitenesse.
10. ꝥ. (31ᵇ) fram þam ylcan.
11. bisceopsetle (sce *on eras.;* b *out of* m) ða. wu,fhere myrcna cyninge.
               ,setl on lundenceastre 7 his bisceop
12. 7 mid feo. biscop,wæs (*not* 1st *hand*).
13. oþ his d . aga (1 *eras.; first* a *touched up at top*). 7 swa wæstseaxna mægð.

Ca.
6. butan. gedyde gewát. breotene 7 hwæarf. on.
7. on. 7 he þær.
8. biscopscire. full.
9. æft. monegū.
10. breotene ꝥ. frā þā ylcan.
                    h
11. ƀ setle ða gewát. wulfere myrcna.
12. cyninge 7 mid féo. hī ꝥ biscopsetl æt.
13. ƀ. 7.

VARIOUS READINGS. PAGE 170.

Page 170. 14. wæron butan bysceope.
B. 15. þære tide ða. swylce.
16. ðeode. þam hefegestū wanengū. ríces. fram.
17. þa com. nyhtan. ꝥte.
18. ǽr. getrywlesnes. 7 æft þa cristes.
19. ongeat ꝥ he hæfde (*rest wanting*).
20. ꝥ te. butan bysceope 7 ꝥ.
21. ætgædere. (*p.* 139) fultume. wæron.
22. ærendgewrit on. ægelbyrhte þam bysceope.
23. bæd hine ꝥ he eft. þam.
24. bysceopsetle. ðeode. ꝥ. mihte.

C. S. 17. to gemynde.

O. 14. butan bisceope þære þeode (*omitted words written above; variants* sylfan ; swylce ; *same hand as in line* 12).
16. hefigestum. rices. fram.
17. geswenced. com. nyhstan. ꝥ hi,ær.^ne
18. getreowleasnes óf. 7.
19. ongeat ꝥ te.
20. on . w,o . h (*erasures*, 1 *before*, 1 *after*, 1 *above* wo, *probably* þ e ; r). þæt seo. butan bisceope. ꝥ hi ætgædere
21. godcumdan (m *with last stroke partly erased*). fultume. forþon.
22. ærenddraca on.^n tó æþelbryhte þam bysceope and (a *on eras.*).
23. hi . ne (e *eras.*). he eft. þam biscopsetle.
24. ladade.^he ꝥ he ne mihte.

Ca. 14. mycelre. butan ƀ.
15. sylfan. ða. swylce.
16. ðeode. þā hefigstū wonungū. rices. frā.
17. feondū geswenced. com hī æt nyhstan on gemynde ꝥ.
18. getreowleasnys. adráf 7.
19. ongeat ꝥ te.
20. on ðweorh gedón ꝥ. butan bisceope 7 ꝥ hi ætgædere.
21. fultume.
22. ærenddracan on. æþelbyrhte þam ƀ.
23. eadmodre. bǽd ꝥ he eft. þā ƀ setl.
24. ðeode ða. cw̄ ꝥ. mihte.

Page 170.	25. forðam.	onfangen.	agenre tide ceastre bysceopscíre 7 hwæþere.
B.	26. geornlicum *out of original* geornucum (?).		ƀ. fultum.
	27. 7. onsende.	eleuþerium.	
	28. 7 cwæð ƀ. ðone mihte.		bysceope gehalgian.
	29. wiste. geearnunge 7 he.		
	30. frā þam. fram þam leodum eallum arweorðlice onfangen 7.		
	31. ðeodorū. ðe. arcebysceop cantwara cyricean 7 þære burge 7.		
	32. bysceope. 7 he.		
	33. on ðære ylcan. 7. æfter ealles sinoþes.		

C. S.   29. ond his.

O.
25. forþon.   he onfangen (he *out of* hi; a *out of* o; *last* e *on eras.*). cestre bisceopscire 7 hwæþere.
26. benū ƀ.   fultum.
27. sohte 7 he him fultum sohte (*last 5 words struck through*). 7 he him onsende tó letutherium (1*st* t *partly erased*). mæssepriost.
28. cw̄ ƀ.   mihte.   hī tó (*all four on eras., not* 1*st hand*). gehadian.
29. wiste on his (n *and* is *on eras., hand as in* l. 28).   geearnungnū 7.
30. fram þam.   7 fram eallum þam leodum árwyrðlice onfangen (a, e *on eras.*).
31. 7 ða bædan.   ærcebisceop (a *in* ær *erased*).   contwara burge cyricean ƀ he (32ᵃ).
32. tó biscope gehalgod, 7 he.
33. on þære ylcan cestre 7.   æfter ealles sinoþes.

Ca.
25. onfangen.   ƀ scire.
26. 7 hwæðere.   geornlicū benū ƀ.   hī fultum.
27. 7 he hī onsende to leutherium (*p.* 61).
28. cw̄ ƀ.   mihte.   hī to ƀ gehadian.
29. wiste.   geearnungū 7.
30. fram ðam.   frā eallū ðam leodū arwurðlice onfangen.
31. 7.   theodorū þe ða.   arceƀ cantwareburhge cyricean ƀ.
32. ƀ.   7.
33. on.   ylcan.   7.   ealles sinoðes.

VARIOUS READINGS. PAGE 172.

Page 172. 1. gear.　　　bysceophad.　　　miclum.　　　rihte wesseaxena.
B. 3. A *space*.　　　fram.
4. menniscnysse ꝑ ealbald cantwara cyning of ðyssum life gewat 7 eorcenbyrht.
5. ríce.　　　ꝑ æðelice geheold 7 rihte styrde ·XXIIII· wintra.
6. monoð ðæs cyning.
7. angelcyninga on eallum his (*p.* 140).　　　het.
8. 7 swylce.　　　ꝑ.
9. fæsten ær eastrum be.
10. ærcongote.　　　fǣne.　　　ꝑ.
11. æþelum aldre · wæs seo fæmne gode þeowiende on þam.
12. on franclande.　　　fram.

O. 1. dome (*last stroke of* m *on original* e, *which is erased*).　　　gear.
bysceophad.　　　rihte (i *out of* e).
2. westsexsena þeode.
　　　　　　　　　,7 feowertig wintra
3. ða.　　　wintra, fram.
　　　　　　　　　　　　　e
4. ꝑ.　　　cantwara.　　　forðferd, (forð *on eras.*) of ðyssū (u *on*
　　　　　　　　　　　　　　　　　　　　　　　　　　　　y
eras.) li . fe (*eras. of* 1) 7 ercenberht.　　　ǽþellice.　　　st . rde
(e *erased*).　　　ðes.
7. angelcyninga on.　　　het deofolgyl (*sic*).
　　　　　　　　　　o
8. 7 swilce.　　　fe,wertiglice fæsten healden beon ær . . eastrum
(2 *eras.*) be witerædæne (*last* æ *into* e *by eras.*).
10. ercengote wæs mycelre.　　　ꝑ.
11. æþelum ealdre (1*st* e *added in margin*) ge . ras (1 *eras.*).　　　hío
sio.　　　þeowiænde (a *of* æ *erased*).　　　on þam.
12. þe (e *out of* o) on franclande.　　　fram þære æþelan.

Ca. 1. géar.　　　ƀ hád.　　　mycele gehrece.　　　rihte.
3. ða.　　　frā.
4. menniscnysse ꝑ.　　　cantwara cyning forðferde 7 ercenberht.
5. ꝑ æðellice.
6. styrde XXIIII.　　　ðes.
7. angelcyninga on eallū.　　　rice het deofollgyld.
8. 7 swylce.　　　ealdorlicnysse.　　　ꝑ.
9. healdon ær eastrum be witehrædenne ðæs.
10. ercengote.　　　mycelra mægna fæmne. ꝑ eac swa æþelū.
11. geras.　　　on þā.
12. on franclande.　　　frā þære abbadissan.

VARIOUS READINGS. PAGE 172.

Page 172. 13. on.   ðe.   ís imbrige ac on þa tid þa gyt næran na
B.   manige of brytene for inntingan munuclifes gewunedon secan
              fracena mynster.
      16. swylce eac kyningas.
      17. menn.   dohtora (*dot*).   þyder to lare 7 to geþydenne ðam.
      18. 7.   on þyssum mynstrū onbriige.
      19. on cáale 7 on andelegū.   betwyx þam.   seðryþ.   wifes.
      20. gecyndelic.
      21. æþelbryhtes (s *partly effaced*).   æghwæþer wæs heora elðeodig.
          hwæþere.
      22. heora geearnungū ꝥ hi buta.   abbudessan on briige.
      23. ðæs ylcan.   dohtor þa ercengotan be ðære (*rest wanting*).

C. S. 15. of ðære breotone.

O. 13. abbudissan.   on.   on brige.
        14. on þa tid þa gyt (*on eras.*).   getimbrade on angelþeode 7
            forþan monige óf þære breotone.
        16. gewunadon secean francna myn̦ter.   swilce.
        17. tó.   þam.
        18. 7 swiþust on þyssum mynstrum on brige 7 on cale 7 on andelegū.
        19. (32ᵇ) betwih.   sǽþryþ.   wifes.
        21. æþelburh æghwæþer hiora.   elðeodig.   hwæþere for hiora.
        22. geearnuncge.   geþungon (o *out of* e) ꝥ hi bua (u *on eras.*).
            ᵇ
            a,buddissan.
        23. on briige þam.   ðæs.
        24. sexburh.   ærconberhte, wif cantwara.   hio.
        25. ercongotan.   þære.

Ca. 13. fara.   on ðere.   on brige.
         14. on.   gýt.   monige mynstra getimbræde on angelðeode forðon.
         15. monige of breotone.
         16. gewunedon secan francna mynstro.   swylce.
         17. þā.
         18. 7 swyðost on þyssū.   on brige 7 on cale 7 on.
         19. betwyh þá.   wifes.
         21. æþelburh.   ælðeodig.   hwæðere.
         22. ꝥ hi buta.
         23. on briíge ðam.   ðæs ylcan cyninges yldre dohter sexburh.
         24. ærcenberhtes wif canwara.   hæfdon hi.
         25. ða.   gehaten be þære.

VARIOUS READINGS. PAGES 172-174.

Page 172. 26. þysse.   manig.
B.   27. manig.   frā þam bigengū.
         28. oþ ðysne andweardan dæg. Ac we sculon nu.
         29. hwæthwego.   hyre forðfore (p. 141) secgean.   ꝥ hefonlice.
         30. 7 ða þam.   nealæcte hyre gecigdnesse.
         31. ðyssum.   ongann.   ymbgangan.   hus ðæs.

C. S.   30. gecennesse.

O.   26. þysse fǣnan.   gehalgadre.
         27. tacon.   fram þam.
                     n
         28. gewu,iað.   ðisne 7 weardan dæg sæd.
         29. hyre.   ánre secggean hu hio ꝥ.
                        on   ge
         30. geshote ond (d *out of* o) þe, þam.   nealæcte hyre gecy., dnesse
             (n *eras*.).   þyssum.   ongan.   ymbgangan þa hus þæs
             mynstres.

Ca.   26. ðisse.   gehalgadre monige.   mægna.
         27. tacon.   frā þam bigengū.
         28. ðisne andweardan.   gesæde.   we sceolan nu.
         29. ꝥ.
         30. (*p.* 62), gesohte on þam dæge þe genealæhte hyra gecygednesse.
         31. þyssum lífe ða ongan.   ymbgán.   hus þæs mynstres.

Page 174. 1. þeowena.   þara ðe gelyfedre yldo oððe on gecorennesse.
B.   2. þeawa maran 7 brædran.
          3. 7 heo.   hyra gebedrædenne wæs biddende 7.

C. S.   1. geleofe.
         3. gebeda.

                                                          fed
O.   1. þæra (a *of* æ *erased*).   þeowena 7 swiðust þara þe gely ·, re
            (1 *eras*.) yldo.   oððe on gecorenesse heora þeawa (a þeaw
            not 1*st hand*) maran 7 beteran.
                                                 o   ne
         3. 7 hi . (1 *eras*.) ealle eaðmodlice he,ra gebedræden, (ræden *on*
            eras.) bæd.   hym.

Ca.   1. ðeowna 7 swyðost þara ðe gelyfedre yldo.
         2. oððe on gecorenesse.   þeawa maran 7 beteran.
         3. 7 hi ealle eadmodlice heora gebedræddenne bæd.   hym cydde.

VARIOUS READINGS. PAGE 174.

Page 174.
B.
4. sæde þ. geleornod hæfde onwrigenesse hyre endedæges.
5. hyre forðfóre þ. sæde. þ.
6. onwrigenes ðyllic. 7 cwæð þ. gesawe.
7. hwitra manna on þ ylce. hingangan 7 þ.
8. heo frægn hi hwæt hi sohton. hi woldon þær.
9. ða andswaredon hi. þ hi. ðam. þyder.
10. þ hi sceoldon þ gyldene. geniman þ te ðyder.
11. of cantwara mægðe cóm. on ðære sylfan nyhte þam ytemestan.
12. þ is þ hit. ongann 7 heo. ðystro þyses andweardan.
13. oferstah. þam upplican leohte becóm heofona.
14. 7 monige.
15. þe on oþrum husum wæron sædon þ h̊ swutollice gesawon 7 gehyrdon engla sang 7 eac sweg gehyrdon micelre mænigeo.

O.
4. sæde þ. geleornad hæfde ón ónwrignesse þ hyre endedæge (ad *originally* að).
5. hyre. ne,h.ͣ sæde hio. þ te.
6. onwrignes þys (þys *on eras.*). þ hio gesawe.
7. (33ᵃ) manna 7 fægera on þ ylce. ingangan 7 þ.
8. hio þa hi frune. hi sohtan. hi þær woldan.
9. þa 7 swarod,ᵒⁿ hi (*eras. under* on). þ hi. . þiderᵇᵘⁿ (1 *eras.*).
10. þ hi sceoldan þ gyld,ᵉne. geniman. þider.
11. com. on þære sylfan niht þam ytemestan.
12. þ. ongan þ hi,.ͦ þystro ðysses 7 weardan.
13. oferstagh. þam upplican. ferde.
14. 7. broþra.
15. on oþrū husum. sædon þ hi sweotolice. sang gehyrdon ge eac sweg ⁓ gehyrdon (g. g. e. s. *added in margin, followed by curve*). swa (*once*). menigio on þ.

Ca.
4. þ. geleornod hæfde onwrihgennysse þ. endedæg.
5. sæde heo him þ . (1 *eras.*).
6. onwrihgnes. cw̄ þ. gesawe.
7. manna 7 fægera on þ ylce. ingangan 7 þ.
8. ða hi frune. hi sohton oððe. hi þær woldon.
9. ða 7 swaredon hi. þ hi. ðon ðider.
10. þ hi sceoldon þ gyldene. hī geniman þ te ðider.
11. cóm ða. on. sylfan niht þā ytemæstan.
12. þ is ða. ongan þ. ða ðystre ðysses 7 weardan.
13. oferstáh. þā upplican. ferde.
14. 7.
15. ðe on oðrū husū. sædon þ hi. sang gehyrdon swegende swa mycelre menigeo on þ.

VARIOUS READINGS. PAGE 174.

Page 174. 16. þ.
B. 17. gangan 7 hi.
18. þ. þa gesawon hi. þyder (*p.* 142) cuman.
19. þ. halegan saule fram ðam bendū. lichaman onlysde.
20. þam.
21. Eac hi icton to. sædon oþre. ða þe godcundlice ætywed.
22. on þam ylcan. nú. lange. secanne.
23. lichama. arweorðan. 7 ðære.
24. on. stephanus cyrcan on ðæs ærestan martires 7 ðæs eadegan.
25. þa ðuhte. gebroðrum. ðriddan. ðe.
26. þ hi woldon. ðe.
27. hearan 7 gesylicor asettan on ðære stowe.

O. 17. gangan 7 hi sona arisan. eodan.
18. þ. gesawon hi mycel.
19. þ. saule fram þam ben,ᵈum.
20. onlysde 7 tó þam ecum geleafan. heofon, eðles ᵉᶦᶜᵃⁿ (eðl *on eras. of four*).
21. ætycton hi. sædon oþero wundero. þa þe godcundlic (e *erased*) ætywed.
22. on þam ylcan. þa þe nu tó lang. secgeanne.
23. ða. bebyriged. lichama þære arwyrþan.
24. on. cyricean. eadigan martyres.
25. broþrū. hio.
26. bebyriged wæs woldon. ᵇʰⁱ byrigen (33ᵇ).
27. heaór. on þære on þære (1*st struck through*) ylcan stowe.

Ca. 17. gangan 7 hi. út eodan.
18. þ. ða gesawon hi mycell.
19. þ. saule frā þā bendū ðæs.
20. onlysde. þā écū geféan.
21. 7 ætycton hi. sædon oðre wundru. godcundlic ætywede.
22. on þā ylcan. lang.
23. ða wæs bebyriged. arwurðan.
24. on. cyricean. ðæs eadigan martyres.
25. þā gebroðrū. ðriddan. ðe.
26. bebyriged. þ hi woldon ðone. ðe. byrigen.
27. heaor. ʰᵉʳʳᵉ on. ylcan stowe.

Page 174. 28. þa hi hine aweg dydan ða cóm.
B. 29. swetnesse. ꝥ te. ðam hiwum.
30. ðe. man hordern ontende þe balsamū on wære 7 ða deorwyrþestan.
31. þa swetestan. ðe on.
33. swylce. hyre. æþelbyrhte.

C. S. 28. hine ða. ða com *deest*.
31. ðara ðe.

O. 28. hi hine þa ónweg adydon þa com. byrigenne.
29. mycel swetnesse stencg ꝥ. þā hiwum (w *on eras.*).
30. ætstodan. món heddern ontinde þa baldsami 7 þære deorwyrþestæna.
31. swettestena (test *on eras.*). on (*out of* om).
33. swylce. hyre modri . e (1 *eras.*) æþelburh (u *and* h *on eras.*) leofe (*last* e *on eras.*) be þære (þæ *out of* we).

Ca. 28. ða hi hine onwæg adydon. com. byrigenne. mycel swetnysse stencg ꝥ eallū þā hiwū.
30. ðe. heddern. þa bal,sami.^d
31. þæra deorwurðestena. swetestena þe on.
33. swylce eac hyre moddrige. æðelburh.

Page 176. 1. y̑r sædon^æ ꝥ wundor hyre écre clænnesse. on.
B. 2. hyre lichaman. hyre. mare.
3. æfter hyre deaþe gecyþed þa heo. ða ongann.
4. hyre. cyrican timbrian mare eallre.
5. on. wilnode ꝥ hyre lichama.

O. 1. sædon þæt wuldur. clænnesse 7 mægðhádes on mycelre (g *in* mægð *afterthought*).
2. lichaman. má æfter hyre. hio abbuddysse (*sic*). ongan hio.
4. hyre. cyricean^i timbran. on are. halig,.^{ra}
5. hío. ꝥ hyre lichama bebyriged.

Ca. 1. sædon ꝥ wunder. clænnysse. on mycelre.
2. forhæfdnysse. má.
3. deaðe (*p.* 63). abbudesse. ongan.
4. cyrican getimbrian on are. ,apostola.^{haligra}
5. ꝥ. bebyriged.

VARIOUS READINGS. PAGE 176.   185

Page 176.   6. eac þa ꝥ.   cyrican (p. 143) healf.
B.   7. on ðære stowe.
            8. wilnode.
            9. æfter hyre deaþe ꝥ ða gebroþor oðerre.   swiðor gimdon.
           10. þysse circan getimbru forleton.   þa ða seofon gefylled.
           11. gesohton hi.   for ungemetnesse.
           12. ꝥ te hi.   forleton.   ðysse cyrican.
           13. abbudessan bán.   adón.   oðre.
           14. cyrcan.   wæs 7 gehalgod hi gesettan 7 hi ða.
           15. hyre.   7 hyre lichaman.
           16. 7.   fram.
           17. liclicre gewillnunge.   úngewemmed 7 hi ða.
           18. lichaman aþwogon.   oðrum.   gegiredon.

                                            l
O.   6. ꝥ.   cyricean.   heaf wæs geworht.
            7. hio mid deaþe.   ær hio.   on (o on eras.).
            8. sylfan.   cyricean.   bebyriged wæs ða.
                                                       o
            9. æfter hyre deaþe.   broþor oþerra we,rca swiðor gymdon
               (y on eras.).
           10. þysse cyricean getimbro forleton.   final gear . (e eras.).
                      ron
           11. gefylled wæ, (remains of s).   hi.   unmætnesse.
           12. hi.   þysse cyricean (34ª).
                      ban
           13. abbuddyssan, upp adydan.
           14. gehalgad.   7 hi.
                                                t
           15. hyre byrigenne 7 hire lichaman gemet,on.
           16. 7.   hio.   fram.
           17. licumlicre willunge.   unwemme wæs (wæs partly erased).
               7 hi.
           18. lichaman aðwogan.   oþre.

Ca.   6. cyricean hwæthwugu.   gworht wæs.
            7. geendigan.   on.
            8. sylfan.   cyricean.   wilnode bebyriged.
            9. ꝥ ða broðor oþra.   swyðor gymdon.
           10. þysse cyrican getimbru forlætan VII géar ða ða.   gear.
           11. gefyllede.   hi.   unmætnysse.
           12. ꝥ hi eallunga forlæten.   þysse cyricean.
           13. bán.   adydon.   oðre cyrican.
           14. getimbrod.   7 hi ða.
           15. byrigenne 7.
           16. 7.   frä.
           17. licumlicre willunge.   ungewemme wæs 7 hi ða.
           18. aðwogon.

VARIOUS READINGS. PAGE 176.

Page 176. 19. on cyrican.   eadegan martyres scē stephanes.
B. 20. tíd ís þære.   on.
 21. weorðad þy nemned.   nonarum iuliarum. Hæfde (H *large, no break*).
 22. cristena.   norðhymbra ríce nygan gear togeteledū.
 23. arleasnes brytta.
 24. onwegacyrnes fram.   angelcyninga.
 25. onscunegedlic wæs swa we.   sædon.   þissa.
 26. sloh man.   wæs þ hefig (*p.* 144).   7 micel.
 27. fram ðam ylcan hæþenan kyninge.   hæþenan.
 28. myrcna frā þam.   foregenga eadwine ofslagen.   on.
 29. ðe.   mæresfeld.   licumlicre.
 30. ·XXXVII·   sloh.

C. S. 29. maserfeld hæfde he oswald.

O. 19. cyricean.   martyres.   stephanes þære abbuddissan.
 20. gemynddæg. (*eras. of* 1).   ðas.   on þære stowe on miclū.
  weorðad.   þý.   iuliarū.
 22. óswald se cristenesta.   nygan.
 23. rice.   arleasnes.. (2 *erased*).
 24. cyningæs (a *of* æ *erased*).   onwegacernes fram.   angel-
  cynin, (in *on eras.*).
 25. ær (*omit*).   sædon þa se ryne (*on eras.*) þissa.
 26. slogh mon óswald wæs.   7 micel (7 *out on margin*).
 27. fram þam ylcan hæþenan.   hǽþenan.
 28. myrcna fram þam.   ófslegen.   on.
 29. nemned ís.   osw.ald (e *erased*) licumlicre.
 30. ðritig.   slogh.
 31. mónþes.

Ca. 19. gesettan in cyricean.   martyres.   stephanæs.
 20. abbudissan.   tíd on.   stowe on miclū.
 21. weorðeod.   is nemned.
 22. cristenesta.   rice togeteledū nigon geár ðy geare.
 23. arleasnes.
 24. onwegacerrednes frā.   angelcyninga.
 25. onscunigendlic.   sædon.   ðissa.
 26. sloh.   7 wæs.   gefeoht micel.
 27. frā þā ylcan hæðenan.   hæðenan.
 28. myrcna frā þā.   on.
 29. ðe.   7 oswald hæfde licūlicre.
 30. XXXVII.   slogh.
 31. augustus.

VARIOUS READINGS. PAGE 178.

Page 178.
B.
1. hwylc ðæs.   geleafan.   wilsumnes on god.
2. ꝥ.   deaþe mægena wundrum mid wæs geciged forþon on ðære.
3. leodū campade.   fram þam hæðenū.
4. þisne andweardan dæg 7 þær.
5. manna 7 nytena mærsode wæron.   þanon gelamp ꝥ te.
6. ða sylfan.   lichama.   gefeoll manige menn nimende.
7. on wǣt.   mannum.
8. nytenū.   sona him wel.   7 ꝥ menn gelomlice.
9. ꝥ hi ða moldan.   ꝥ.
10. ꝥ te.   wæpnedman man milite.
11. sweoran on gestandan ne ꝥ to.   þeah on ðære.
12. deaþes.   untrume onfenge.   mid þy he.
13. untrumū 7 ðearfum árede.

C. S.
12. se symble.

O.
1. hwilc.   cynincges gelea,.   wilsumnes (34^b) on·   [fa above gelea]
2. ꝥ æfter.   deaþe.   gecyþed forþon.
3. on.   eþle.   compade 7 fram þam hæþenum.
4. ðysne andweardan dæg . (e *erased*).
5. manna.   mærsode syndon ðanon gelamp ꝥ.
6. sylfan.   lichama gefeoll.   nymende.
7. on.   sealdan.   untrumum (u *and first stroke of* m *on eras.*).   mannum.
8. wel wæs 7 ꝥ . me . n (*eras. of a and* g) to ðon.
9. styccemælum þæt hi þa moldan nóman.   ðæt.
10. þæt.   oð.
11. swiran onstandan.   ꝥ swiðe to wundrianne ís þeah on.
12. deaþes.   symble mid þy he lyfde untrumū 7 þca,fum arede.   [r above þca]
13. ælmess,.   hiora.   [an above ælmess]

Ca.
1. 7 hwylc.   wilsumnys on god.
2. ꝥ.   wundrū.
3. on.   leodū compode 7 frā þā hæðenū.
4. ðisne 7 weardan.   ꝥ.
5. manna.   mærsode syndon ðanon gelamp ꝥ.
6. ða sylfan.   gefeoll.   nymende.
7. on wǣt.   sealdan.   untruman mannū.
8. neatū.   hī.   wel.   7 ꝥ.
9. (*p.* 64) styccemælū ꝥ hi ða moldan nomon.   ðæt ðær.
10. ꝥ.
11. swiran onstandan.   ꝥ.   wundrianne is þeah on.
12. onfenge þe symble mid þy he lyfde untrumū 7 ðearfū arede.

VARIOUS READINGS. PAGE 178.

Page 178. 14. 7 moni.   earan.

B.
15. sægde þ inn ðære stowe genumene (*rest wanting*).
16. Ac us nu genihtsumað þ we on god gelyfan (*p.* 145). þa gelamp nowiht.
18. þ te.   æfter.   mann rád.
19. ðære.   þa ongann.   sæmniga.   gestandan.
20. 7 him fám.   ðam.   ut eode.   þ.
21. sar.   miclode oð þ hit on eorþan.   ða lyhte.
22. eoredmann 7 þæne bridel of.   þære.   hwænne.
23. bet wære oððe.   dead.   ða.   lange.
24. hefigū sare swyðe geswenced.   on.   wísan hit wann 7 wand 7 þræste ða sæmninga becóm.
25. on ða.   se goda.
26. ofslagen.   ða ylding þ te þæt sár geþylled wearð.

C. S.
14. þ (*after* earon *for* ðe).
20. 7 ða fam.

O.
14. hiora sare 7 monig wundur.   wæron sæde þ on.
15. gelumpan (a *out of* e) ge be.   þe on.
16. us nu genihtsumað þ.   twa. (w *on eras.*, *after* a *eras.*) oððe ðreo gehyran.
18. þa gelamp naht mycelre.   æfter.   þæt sū mon.
19. ða on,.   werigean 7 gestandan.   (gan above)
20. heafud.   eorþan.   fám of þam.
21. sar.   oððæt.   eorþan.
22. eorodman.   ófateah (35ᵃ).   bad.
23. oððe.   dead (1*st* d *out of* l) forlet, ða.   lange.
24. sare swiðe geswenced.   on missen . lice (1 *eras.*).
25. semninga becom.   on.   se gemyn . geda (*eras. of* o).
26. ofslagen.   yldincg þętte þ sar.

Ca.
14. 7.   wæron sæde þe on.
15. be moldan.   on.
16. us nu genihtsumað þ.   twa oððe.
17. gehyran.
18. hit gelamp neaht.   slæge þ.   mon rád.
19. ongan.   wérian 7 gestandan.
20. 7 þ fám of þam.   þ.
21. sár.   oððæt.   réas.
22. eorodman 7 þ gebætel.   abad.
23. bett.   oððe.   dead.   ða.   lange.
24. sare.   geswenced 7 on missenlice.
25. ða semninga becom.   on ða.   gemyngeda.
26. ofslagen.   ða ylding þ te þ sár.

VARIOUS READINGS. PAGES 178–180.

Page 178.	27.	7 þ hit blann fram þam.	styrenessū.	lima 7 þam.
B.	28.	gewunelicam.	horsa hit ascede æfter.	7 ongan wealewian.
	29.	gedwæðere sidan.	arás.	
	30.	ongan.	þ.	
	31.	ða he sæmninga se mann þ.	þa ongan he mid scearpre geleafnesse on ðære stowe halignesse beon.	
	33.	gehæled wearð 7.	ða.	
	34.	rád þyder.	gemynt hæfde þa he cóm.	
	35.	þam menn.	þe he ða.	ðær.

C. S.	33.	7 ða stowe gemearcode *deest*.

O. 27. blon fram þam.   styr,nessum.   ge .·. hwæþere (hwæþe on er^{e}as.), *omitted words at top of page begin* .·. wunelican : *variants* æfter werinesse ongan ; *ends* on ge.
  29. sidan gelomlice hit.   oferweorpan.
  30. ongan giferlice (gi *out of* ge *by eras.*).   þ.   et . an (i *erased*).
  31. he þa.   þ.   ongeat.   scearpe gleaunesse (g *out of* l).
  32. hwæthugu wundurlicre.   on þære stowe.
  33. hraþe.   7 he.   asette þa he þa com tó (*rest wanting*).
  35. þam.

Ca. 27. blon fram ðam unhalū styrenessū.   hleoma.
  28. ðeawe.   werinysse ongan walwian.
  29. gehwæðere sidan gelomlice hit oferweorpan.   arás.
  30. ongan.   þ gærs étan.
  31. ða he ða.   þ.   ongeat.   gleawnysse hwæthugu wundurlicnesse.
  32. on.   stowe.
  33. 7 he.   asette ða he ða com (*rest wanting*).
  35. þā men ðe.   sécan.   ða.   þær sume fæmnan.

Page 180.	1.	wæs ðæs hina aldres (*p.* 146) þe he þær secan wolde.
B.	2.	langre adle laman legere swyðe geswenced 7 gehefegod. hiwon.

C. S.	1.	7 heo *deest* (*before* wæs mid).

O. 1. hina . dr^{eal}es (1 *erased*).   langre.
  2. adle laman legeres.   ða ongunnan.   hiwan.

Ca. 1. seo wæs nift ðæs hina ealdres.   7 heo wæs.   langre
  2. adle laman legeres.   gehefigod ða.   hiwan.   hī.

Page 180.	3. ðære untrūnesse.	ða ongan.	
B.	4. secgean.	hors gehæled wearð.	hi gegearwedon sona
	ænne wǽn.	on.	ðære stowe.
	5. hi ðær.		
	6. þa heo on.	aset wæs.	
	7. swiðe werig 7 sona slep hwon þa ða heo onwóc.		
	8. ꝥ.	fram hyre lichaman untrumnesse.	
	9. hyre wæteres bǽd.	þwoh hyre feax 7 rædde 7 hi.	
	10. scitan besweop.	þam monnum.	hi ær ðider lædon.
	hyre.		
	11. hal.		
	12. Wylce *space*.	on ða ylcan tííd cón (*sic*).	sum oþer mann
	sædon menn ꝥ.		
	13. of brytta leode.	ðære ylcan stowe on þam ꝥ.	
	14. anre.		

O.	3. grimman untrumnesse.	ða ongan.	
	4. secgean.	hwæt gegearwedon hi.	
	5. wegn (g *imperfectly erased*).	asetton þa fæmnan on 7.	
	6. stowe 7 hi.	h, þa.^eo	
	7. hio werig ónslep.	hwonn.	hio onwoc ð,.^a
	8. þæt hio.	frā hyre lichaman untrumnesse.	
	9. (35^b) bæd 7 hi þwohg 7 hyre.	7 hie.	
	10. besweop.	þam mannum þe hi.	hyre.
	11. hall.		
	12. on þa ylcan.	com oþer man.	sædon.
	13. leod,.^e	ylcan.	on þam ꝥ.
	stowe		
	14. anre,.		

Ca.	3. grimman untrumnysse.	ða ongan.	
	4. ðær.	hi.	
	5. gegearwodon.	wægen 7 on asettan.	fæmnan 7 læddan.
	6. stowe 7 hi.	ða.	
	7. þa.	wérig 7 gewearð on slæþe þær hwonn.	
	8. ðe.	onwóc.	ꝥ. fram. untrumnysse.
	9. wæteres bǽd 7 hi þwohg.	hi.	
	10. besweop.	þam mannū.	hi ðider.
	11. fotū hall.	hám hwearf 7 eode (*p.* 65).	
	12. on ða ylcan tíd com, oðer man 7 men sædon ꝥ.^sū		
	13. of bretta þeode férde.	ylcan.	on þam ꝥ.
	14. ða.	anre.	

Page 180. 15. on þam oðrū. grenre 7 fægere þa ongann. gleawum.
B. 16. þencean 7 rǽdan þ te nan.
17. grenes 7 fægeres butan þ ðær. mann on þam oðron werede ofslagen.
18. genam ða.
19. on þære stowe . þ te seo ylce.
20. (*p.* 147) 7 to hæle untrumra manna gewurðan mihte þa eft.
21. on his. com. sumū. on æfentíd 7 ða.
22. on þ. ðær þ hamwerod eall. gesamnod wæs þa.
23. onfangen fram ðam. hī man.
24. ðam symle þa heng.
25. sceat ðe seo molde on becnit wæs úpp (*sic*) on ane stuðu.

C. S. 15. growenre 7 fægere.
16. resian.
19. sumne *deest* (*before* dæl).

O. 15. þam oþrum. gren . re (1 *eras.*) þa ongan.
16. þencean 7 smeagean þ þ. · oþer.
17. grenes 7 fǽger,es nymþe. þ. halig man hwyl,hugu^c þam oðrum.
(with small n n above line over nymþe)
18. nam.
19. on. on. ylce molde tó.
20. 7 tó hǽlo untrumra manna geweorðan mihte 7.
21. on. ða com he tó. on æfentid.
22. on þ hus þær þ hamweorod. sīble (l *out of* b).
23. onfangen fram.
24. þam. aheng he.
25. þa moldan.

Ca. 15. fǽc þā oðrū. grenre þa ongan.
16. þencean 7 smeagean þ þ.
17. grennes 7 fægernys nymðe þ ðær. halig man hwylchugu þā oðrū weorude.
18. nam ða. moldon sumne dæl on ðære.
19. on. þ. ylce.
20. hǽle untrumra manna geweorðan mihte 7.
21. on. ða com. on æfentíd.
22. on þ. þ hámweorud eall to sibbe.
23. 7 he wæs onfangen frā þā. hī.
24. hī. þā. aheng. ðone scéat.
25. þa moldan ðe. áne. wáges.

Page 180.	26.	þa wearð þær micel fýr onæled.	huse.	mid þy ðe hi.	lange.
B.	27.	symblodon 7 druncene wurdon.		þa ongann ꝥ hus byrnan beflugan ða spearcan on ðæs huses hrof.
	28.	girdū. 7 beþeaht mid ðæce þa forbarn ꝥ hus eall butan þære anre styðe ðe seo molde on hangode (*rest wanting*).

C.   *Fragments of* 2ⁿ.
27. druncene.
28. Ond.
29. ꝥte ꝥ hus eal.   Ond ongan.   þa ꝥ þa ða.
30. . nd noht helpe þæm byrnendan.
31. forbarn butan sio.

O.	26.	mycel fyr ónæled.	huse.		hi þa lange.
	27.	druncene.	upp flugon on.		
	28.	hrof (26ᵃ).	ᵉ nan gyrdum.		þæce beþeht þa gelamp.
	29.	þæt,.	in, (in *on eras.*).	ongan.	ða þæt þa ða.
	30.	hi forht,ut.			
	31.	byrnendan.	mihte.	forbarn.	

Ca.	26.	7 wæs mycel.	onæled.	middū þā huse mid ðy hi.		lange.
	27.	druncene.	ða.	upp.	on.	
	28.	hrof.	þæce beþæht ða gelamp hit ꝥ ꝥ.			
	29.	innan.	ongan.	ða ꝥ ða.		
	30.	hi.	þā byrnendan.			
	31.	mihton.	forbarn nemðe.			

Page 182.	2.	fram ðam astod 7 awunode.	wundredon hi swiðe.
B.	3.	þohton on hwā ꝥ. ða.	

C.
1. hangode sio.
2. wundredon.
3. ꝥ.

O.
1. an . (1 *eras.*).   hangede.
2. fram þam.   astod.   þa wundredon hi swiðe.

Ca.
1. án.   hangode.
2. fram þā.   astod 7 awunede ða wundredon.   hi swiðe.
3. sohtan.   ꝥ.   hī.

VARIOUS READINGS. PAGE 182. 193

Page 182. 4. gekyðed þ.   on hangode ðe on.
B.   5. blod agoten wæs þæs cyninges.
        6. wundra.   gemærsod.   manige menn syððan.
        7. stowe.   hælo ge him sylfum hæfdon.   ge o,rū (ð not
           1st hand) mannum sealdon (chapter ends).
        9. E tweonan (space) þyssū ðingum.   forswigeanne hwylc.
           wundor 7 mægen (p. 148) 7 wundor ætywed (sic).
       10. ban.
       11. ðære cyricean gelæded.   hi.   ðis.
       12. osþryðe geornysse myrcna.
       13. oswies.   brþor (sic) þe æfter.   norðhymbra ríce
           þonne is æþele.
       15. on lindesige.   eá þ.

C.   4. sio.   þær on hangode.
        5. þa deest (before wæron). S.
        6. feor.
       15. is nemned. S.

O.   4. gecyþed.   ón hangode.   on.
        5. óswaldes blod þæs cyninges agoten wæs węron.   wundur feor.
        6. syððan.
        7. stowe sohtan.   gyfe (y on eras.) him sylfum.
        8. hiora.   niman ongunnan.
        9. betwih þas.   forswigianne hwilc.   wundur.   ætywed
           . . . (3 eras.).   ban fundæn (a of æ erased).
       11. cyricean.   hie nu gehealdene.
       12. ósþryþe gyrnesse myrcna.
       13. oswies.   broþor se æfter.   tó norþanhymbra rice is æþele.
       15. on lindese.   þæt.

Ca.   4. þ.   on hangode þe on.
        5. blod þæs cyninges agoten wæs þa.   ðas wundru feorr.
        6. gemærsode 7 gecyðed.   syððan.
        7. stowe.   gyfe hī sylfū.
        8. freondū niman.
        9. betwih ðas þing.   forswigianne hwylc.
       10. ætywed.   gefunden.
       11. cyricean.   hi nu gehealdene.   ðis.
       12. os,ryðe gyrnysse myrcna cwéne.
       13. oswiges.   hī.
       14. rice is æþele.
       15. on lindese nemned.   þ.

o

Page 182. 16. ylce cwen.   hyre.   lufode.
B. 17. arweorðode.   7 on ðam.   wilnode.   arworþan.
18. hyre fæderan mid þy he þa se wǽn cóm þe man ða bán on lædde on ꝥ.
19. ða.   hiwon ðe on þam.
20. wæron swa ne him lustlice onfon forðam hwæþere þeah hi hine godne 7 haligne wiston hwæþere forðam.
21. of oðre mægðe wæs 7 of his rice.
22. feongū eac swylce hi hine deadne.
23. þa wæs ða gyt geworden ꝥte ðære sylfan niht þa gebrohtan.
24. gewunedan 7 monn manige geteld.   sio ætywnes.

C.   *Fragments of* 2ᵇ.
19. þa nold[on].
20. wæron hī lustlice onfon.
21. wiston hwæþere.   mægðe.   Ond.   hie.
22. fengum.   swilce.   . ahton (1 *gone*).
23. ꝥ te.   niht.
24. butan.

---

                                      de
O.   16. ylce cwen.   hyre.   æþelre,swiðe lufode 7 arweorðade (36ᵇ).
                    n
17. on þam hio wil,ade gehealdan þa gehealdan (þ. g. *struck through*) þa arwyrðan ban hyre fæderan.
18. se . wen (1 *eras.*) þa com þy þa ban on læded.
19. ꝥ foresprecena . (1 *eras.*).   woldan.   hiwan þe on þā.
20. him lustlice onfon forþon.   þe hi.
          n
21. wisto, (o *on eras.*) hwæðere forþon.   óf oþre (oþre *on eras.*) mægðe.   ófer hi . (1 *eras.*) rice ne.
         d   u
22. eal,um feo,ngū.   swilce.
23. ꝥ þære sylfan niht.   ban.
24. ófer.   ætywnes.

Ca.   16. ylce cwen.   swyðe lufode 7 arwyrðode.
17. on þā heo wilnode gehaldon.   arwurðan.
                                    wæign
18. (*p.* 66) fæderan mid þy ðe wæn.   cóm ðe þa bán on leded.
              gebroðra
19. ꝥ.   ða ne woldan þa hiwan þe.
20. on ðam.   hī lustlice onfón forðon.   ðe hi.
21. wiste hwæðere.   of oðre mægðe.
                                  eac swylcne
22. hi ríce ne onfeng ealdū feoungū hine deadne.
23. ꝥ ðære sylfan nihte.
                                                þær
24. awunedon 7 eac swylce mon teld ofer (*accent on* r).   ætywnys.

Page 182. 25. arweorðlice hi.   to onfonne eallū geleaffullum forþon.
B.   26. stod.
          27. frā þam wæne úpp.   mann mihte of eallum lindesige
              geseon swutule of eallum (*p.* 149) þam stowum ða hit.
          29. morgen.   ða gebroþor ðæs.
          30. wiðsocon.   ꝥ te.   þa reliquias ðæs halegan 7 gode
              þæs leofan gehealdene.
          31. 7 hi ða bán þa þwogon 7 on.
          32. gedydan 7 on cyrcan æfter gerysenre are.
          33. 7 ꝥ te se cyne had ðæs halegan.

C.   25. hi.   geleafsumum. S.
          26. forðon ealle ða niht.
          28. meahte geond of. S.
          31. moston Ond.
          32. swa *deest* (*before* on). S.

O.   25. heofonrices.   hi wæron tó ónfonne.
          26. forþon ealle (*last* e *on eras.*).   stod.
          27. sunn . beam (1 *eras.*).   fram þam wæne upp.   ðone.
          28. mihte.   eallre.   morgen dæg . (1 *eras.*).   ongunnan.
              broþor.
          30. þe.   wiðsocan.   þæt.
          31. gehealdene.   mosten 7 hi þa þa ban áþwogon 7 on.
          32. on cyrcean æfter.   are.   7 þæt.

Ca.   25. geopnode hu árwurðe hi wæron to onfonne eallū geleaffullū
              forðon þe.
          26. stod.
          27. sunnbeam frā þā wǽne upp oð heofon þone.
          28. mihte lyhte geséon of ealre.   stowū ða hit.
          29. morgen.   broðro.
          30. wiðsocan.   ꝥ.   hī.
          31. gehealdene.   7 hi.
          32. bán aþwogan 7 on.   7 swa on cyricean.
          33. áre.   7 ꝥ.   hád.

Page 184. 1. éce.
B.   2. gefrætewod.   byrgene asett 7 ꝥ sylfe.

O.   1. segen (seg *out of other letters*).
          2. of, his byrigenne.   7 ꝥ sylfe.
                er

Ca.   1. éce.   segen.   gode wæbbe gefrǽtewod.
          2. byrigenne.   7 ꝥ sylfe wæt ꝥ hi ða bán.

VARIOUS READINGS. PAGE 184.

Page 184. B.
3. þ hi ða bán onþwogon on ænne.   ðære cyrican gedydan.
4. ðære.   þ te.   sylfe.   þ.
5. mihte.   hæle.   manna 7 oðra untrumra manigra trymnessa þa gelamp þ æfterfylgendre.
7. mid þy foresprecenan cwene.
8. ðam mynstre.   cóm an abbudesse arwyrðe.
9. hyre.   swutor (sic) ðara (last a out of e).
10. æþelwines.   eadwines ðara wæs bysceop on lindesige.
11. on ðam mynstre æt peotan eá fram ðam.
12. unfeorr.   ðy þe heo ða.
13. cóm 7 heo hi gesræc (sic, but originally r was p) 7 ða betweox him hi spæcon be.
14. þ.
15. of his bánum.   þa cwæð seo.

O.
3. þ hi þa ban.   þwogon guton in ænne (37ª).   cyricean.
4. þ te seo sylfe.   a,wy͞ðe.
5. mihte tó.   feondseocra (eond on eras.).   manna 7 oþra untrumnessa.
7. gelamp þ æfterfylgendre tide mid.   cwen.
8. on þam.   com.   abbudisse.
9. hyre.   wæs .. (2 eras.) sweostor.
10. æþelwines 7 ealdwines.   oþer biscop on 7 lindese þær wæs abbud on þam mystre.   portanea fram þam.
12. abbuddissan.   heo þa to.
13. com.   gespræcen.   and þa betwe,h oþer.   hi,͞ᵇᵉ . (1 eras.).
14. hio seo abbuddisse þ hio ∴ seo cwen omitted words in margin, variants gesege; niht þ; up oþ; heh cwæþ (not 1st hand).

Ca.
3. þwogan gutan.   cyricean.
4. tíde.   þ te seo ylce eorðe þe þ arwurðe.
5. mihte to hæle.   manna 7 oðra untrūnyssa þ æftfyligendre tide gelamp mid þy seo cwen.
8. wunigende on þā.   com sū arwurðe abbudisse.
9. 7 heo wæs þara haligra wera sw,ᵉoster.
10. ealdwines.   b on lindese 7 se oðer abbud on þā.
11. ðe.   portanea frā þā.
12. abbudisan.   þi.   ða.
13. com 7 hi.   hæfdon þa betweoh.   hi be oswalde þā cynin͞g cwæþ.
14. abbuddisse þ.   gesæge.   þ.
15. bánum up.   cw̄.

VARIOUS READINGS. PAGE 184.

Page 184.
B.
16. ꝥte. ðære. (p. 150) on þam ꝥ.
17. ðweales. 7 heo ða.
18. ꝥ hyre man.
19. hyre man. on claðe bewand 7 on.
20. þa wæs. syððan. on hyre.
21. wæs oft nihtlicum tidum ꝥ ðær cóm sum cuma sæmninga fram uncuðum 7 unclænum gaste.
23. onfangen. æfter.
24. sæmninga fram deafle (sic) gerinen 7 ongann clipian.
25. toþum gristbitigean 7 ꝥ fram his muðe.
26. 7 missenlicum styrenessū ongann. lima styrigean 7 ðræstan 7 mid.
27. mann gehabban ne mihte ne gehealdan, se arn se þegn.
28. on ꝥ geat, hit ðære abbudessan sæde 7 sona ꝥ.

C. S.
25. ða faam.
28. arn se ðegn.

O.
16. ꝥ of. on þam. bána.
17. untrume men. 7 hio.
18. ꝥ hyre man. seald,͏e 7 hyre. hio þa on claþe bewand 7 on.
20. hyre hā. þa wæs æfterfylgendre. syððan hio on hyre mystre.
21. ꝥ ðider com. wæs oft nihtlicum.
22. fram unclænum. hefelice.
23. onfangen 7 æfter.
24. sem,͏ninga fram deofle ge,͏gripen (p out of s). óngan clypian.
25. (37ᵇ) his toþum. fam of his muþe.
26. missenlicum styr,nessum ongan his limu.
27. mid ðy hine þa nænig man.
28. mihte þa arn se þeng. slogh tancen æt gete. sæde.

Ca.
16. ꝥ. on þā ꝥ wǣt.
17. gegoten. untrume men. 7.
18. bǽd ꝥ hyre man.
19. on claðe bewand 7 on.
20. ða wæs æftfyligendre tíde syððan. on.
21. ꝥ ðider com sū. wæs oft nihtlicū tidū.
22. fram unclænū. hefelice swenced (p. 67). onfangen.
23. frā.
24. deofle gegripen 7 ongan clypian.
25. toðū gristb,͏itian 7 ꝥ fám.
26. misenlicū styrenessū ongan his limu.
27. ðræstan. man ne gehaldan. gebi,͏ndan mihte ða arn sū þeng.
28. tácen. þā gæte 7 sæde. abbudisan 7.

VARIOUS READINGS. PAGES 184–186.

Page 184. 29. ðæs. ontynde.
B. 30. mid anum hyre wimmanna to þara wæpnedmanna. het ðone mæssepreost þ hyre mid gan sceolde to.
32. menn þa hi ðyder comon. hi manige menn him embe beon þa georne.
33. þ hi. wedendre heortan gestillan woldan ac ne ne mihton sang.
35. adle. (*p.* 151) 7 ða þing.

O. 29. abbuddissan 7 hio. ontynde.
30. anre hyre þinnenne to. wæpnedmanna.
31. hyre þ. hi gan.
32. hio þider com 7 þa. hi.
33. et. þe. ongunnan þ hi his wedenheortnesse gestildon.
34. hi ne mihton sang.
35. þe. adle (d *on eras. of* 2).

Ca. 29. þ géat. ontynde.
30. anre þigneune. wæpnedmanna. gehét þæs mynstres mæssepreost. (hire)
31. þ. hi gan to þā.
32. ða þider coman. hi ðær.
33. hī. þ hi his wedenheortnysse gestildon.
34. hi ne mihton sang.
35. adle.

Page 186. 1. selost cuðe wið þan. hwæðere nowiht. ðam.
B. 2. nænig þa nænig him help. mihte. cō sæmninga.
3. abbudessan gemynd.
4. hyre ðinenne gán. ða. hyre. fetigan.

O. 1. selyst wið ðon cuþe. hwæþere nowiht.
2. hiora þa nænig hī, helpe findan mihte þa com. (ænige)
3. abbuddissan on. hio.
4. hyre þinenne gan. hyre to gefetian (2*nd* e *on eras.*).

Ca. 1. hwæðere nowiht.
2. hī ænige helpe findan mihte. com.
3. abbudissan on. molde.
4. gán 7 ða. gefetigean.

VARIOUS READINGS. PAGE 186.

Page 186.
B.
5. on wæs. þa heo þa cyste on ðone cafertun brohte ðæs.
6. huses þær se. mann inne wæs þræsted ða geswigode.
7. sæmninga.
8. limu on stillnesse. ða swigodon hi.
9. wæron bidende. hwam. sceolde þa.
10. æfter. tíde. ꝥ. úp astod 7.
11. wát tela. gewittes.
12. And hi ða. acsodon. ðæt.
13. þa cwæð he. ðy. ðe heo.
14. genealæcte þā. þysses huses. ða werian.
15. me swencton 7 drehtan 7 me.
16. nohwær siððan ætywdon. abbudesse. sumne.
17. se mæssepreost rædde orationem 7 hi.

O.
5. on. hio. on. cafortun.
6. þæse seoca (a *of* æ *erased*) man on.
7. onhylde (hylde *on eras.; letters erased between lines, and* swa swa *erased in margin. Then* swa swa *repeated at beginning of next line* swa swa ∴ ða, *omitted words at foot of page; variant* on.
8. hi eac (c *on eras.*).
9. bi . dan (i *on eras. of* e, *after* i *eras. of* o). tó. (38ª)
   sceolde þa.
10. æfter. þæt. uup (*sic*).
11. tela.
12. 7 hi. acsedon. ꝥ. cwæt he (*sic*).
13. mid þa cyste þe hio.
14. nealæcte (a *on eras.*). þam cafortune þyses husus (*sic*) þa
    gewitan. wærigan.
15. þe me. 7 me.
16. syððan ætywdon. abbuddisse. sumne.
17. 7 se. arędde. hie.

Ca.
5. on wæs. on þone cafortun.
6. se seoca man on. geswigode.
8. on. ða. swigoden hi.
9. sceolde þa.
10. æft medmycelre tíde ꝥ. up asǽt.
11. aswórette 7 cw̄. wát tela.
12. 7 hi. acsedon. ꝥ.
13. he cw̄. mid þa cyste genealæhte þā.
14. þyses huses. gewitan. werigan.
15. me swenctan. me forléton.
16. nohwær syððan ætywdon ða. hī sumne.
17. 7 se. orationē arædde. hi.

VARIOUS READINGS. PAGE 186.

Page 186. **B.** 18. 7 he ða het hi ealle 7 gesunde 7 he hine gereste æghwæs gesund þære adle 7 siððan (*p.* 152).
    19. ðære.   þa werian gastas.   nænigum ege swencton ne gretan ne dorston.
    21. Fter *space*.   ðyssum.   æfterfylgendre.   cniht on ðam.
    22. eá.   langere lentenadle.
    23. ꝥ he sorgiende bad hwænne.   adl.
    24. come.   gangende sum þara gebroðra in to him 7 cwæð.
    25. ꝥ.   ðe gelære hu ðu miht frā þysse adle.
    26. gang.   cyrican.   halegan.
    27. wuna ꝥ ðu út ne ganne to ðam ær seo adld (*sic*) þe frā gewiten sý ic cume þe tó 7 ðe þanan ham læde þa.
    30. haligan.   líce þa ne com him seo adl to 7 seo untrumnes þy dæge tóó ac.

O. 18. þa.   hall.   7 syððan.
    19. werigan.
    20. geswenc,nesse gretan dorstan. ^ed
    21. þyssum wæs æfterfylgendre.   cniht on þam.
    22. on.   on langre lengtenadle.   ða.
    23. ꝥ he sorgiende bad.   adl (dl *on eras*.).
    24. come þa wæs gangende sum þara broþra in (i *on eras*.) to him.
    25. gelære.   miht fram þysse adle hefinesse.
    26. gang.
    27. óswaldes.   ðær 7 , wuna .. (2 *eras*.) ^stille   gese,h ꝥ. ^o   þonan.
    28. adl (ad *on eras*.).   si . (i *out of a long letter;* 1 *eras*.). to þe.
    29. þe þonne hā læde ða.
    30. lice ða ne com.   seo (38^b).

Ca. 18. gebǽdon.   þa.   hall.   7 syððan.
    19. werigan.   ænige.
    20. geswencednesse gretan dorstan.
    21. æft þyssum æft fyligendre tíde.   cniht on þā.
    22. on.   on langre lengtenadle wæs.   geswenced ða.
    23. (*p.* 68) ꝥ he sorgiende bád.   adl.   hī come.
    24. gangende sū þæra broðra in to hī 7 cw̄ wult.
    25. ꝥ.   gelære.   ðu.   miht frā ðysse.
    26. hefignysse.   gang.   ciricean.
    27. ðær.   ꝥ ðu út þanon.
    28. adl.   ðe.   þonñ.   þe 7 þe þon.
    29. læde ða.
    30. lice ða. ^byrigenne   cóm seo untrumnys to hī no þy.

Page 186.	31.	fram.	gewát 7 na þi.		
B.	32.	ne ði þriddan.	þ̃ siððan.	owiht gehrinan.	
	33.	þa com sū broþor ðanan cwæþ.		ðe.	sæde þ̃.
	34.	ðus. sæde þ̃.	ylca broþor ða.	on þam.	

O. 31. untrumnes . . (2 eras.) þy dæge to ac hio.   ondrædæn^de ,
       (a of 2nd æ eras.) fram.
    32. þæt ne þy.   þy þriddan.   þ̃ syððan.   ó gehrinan .. (2 eras.).
    33. com.   broþ,r^o þanan.
    34. ylca broþur þa gyt on.

Ca. 31. frā hī gewát þ̃ ne þy.   þy ðriddan.
    32. þ̃ syððan hine oge (sic) rínan.
    33. cō sū broðer þanon cw̄ béda.   sæde þ̃.   gedón wære
        sæde eac þ̃ se ylca broður.   gýt on.

Page 188. 1. lifiende wære on cniht wesendum wundor.
B.   2. wæs his hælo.   þ̃ ðoñ.
      3. ðe.   ricsode 7 mid hī.
      4. geswiðade.   wæron.   ðe ær þis hwilwendlice (*p.* 153)
         ríce hæfde ma he gewunode þ̃.
      5. ðam.   ríce.   wann.
      6. god biddende wæs sædon þ̃ ða.   þe hit.   þ̃.   frā.

C. S. 4. ær ðenden he ðis.

O. 1. þam.   on þam cnihtwesendum.
   2. þoñe to wundrianne þeah (eah *on eras.*).
   3. dryhten.   mid hine.
   4. swiþade . (1 *eras.*).   wære se þe ær þenden he rice hæfde.
   5. gewunade þæt he for þ̃ he for (*the first set struck through*).
      þam e . can (1 *eras.*).   rice symble won.
   6. bensode.
   7. sædon þ̃ þa men þe hit cuþon þ̃ he oftust fram.

Ca. 1. þam.   lifiende.   on cnihtwesendū þa ðis.^þam
    2. wundur.   þ̃ ðoñ to wundrianne.
    3. ðe.   mid hine.
    4. swiðode.   wære.   ær þa hwile he.   rice hæfde má.
    5. gewunode þ̃.   ðam ecan rice.   wón.
    6. biddende.^bletsode
    7. sædon þ̃ ða men ðe hit.   þ̃ he oftust frā.

VARIOUS READINGS. PAGE 188.

Page 188. B.
8. uhtlican sanges godes lofes oð hlutornesse dæg astode 7 awunode 7 fram þam gelomlicū.
10. þ his.   þ he his handa úp ahof 7 hæfde.
11. cneowū.   symle his drihtne þanc sæde.
12. swylce gewidmæred 7 on gewunan godes gehwyrfed þ.
13. gebedū his líf geendode forþā ðe.
14. wæpnū.   feondū.   eall utan ymbheped.   sylf ongeat þ.
15. man slean sceolde.   ðam saulū.
16. weredes.   cwædon hi ðus be þam inngydde (*junctim*). miltsa þa sawla ura.
17. halega.   eorðan wæs sarwæron (*sic junctim*) his ban.
19. on ðam.

C. S.
12. godes gehwyrfed.
19. eac *deest* (*after* wæron).

O.
8. on.   astode 7 awunade.
9. þam.   gebeda (2nd e *on eras.*).
10. þ he his handa upwearde.
11. cneow.   symble.   goda.   sæde.
12. gewidmæred.   on.   gyddes (y *on eras.*).
13. betwih.   forþon.
14. eall.   behyped (y *on eras.*).   sylfa onget þ hi mon ofslean sceolde.
15. þam saulum.
      od
16. weor,es.   hi be þon þus on gydde (y *on eras.*).   mi,dsa
      s
þu saulum u,sa.
17. cwæð (39ª).   þa . (1 *eras.*).
18. eorþan sagh.
19. ban.   on þam.

Ca.
8. tíde.   lofsanges.   lutterne.   on gebedū astode.
9. awunode.   þā gelomlicū.
10. þ his.   þ he his handa úpwearde.
11. cneowa 7 symble.   góda.
12. gewídmærsod.   on gewunon gyddes.   þ.
13. betwih.   líf geendode.
14. feondū eall.   behyped.   sylfa ongeat þ.
15. man ofslean sceolde.   ðā saulū.
16. weorudes.   hi be.   on.   driht.   mildsa.
17. saulū.   cw.
18. sáh.
19. wæron eac his bán.   on þā mynstre æt beardan éa het swylce se.

VARIOUS READINGS. PAGE 188.

Page 188.
B.
20. eá het.   þe.   sloh.
21. oseng (*sic*) asettan.   hand.   ðy.   of ðam lichaman.
22. wæs ðærto ahon.   com æfter geares.
23. æfterfylgend.   rices.   7 hine ðær genam.
24. man.   lindesfarene ea 7 on ðære kyrican.
25. hand.   on ðære.   ceastre on bebban (*p.* 154) byrig.
27. Ales *space*.   ꝥ an ꝥ.   hlysa þyses.   brytene.
28. be.
29. samod.   dælas on.   ealandes.
30. becóm forðam.   arweorða bysceop gewunode to secgeanne.
31. wilbrande þā halegan bysceope.

C. S.
20. swylce *deest* (*after* het).
22. wæs hit.
25. *omits* 7 *before* in þære **W**

O.
20. cwędon.   het.   se þe hine sloh his his heafud (his *margin, not* 1*st hand*).
21. asettan (set *on eras.*: *last* a *out of* o).   hand.   lichaman.
22. ahon þa com æfter ge,͞res (*sic*).
23. æfterfylgend.   rices oswigo (o *squeezed in*).   hi . (1 *eras.*) þær genam.
24. heafud.   li,desfarena ea.   in cyricean bebyrigde (de *on eras.*).
25. hand.   cestre on.
27. nalæs þæt an ꝥ.   þysses æþelan.   breotona gemæro
    (o *on eras.*) geonscine.   be suþan.   on.
29. somod (2*nd* o *on eras.*).   ealandes.
30. becom.   forþan acca (n *out of* m *and* acc *on eras.*).   arwyrþa
    bisceop gewunade.   wilb,ord.   hagan bisceop.

Ca.
20. sloh.
21. onseng asettan.   hand.   ðe.
22. wæs he het to ahón ða com.   geares.
23. æft fyligend.   rices oswigo.   hi.   genam.
24. lindesfearena éa.   on cyricean bebyrigde.
25. hand.   earme 7 ,.   ceastre on.
27. (*p.* 69) nalæs ꝥ an ꝥ.   þysses æþelan.   breotena.
28. geonscine.   be.   on.
30. becom forðam.   ƀ gewunade.
31. róme.   7 mid wilbrord.   halga, ƀ.

VARIOUS READINGS. PAGE 190.

B.
Page 190. 1. wuniende 7 he.   hyrde secgean on ðære mægþe be ðam ðam banū.
3. gedone.
4. swylce eac he sæde se bysceop.   gyta.
5. on.   ðær.   ríces lufon on elðeodignesse lyfde ꝑ.
6. ðær on ðam ealande þæne hlisan.
7. secgean gehyrde þōn.   nú.
8. secgean.   sæde betwyx oðere manega sæde.   ꝑ.   ða.
9. wales 7 manncwealmes.   brytene ealand.
10. mid midlū (sic) wale fornā 7 forheregode.   ofslagen mid þi wale ðæs ylcan wales betwyx oðre manige sum leornigcniht on scole.
12. mann.   on.
13. ða gemynge (p. 155).   to receleas 7 to sæne.

C. S. 13. he *deest* (*before* wæs).

---

                                                                  wæs
O. 1. fresana,.   ꝑ he (e *out of* i).   hyrde secgean on.
2. mægþe be þam.   þam banum.
3. gedone.
4. swilce.   sæde se bisceop.   þa.
5. on.   on ellþeodignesse.
6. þam ealande þone hlisan.
7. hyrde secgan (*this word on abrasion*).   wundur secgean.
8. sæde betwyh oþer monigo sæde he þæt (39ᵇ).   on.
9. woles 7 moncwylde (y *squeezed in*).   breotona.
10. wole (ol *on eras.*) fornam.   mid þy wæle þæs ylcan woles. betwih oþre monige sum leorningman on.
12. on gewritum.
13. gymenne (y *on eras., not* 1st *hand*).   tó sæne.   þa.

Ca. 1. frésena.   ꝑ.   hyrde.   on.
2. be þā wundrū.   þā banū.   arwurðan.
3. gedone.
4. swylce.   sæde se ƀ.   þa gyta.
5. on.   on ællþeodignysse.
6. ꝑ he ðær in þā calonde þone hlisan.
7. hyrde þonne.   wunder.
8. secgean.   sæde betwih oðer menigo sæde.   ꝑ on.
9. tíd.   woles 7 moncwylde.   breotona.
10. mycle wole fornám.   forhergode ꝑ.   geslegen mid þy wæle þæs ylcan woles betwih oðre menigo sum leorningmán on.
12. well.   on.
13. gymene.   hælo he wæs to sǽne.

VARIOUS READINGS. PAGE 190.

Page 190.
B.
14. þa he ða.   þ.   ongann he forhtigean.
15. ondrædan þ.   ðæs.   for.
16. locū.   clypode me ða mid þi.
      ælfwine
17. neaweste betwyx ða (*name above modern* ?).
18. sworetunga 7 forhtgende.   þus cwæð 7 wæs sprecende 7 seouiende.
19. cwæð þu gesyhst þ ðeos adl.
20. ðeos.   lichaman.   þ i (*sic*) eom nyded þ ic seal (*sic*) raðe.
21. tweoge.   þōn me.
22. naht.   lichaman deaðe minre saule butan helle tintrego underhnigan forðon.
24. tide betwyx geleso.   ic me synnū.

O.
14. þet.   neh.   ongan he for,tigean (*not* 1*st hand*).
15. hī ondrædan þ.
16. hs (*sic*).   hæle (a *of* æ *erased*).   gelæded (l *out of* h, d *on eras.*).   cleopade me.
17. cigde.   on neaweste.   betwih.
18. sworettunge.   forhtiende.   sprecende.
19. me . cwæð (*one eras.*).   gesihst þ.
20. adl.   wexeð (*not* 1*st hand*) þ.   nyded (y *on eras. of* e) þ.
21. raðe (a *on eras., not* 1*st hand*).   tweoge.   me,oht æfter.
22. hraðe (a *on eras., not* 1*st hand*) g,læd, (1*st hand*).   þǣ ecan. underþeoded.
24. tide.   gelæto (æto *on eras., not* 1*st hand*).   ic me synnū.

Ca.
14. ða.   þ.   neh.   ongan.
15. hī ondrædan þ.   ðæs.   for geearnungū.
16. locū.   cleopede me.
17. cigde.   hī on neawiste.   betwih þā.
18 sworettunga 7 forhtigende.   wepend,e stæfne.
19. sprecende.   to me cw̄.   gesihst þ ðeos adl.
20. swyðe.   eom,nýded (*last stroke of* m *squeezed in, comma to separate*).
21. þ.   under,nigan ne tweoge.   þonn̄ me owiht.
22. hraðe gelæded.   ecan.
23. saule.   underþeoðed (*sic*) beon forðon.
24. mycelre tide betweoh gelæto.   ic me synnū.

VARIOUS READINGS. PAGES 190–192.

Page 190. 25. underðeodde þa godes bebodu me syndon nú.
B. 26. on móde.   upplice arfæstnes.   æni fǽc.   lyfenne.
27. forgifan.   ꝥ.   lehterfullan.   asecgean.
28. bebodu þæs godcundan (g *pale and partly on abrasure, but original*).   mín mód 7 líf.
29. gecyrran.   wát ꝥ ꝥ.   geearnunge ꝥ.
30. ylde.   lifienne oððe ne getrywe ic me onfeonge butan god.
31. unweorðū miltsian.   ðara fultū.
32. him trwlice (*sic*) ðywedon.   7 se (*on erasure before which part of tall s remains*).

C. S.   30. oððe ne.

O.   25. þeod,e þoñ.
        ᵈ
26. upplice arfæstnes.   lifianne forgifan.
27. ꝥ.   leahterfulle.
28. 7 lif.   babode (40ⁿ).
29. gecyrran   soþ.   ꝥ ꝥ.   geearnunge ꝥ.
        ᵍᵉ
30. yldinc, (*not 1st hand*) onfo tó lifienne oðþe.   onfonde.
31. unwyrðum gemildsian.
        ʷ
32. ðe.   ðeo,don.

Ca.   25. ðeodde swyðor þoñ.   bebodū.
26. upplice arfæstnys.   lifianne forgifan wylle ꝥ.
27. leahterfulle.   gesecgean.
28. mód 7 líf.
29. gecyrran.   wát ꝥ ꝥ.   geearnunge ꝥ.
                                                     butan
30. yldinge.   lifianne oððe getreowige.   onfonde beon nemne.
31. earmū 7 unwyrðū gemildsian wylle.   ðara.
32. fultū.   hī.

Page 192.   1. ís ꝥ.   on eoworre þeode (*p.* 156).
B.   2. halinesse.   gelafan.

                                                  , cynincg oswald hatte þæs
O.   1. þæt.   on eowre.   wundurlicre.   halignesse, cyninges geleafa
(*brown ink*).   heanes (*last word in margin not 1st hand*).

Ca.   1. mǽresta (*p.* 70).   ꝥ.   on eowre.   wundurlicre halignysse.
2. geleafa 7 mægnes heannes.

VARIOUS READINGS. PAGE 192.

Page 192. 3. heanes.   swylce.   wundra geweorcū scán 7 beortede
B.   (sic) nu bidde ic ðe gif ðu.
           4. þe ꝥ ðu.
           5. sylle.   ꝥ.   þurh is geearnunge miltsian willæ.
           6. andswarode.   him 7 cwæð.   hæbbe þæs.
           7. ðe.   aset.
           8. 7.   ðu.   gelyfst.
           9. arfæstnes.   mannes æghwæþerḡ lenre.
          10. þysses.   ðe forgyfan ge þe.   écan.   inganges.
          11. gedón.   yldende.   andswarode.
          12. ꝥ.   on þissū.
          13. scafeðan.   inn þæs halegan treowes 7 ðæs halegan treowes
              7 ðæs foresprecenan 7 sealde þā untrumū menn drincan.
          14. sona him wæs bet.   getrymede.

C. S.   12. 7 onweald.

O.   3. æfter deaþe.   swylce.   wyrcnesse.
                                   c˙   d
          4. scean 7 birhte bidde.   þe,la (c brown).   ðu.   mi,þec
              (d 1st hand ; c brown) ꝥ ðu.
          5. sylle.   ꝥ.   dryhten.   geearnunge.
          6. gemiltsian wille.   þa 7 swarode.   hæbbe cwæð he.
          7. his heafud.
          8. 7.   gelyfest.   arfæstnes.   mannes.   oeg . hwǽþer
              (eras. of 1).
         10. þyses.   forgyfan ge þe.   lifes inganges.
         11. yldende.   7swarode.
         12. ꝥ he on þyssum.   onwalgne.   gehalgade.
                                    af
         13. sceþan (ce on eras.).   on.   treowes.
         14. untruman men.   getrumede.

                                   onhlihte   þu
Ca.   3. swylce.   wyrcnysse scean 7 brihte bidde ic ða la gif, ænig.
          5. þe ꝥ ðu.   sylle.   ꝥ.   drihṫ.   geearnunge.
          6. mildsian wylle.   7swarede.   hī ic hæbbe cw̄ he.
          7. dǽl ðe.   on . . . . (stod erased).
          8. 7.   gelyfest þonn̄.
          9. arfæstnys.   myceles mannes.
         10. þysses.   ge ðe eac.   lifes inganges.
         11. ða yldende.   7swarede 7 cw̄ ꝥ.
         12. on þyssū.
         13. wæt 7 scæfðan.   on.   treowes.   þā mettruman men.
         14. sona þæs hī bet wæs.   getrumede.

VARIOUS READINGS. PAGE 192.

Page 192. 15. fram þam untrūnesse.   lange tide syððan lyfde.
B. 16. eallre.   dædum to gode gecyrde fæstlice 7.
17. cóm ꝥ.   mannum sæde.   bodode.
18. scippendes.   ꝥ.   getrywan þeawes.
20. *Begins* oswald *space.*   ríce.
21. ðæs eorðlican ríces æþel (*dot under first part of* æ *and mark above to indicate an* s. ?).   (*p.* 157) æfter him osweo his.
22. ·XXX·.   ríce.   ꝥ.   ·XX·.
23. gewinnfullice.   on.   wann.
24. se (*sic*) hæþene ðeod myrcna swylce.
25. ealhfrið 7 æþelwold.   broþor.   rice.   þa.
26. ðy.   geare.   ꝥ te.
27. iú on eoforwicceastre bysceop 7 ða.   on hrofeceastre forðgewiten.

O. 15. fram þære untrumnesse (40ᵇ).   tide syððan lif. de (i *out of* u *by eras. and* a *erased*).
16. gecyrde 7.
17. com ꝥ.   mannum sæde.   bodode.
18. ꝥ wuldur.
19. getreowan ðeowes ; (ge *on eras.,* o *of* ðeowes *on eras.,* a *before* es *eras.*).
20. ono (*out of* And).   þa osw · ald (*eras. of* e).   þæ to, heofonan.   ða.
21. eorðlican.   setl æfter.   broþor óswi (1st o *on eras.*).
22. rice.   ꝥ . (1 *eras.*).
23. gewinn .. fullice (2 *eras.*).   feht hine.   . won (1 *eras.*).
24. hæþene þeod myrcna (y *on eras. of* e) swilce.
25. ealhfrið 7 æþelwald..   broþor.   rice hæfde þa.
26. gere.   ꝥ.   arwyrþa.
27. iu on eoforwicceastre bisceop.   on.   forðgewat.

Ca. 15. frā.   untrūnysse.   tíde syððan.
16. eallre.   dædū.   gecyrde 7.
17. cóm ꝥ.   eallū mannū sæde.   bodode ða.
18. ꝥ.   getrywan.
20. *Begins* Ða ða.   þā.
21. eorðlican.   setl.   hī.   oswio he hæfde.
22. XXX.   rice.   ꝥ VIII 7.   (þrittig)
23. gewinfullice.   fæht hine.   wón.
24. hæðene.   my,cna swylce. (r)
25. ealhfrið 7 æþelwald.   ǽr hī rice.
26. geare.   ꝥ.   arwurða.   paulin'.
27. iú on éoforwicceastre biscop on.

VARIOUS READINGS. PAGES 192-194.

Page 192. 28. idum octembrium æfter ðon.
B. 29. monað án.
    30. bysceophade.   7.
    31. þa æðelbyrht.   ðære ylcan.

O. 28. idu,$^{\bar{u}}$ æf þon$^{\bar{t}}$ (f *out of* r *by eras.*).
    29. nygantyne.   twegen (gen *on eras.*).   da,^{ga} bisceophade.
    30. 7.   bebyriged on.
    31. cyricean.   þa æþelbyrht.   on þære ylcan.

Ca. 28. iduū octobriū.
    29. ðe.   nygantyne wint 7 XX monað.
    30. ħ hade.   7 he.   bebyriged on scę.
    31. cyricean.   þa æþelbyrht.   on.   ylcan.

Page 194. 1. hrofeceastre het getimbrian on ðære.
B. 2. arcebysceop.   ittamar.   cantwara.
    3. gelíc.
    4. on ðam.   tídum.   rices efenhlytan.
    5. cynelican.   nama.   eadwines cynnes ðæs.
    6. be þam.

C. S.   5. strynde ðæs cyninges.

O. 1. hrofe,ceastre^{s} het getimbrian on.
    2. ærcebisceop gehalgade.   cantwara.   ác.   gelíc.
    4. oswi,.^{o} on þam æres (41^{a}) tan.   rices.
    5. cynelican wyrðnesse.   nama.   edwines cynne.
    6. be þam.

Ca. 1. hrofeceastre hét getimbran on.
    2. ærceħ.   cantwara leode.
    3. gelærednysse.   foregengū gelíc.
    4. oswio.   on þā.   tidū his rices efenhletan.^{efning}
    5. cynelican wurðnysss.   nama.   edwines cynne.
    (*p.* 71) he.   be þā.

VARIOUS READINGS. PAGE 194.

Page 194. 7. sædon.   · VII ·   daera.   oswine on ðære.
B. 8. genihtsunnesse eallra.   mann.
9. eallū.   7 ne mihte.
10. hwæþere.   ðe þone dæl norðhymbra rices.
11. ꝥ.   sibbe hæfde ac.   ungeðwærnes.
12. únsibb betwyx.   ꝥ hi.   werod 7 heora fyrde gesamnodon.
13. þi ðe oswine ꝥ geseah ꝥ he (*p.* 158).   mihte.
14. forðam.
15. ðencende 7 smeagende ꝥ he ꝥ.
16. beteran timan forlet his werod þa.   ꝥ.
17. manna gehwa.   fram.   ðe.   willfarenes éạ dún (*two dots*).
18. týn.   fram cetriht worðige þa gecyrde.
19. ánum his þegna   getrywestne.   ðæs nama.
20. tondere 7 ferde to hunwoldes hám.   ꝥ.

---

                            win
O. 7. sædon.   seofan,ter.   oswine on.
8. eallra.   æfæst (*out of* ærest).
9. forþon.   leodum.   mihte.
10. hwæþere.   norþanhymbra rices.   ꝥ.   mycel.
12. unsibb (s *on eras.*).   betwih.   þæt hi hiora weoru. d
(*one eras.*) 7 heora (*sic*).   gesomnedon.
13. oswine.   ꝥ.   mihte wið hine (*repeated and* 2*nd struck through*).
14. forþon.
15. ðinga ðencende.   þæt he ꝥ feoht.
16. tó beteran.
17. mónna gehwa (7 *last letters in margin not* 1*st hand*).   fram.
willfæres dun.
18. fram cetriht worþigne.
                                  he
19. gecyrde.   ane.   þe,him.
20. nama.   hunwealdes (hun *out of* him) gesiþes ꝥ.

Ca. 7. sædon ꝥ he wæs VII wint.   oswine on ðære.
8. genihtsumnysse eallra ðinga 7 he wæs æfest.
9. forþon eallū.   mihte.
10. hwæðere.   ðone oðerne.   rices.
11. ꝥ.   mycel ungeðwærnys.
12. betwih hī.   ꝥ hi.   weorud 7 heora.   gesomnedon.
13. oswine ða.   ꝥ.   mihte.
14. fultū.   ða.   ꝥ he ꝥ feoht forléte.
                                                                     hi
16. beteran.   forlét ða.   weorud.   ꝥ manna gehwa hā.
17. frā.   willfæres.
18. ís.   mílū.   frā cetriht worðine.
19. gecyrde.   ane.   þe hī getreowastne.
                              n
20. nama.   to,dhere to hī gewealdes hám.   ꝥ.

VARIOUS READINGS. PAGE 194.

Page 194. 21. dyhle beón. ǽr holdostne gelyfde.
B. 22. wísan. forðon se ylca gesið. æþelwine.
    23. þi. ðegne. ðær ámeldode (á *ends line*).
    24. man ðær laðlice acwealde únsyfre deaðe wæs. ðy þriddan.
    25. þi nigoðan.
    26. osweos rices on ðære. inngetlingum (*junctim*).
    27. æfter. clænsunge þyses mánes.
    28. getimbrod on ðam. æghwæþeres. alysnesse.
    29. ofslagenan. ðe.
    30. béna 7 gebedu. sceoldon.
    31. ansyne ge on bodige fæger 7 heah 7 wynsum.
    32. spræce 7 on þeawū manðwære. eallum.
    33. rumgifa ḡ æþelū ge unæðelum þanan gelamp ꝥ te for.
    34. módes. ansine. wurðnesse ꝥ.
    35. fram eallum mannum. 7 æghwanon (*p*. 159) hyrsudon of.

O. 21. digol. gelyfde a,.^{c}
    22. feor. oþre (*on eras.*). se ylca (41^b) gesiiþ. æþelwine.
    23. gerefan. ameldode.
    24. deaþe acwealde.
    25. þreoteogeþan. kalendarum. nigeþan.
    26. oswies rices on. on getlingum.
    27. æfter. clænsuncge (ns *on eras*., u *out of* i). þysses.
    28. on þam. æghwæþeres. saule alysnesse.
    29. bena 7 gebeda (*2nd* e *on eras.*). sceoldan.
    31. óswine. onsyne. bodige heh.
    32. 7 on. eallum.
    33. rumgyfa ge æþelum ge unæþelum ðanon gelamp . . . ꝥ (3 *erased*).
    34. cynelicness. geearnuncge. ꝥ.
    35. fram eallum mannum lufad 7 æghwanon.

Ca. 21. digol. hī ǽr ðone. gelyfde.
    22. feor. forðon se ylca. æþelwine.
    23. gerefan. ameldode.
    24. acwealde. wæs ðis gedón 7 geworden.
    25. ðreoteogeþan. kalendarum septēbriū.
    26. oswies rices on. on getlingum.
    27. intingū clænsunge þysses mannes.
    28. getimbrad for æghwæðeres. saule alysnesse.
    29. hét 7 þær dæghwamlice. bena 7 gebeoda.
    30. sceoldan.
    31. onsyne. bodige.
    32. ge on gespræce wynsū 7 on þeawū. eallū rúmgifa.
    33. æþelū ge unæþelū ðanon gelamp ꝥ for.
    34. cynelicnysse. wurðnys ꝥ.
    35. frā. monnū lufad of eallū þyssū bifylcū.

P 2

VARIOUS READINGS. PAGE 196.

Page 196. 1. eallum þissum bifylcū.　　　folgoðe 7 to his þenunge ða
B.　　　æþelestan menn comon.
　　3. þysses.　　betwyx oðre.　　　gemetfæstnesse synderlice
　　　　bletsunge wundor.
　　4. swylce.　　sæd ꝥ.
　　5. magon anre bysene oncnawan.
　　6. ꝥ.　　　fægerestan hiwes aidane þam bysceope.
　　7. þeah þe he swiðor gewune.　　ꝥ.　　mare.
　　8. þoñ.　　ꝥ.　　hwæðere.　　ðam mihte.
　　9. hwylcre.　　cóme oððe hwylc nýd come ꝥ.
　10. he ðy.　　sceolde.　　tíde ða.
　11. ðam.　　ꝥ.　　cóm.　　to eancs.
　12. ða lyhte.　　het ꝥ hors.

C. S.　　6. fægerestan endes.

O.　　1. eallum þyssum bifylcum he á to his folgaþe 7 to his þenunge.
　　2. coman.
　　3. þyses.　　betwih oþer.　　gemetfæstness̄ syndriglicre (*final* s
　　　and initial s *on eras.*).
　　4. wuldur.　　swylce is sæd ꝥ.
　　5. anre bysene.
　　6. gef.　　ꝥ.　　ðæs.
　　7. endes.　　(42ᵃ) þam bisceope þeah ðe.
　　8. þæt.　　hwæþere on þam mihte.　　oferridan.
　　9. hwylcre.　　come oððe.　　hwilc nyd.
　10. sceolde.　　æfter.　　tide.
　11. þam.　　com.　　togenes.
　12. lyhte.　　het.

Ca.　1. á to his folgoðe 7 to his þenunge.　　æðelestan.
　　2. coman.
　　3. þysses.　　betwih.　　gemetfæstnys syndrilicre beletsunge.
　　4. swylce.　　sæd ꝥ.
　　5. eaðmodnysse.　　anre bysne swotole.
　　6. gǽf.　　ꝥ.　　fær,estan heowes.　　þam ƀ.
　　　　　　　　　ig
　　7. ꝥ.　　má.
　　8. þoññ ride ꝥ.　　hwæþere on þá mihte.　　oferridan þoññ he (*p.* 72).
　　9. hwylcere cá cóme oððe.　　nyd.　　ꝥ.
　10. sceolde ða.　　medmycelre tíde.
　11. þā.　　ꝥ hī cóm.　　hī ælmæssan.
　12. hlihte.　　het þā ðearfan ꝥ.

VARIOUS READINGS. PAGE 196. 213

Page 196.
B.
13. ðam cynelicum gerædū þe hin (*sic*). forðon.
14. biggenga. fæder þearfena 7 earmra.
15. ðis wæs þam cyninge cuð þa cwæð. bysceope.
16. hi wæron. hyra. gangende. þu domne bisceop ꝥ.
17. þam ðearfum. gedafenede agen to habbanne. manige oðre wit úncýmran.
19. 7 oðres hiwæs hæfdon ꝥ. mihton ðam þearfum syllan.
20. ðu him ꝥ hors ne sealdest ꝥ geceas ðe synderlice to æhte þa andswarode se bysceop him sona 7 cwæð to him hwæt sprycst. cwyst ðu ꝥ ðe.
23. þonne godes. ða hi þis. ða eodon hi.
24. bysceop gesæt on his stowe 7 on his setle (*p.* 160).
25. forðon þe. huntoðe cóm. ðam fýre.

C. S.
15. ða ðis ða wæs.

O.
13. þam cynelican. onstodan.
15. þam. gesæd. þā bisceope þ, hi wæron (a *above out of* e).
16. hiora.
17. bisceop. þam. þe þe.
18. uncymran.
19. endes ꝥ mihton þearfum tó tiþe syllan.
20. ꝥ. þe.
21. þa.
22. spricest. þu þæt þe s,e. myran (y *on eras.*).
23. ꝥ. þa hie þis. eodan hi.
24. swæsendum. on his stowe on his setle.
25. þonne (2nd n *on eras.*, e *not* 1st *hand*). forþan. huetaþe com gestod. fyre.

Ca.
13. þā cynelican gebætum.^{rædum} hī onstodon forðon (*after this to* earmra *in margin*).
14. bigenga swa.
15. þa þe þis wæs þam. sæd cw̄. ƀ.
16. hi wæron. swæsendū.^{gereordū}
17. bisceop ꝥ. þam. ðe þe gedafenode.
18. hæfde. uncýmran.
19. endes ꝥ we mihton.^{hiwæs} tyðe syllan.
20. ꝥ. hī. sealde ꝥ.
21. gecéas. ƀ hī. cw̄.
22. sprecest ðu. cwyðstu ꝥ. si þære.
23. leofre þonū ꝥ. ða hi ðis. eodan hi.
24. ƀ. on his stowe on his setle.
25. þonū. huntnoðe cóm gestod. fyre.

Page 196. 26. wyrmde.	7 ða sæmninga betwyh ðære wyrminge.
B.	27. he þ wórd þ.	bysceop.	him to cwæð ær.
	28. swurde.	7 ða stop ofestlice.
	29. þam bysceope.	þ.
	30. ðis.	mare sprece.	déme hwæt ðu sylle oððe.
	31. feo godes bearmum þa se bysceop ða.
	32. ðæs.	ondréd.
	33. arás.	togeanes.	úpp áhóf (á *ends line*).	gehet þ.

C. S.	27. he *deest*.

O.	26. wyrmde.	7.	(42ᵇ) betwyh.
	27. þ word þ.	bysceop.	cw̄.
	28. sealde þa his.	7 þa.
	29. þam bisceope 7 feol.	bliþe.
	30. ówiht.	sprece oððe hu mycel (*rest wanting*).
	31. feo (eo *on eras.*) þu.	bearnū sylle ða.	bisceop þa
		       ʰ
	    ge,seah (h *above*, e *on eras.*).
	                              ˢ
	32. eadmodnesse.	cyninge,.
	33. mycele þa ondred (e *in* le *afterthought*).
	34. togenes.	ahof 7 gehet.

Ca.	26. wyrmde.	7.	betwih ða.
	27. wærminge.	he þ.	þ.	ƀ hī.	cw̄ ungyrde.
	28. sealde þa his.	7 þa stóp.
	29. þā ƀ 7 feol.	þ he hī.	cw̄.	má sprece oððe
	    hu mycel (*rest wanting*).
	31. feo þu.	sylle ða se ƀ.
	32. ða eadmodnysse.	mycele þa ondred he hī.	swyðe.
	    arás hī togeanes.	ahof 7 gehét þ.

Page 198.	1. him blið̇e.	bæd georne þ.	to his setle to his.
B.	2. unrotnesse.	mid þi ðe ṡe (*dot over* s).

C. S.	1. blið̇e wære 7.

O.	1. setle.
	2. unrotnesse of.

	                ʷ
Ca.	1. blið̇e beon wolde (w *above is followed by a first curve of* æ).
	   þ.	setle.
	2. swæsendū 7 unrotnysse.

VARIOUS READINGS. PAGE 198.

Page 198. 3. be ðæs bysceopes. 7 his béne.
B.   4. þa ongann se bysceop ongean þam. wesan.   únrot.
    5. ꝥ.   ongann.   hlutrum.   þa acsode hine his.
    6. geþeode.   ne cuðe ongitan.
    7. ne his hired.   hwam.   weope þa answarede he him 7 cwæð.   ꝥ ðes.
    8. cyning na lange ne.   forðam.
    9. ðissum ne geseah swa.   forðon ic ongite ꝥ.
    10. ðissum life gewitan sceal 7 is ðeos.
    11. ꝥ heo swylcne recced hæbbe 7 cyning.   ða lang.
    12. æfter ðam ꝥ.   witedóm.   bysceopes wearð.   ꝥ.
    13. laðlicum.   ðone.
    14. sædon.   sylfa aidan nales marc fæc (*p.* 160) þonne ðy.

C. S. 10. leoran sceal.

O. 3. þa.   be þæs, ceopes. *(bis)*
    4. þa ongan.   bysceop ougen.   wesan.
    5. ꝥ.   ongan wepan hlutrum.   ða fręgn (*the curve under* e *in pale ink*).
    6. acsede.   geþeode.
    7. hiwan.   cw̄.   þæt.
    8. æfter þyssum naht lange.   forþon ic ongyte ꝥ (*rest wanting*).
    10. þyssum life faran sceal 7 nis.   wyrþe.
    11. ꝥ hi swylcne.   habban.   lang.
    12. æfter ꝥ.   bisceopes gefylled wæs ꝥ.
    13. laþlice.   acwe,lde. *(a)*
    14. sædon (43ᵃ).   sylfa bisceop.   nalæs má (a *on eras.*) þoñ.

Ca. 3. þa.   bi.   ƀ.
    4. þa ongan.   ƀ ongean.   wesan.
    5. ꝥ he ongan wépan hluttrū tearū ða f,ęng. *(r)*
    6. acsade.   geþeode ðe.
    7. hiwan.   cw̄.   wát ꝥ.
    8. þyssū naht lange.   forðon ic ongyte ꝥ (*rest wanting*).
    10. ðyssū life faran sceal 7 nis.   ðeod.
    11. ꝥ hi swylcne.   habban.   lang.
    12. ꝥ.   ƀ gefylled wæs ꝥ.
    13. deaðe.
    14. sædon.   sylfa ƀ.   nalæs má þoñ ðy twelfan. *(t)*

Page 198.	15. æfter.	þone ðe hu (sic).	ꝥ.
B.	16. ði.	kalendarū.	ðisse.
	17. éce.	fram.	
	18. Eala hwylcre (illuminated E).		bysceop.
	19. swylce.	mannum.	
	20. ús. ꝥ.	manegū.	areccan.
	21. gemynda.	nama.	
	22. utta he.	gestæððignesse.	wér.
	23. eallum þysse.	ealdormannū.	
	24. on. tíd.	centlande.	þam.
	25. wíf.		

C. S.   22. he *deest*.
      24. eac *deest*.

O.   15. æfter.   lufade ꝥ.
     16. ðisse.   alæded (æd *on eras.*).
     17. fram.
     18. Oɴo (*out of* And) hwilcre.   þes (es *on eras. of 3 letters*).
        bisceop . wære (1 *erased*, w *on eras.*).
     19. swylce.   inlica (i *on eras.*).   monnum.   gecyðde .. (*2 eras.*).
     20. ꝥ.   monigum þreo arecce.
     21. nama.
     22. utta.   mycelre gestęðignesse.   soðfæstnesse wæs
        (*on eras.*) 7 he forþon.
     23. eallum sended (*omitted words inserted interlinear*).   þysse.
        ealdormonnū.
     24. on.   tíd.   ꝥ.   oswi͂, þam cynincge.
     25. wif fetian.

Ca.   15. (*p.* 73) slege þoñe ðe.   lufade ꝥ.
      16. ðy.
      17. fram.
      18. And hwylcre.   ƀ.   tacnū.
      19. swylce.   inlice.   gecydde þoñ.
      20. ꝥ.   monigum.   areccan.
      21. gemyndes.   arwurðe.   nama.
      22. utta wæs he mycelre.   gestæðpignysse.   soðfæstnysse wér.
      23. eallū þisse.   ealdormonnū.
      24. he eac.   on.   tíd.   ꝥ.   oswio þā cyninḡ
        wif fetigean.
      25. dohter.

VARIOUS READINGS. PAGES 198–200.

Page 198. 26. þyder.   hyre fæder.
B.   27. gestihtode.   þ.   landfyrde ðyder gelædan.
   28. on sciplande.   ham heorfan ða.
   29. þam bysceope 7.   þ.
   30. gebǽde.   tó.   þingode.
   31. ða hi.   siðfæt féran sceoldon.

C. S.   27. landferde.   geferan.
   28. sciplande.

O.   26. hyre fæder ofslægen.   gestihtade.   þ.   land-
      fyrde þider gelædan.
   28. on scyplade mid þa.   ham.
   29. þam bysceope.   þ he . . . . . (abrasure).
   30. hiora gesyntu (u on eras.).
   31. hi (i on eras.).   mycelne.   sceoldan (a on eras.) ða.

Ca.   26. ðider.   ða gestihtade.
   27. þ.   landwyrðe þider gelædan.
   28. on scypláde mid þa.   ham.
   29. þā b.   þ.
   30. gebǽde.   gesynto.   þingode ða hi.
   31. mycelne.   féran sceoldan ða.

Page 200.   1. gebæd him fore.   hi gebletsode.   eac þā.
B.   2. ele 7 cwæð.   tó.
   3. sona þæs ðe ge on.   þ.
   4. stoꝛ.   hreohnes.
   5. þu þ ðu.   ðe ic nú.   send.   ða.   (p. 162)
      stæpe.

O.   1. hi fore 7 hi gebletsode.
   2. þam.   gehalgadne ele.   íc wát . . . . (4 eras.) sona (43ᵇ).
   3. on scyp astigað þ.   eówic.
        o
   4. hre,næs (a of æ erased).   widerweard.
   5. þ.   send on þa sæ.   instæpe (i on eras.) þa windas
      gestillað 7 þæs sæs.

Ca.   1. hi fore 7 hi bletsode.
   2. þam.   ele 7 cw̄ hī.   wát.
   3. sona ðæs ðe.   on scyp.   þ.
   4. mycel.   hreohnes.   wiðerward.   ðu þ ðu ðisne.
   5. ðe nu.   send on ða.   instæpe pa windas gestillað
      7 þæs.   smyltnys æftfyligeþ 7 eow bliðe.

VARIOUS READINGS. PAGE 200.

Page 200. B.
- 6. þa windas gestillað 7 ðæs sǽ smyltnes æfterfylgeð.   eow bliðe.
- 7. willsið ham forlæteð.
- 8. 7 ealle.   ðing.   bisceop beforan cwæð.
- 9. gelumpon.   gefyllede.   7 sona.   ðe hi on.
- 10. út leton sona astigon.   wiðerwearde.   ða yþa.
- 11. weddan.   sæs.   ða nydlingas.
- 12. scipmenn ða ancran úp teón.   on ðæne.   sendan woldan þ.
- 13. ðeah hi ðis dydan nanwiht hi on ðam.
- 14. ða.   hymbsweopon.   æghwanon þ.
- 15. hi.   ne wendon 7 hi him.
- 16. sylfne andweardne ondredon.
- 17. ðæs bisceopes.   genam ða.   anpellan.

C. S.
- 10. eodon 7 ut leton.

O.
- 6. æfterfylgeþ.   eowic bliðe ón.
- 7. willsið ham forlæteð.
- 8. o,eall (*all on eras. or abras.*).   no   bysceop.
- 9. gelumpen 7 gefyllede.   7.   hi on scyp.
- 10. ut ferdon þ.   wiþerwearde.   yþa.
- 11. weolla,n (*sic*) 7 weddan.   c   sæs.   ongunnan þa nydlingas. scypmen þa ancras upteon 7 on þone sæs (*sic*) sendan wo . ldan (o *on eras. of two*).
- 13. scyp.   hi (i *out of* e).   nowiht hi on þam.
- 14. yþa.   weolla,n,ymbsweopan (*all in same ink*). c 7   7 æghwanon þ (1 *eras.*).
- 15. scyp.   hie (ie *on eras.*).   synto.   hie.
- 16. sylfne.   andweardne gesawon.
- 17. bysceopes.   genam.   ampyllan.

Ca.
- 7. willsið ham forlæteð.
- 8. and ealle.   b.   endebyrdnysse.
- 9. gelumpon 7 gefyllede.   7.   ðe hi on scyp codan.
- 10. út ferdon þ.   wiðerwarde.
- 11. weollan 7 weddan.   nydlingas 7 ða scypmen.
- 12. ancras.   on.   sendan.   þ scyp.
- 13. ðe hig ðis.   nowiht hi on þam.
- 14. weollan 7 ymbsweopan.   æghwonene þ scyp.
- 15. hi hī.   synto wendan.   hi.
- 16. sylfne hī onwardne gesawon ða.
- 17. b.   genám ða.   ampullan.

Page 200. 18. eles.   on ðone sæ instæpe.
B.   19. seo sǽ fram ðam.   7.
     20. þ se.   wér.   witedomes.   storm towearp næfre sæde 7 ðurh.
     21. ylcan.   þa úp.
     22. þ.   ðe.   licumlice ðær æfter wearð wære þysses.
     23. tweonung nis. Eac se getrywesta.   ure cyrican.
     25. ðis sæde 7 he sæde þ he hit.   fram þam sylfan.
     26. þam mæssepreoste on ðam.   ðone.
     27. (*p.* 163) ONNE *space*.   ðe hit geare.
     28. ðæs.   þ gelamp on.   tíd.
     29. bysceophada þ te.   myrcna.   norðhymbre 7 hit feorr.
     30. arleasum wale.   heregode.

C. S.   30. hynde 7 hergode.

O.   18. eles.   on þoñ sæ 7.   instæpe (i *on eras.*).
     19. seo sæ fram þam.   7.
     20. þ.   witedomes.
     21. ylcan.   ða.   upp cumende.
     22. þ hine aswe · fede (*erasure*).   gestillde.   licumlice.
     23. efweard.   (44ª) þysses.   endebyrdnes . . (se *erased*). tweogende.
     24. ure cyricean.
          he .
     25. sæde sæde, þ.   fram þam sylfan.
     26. on þam.   wundur.
     27. Ðoñ secgeað (ðoñ *on eras.* of And).   geare cuþon oþer.
     28. wundur.   ylcan.   gelamp on þa tíd.
     29. bisceophada (*final* a *on eras.*).   þæt.   land.   hyþþe.

Ca.   18. eles.   on.   7.
     19. seo sǽ frā ðam.   and.
     20. þ.   wér.
     21. towardne.   ðæs ylcan.   úpp cumende.
     22. þ (*p.* 74).   ðe he licumlice.
     23. æfweard.   ðysses.   endebyrdnys.   tweogende.
     24. ure cyricean.
     25. sæde þ.   frā þam sylfan.
     26. on þam ðis wunder.
     27. Ðoñ.   ðe.   geare.   oþer.
     28. wundur.   ylcan.   þ gelamp on ða tíd.
     29. bisceophades þ.   myrcna.
     30. land.   árlease.

Page 200.	31. becom.	nihtan.	cynelican.			
B.	32. bebbanbyrig.	þa he ða.	þ se buruh.		ðam.	þ.

O.	31. ða becom.	tó þære cynelican.			
	32. bebbanburhg ða he þa.	þ.	burhg.	þan fæst þ.	

Ca.	31. ða becom.	cynelican.		
	32. bebbanburh ða he ða.	þ.	burh.	þan fæst þ.

Page 202.	1. he ne mihte.	ymbsæte hi.	gegán.	
B.	2. fyre hi.	aslat ða þa neatunas aweg ymbutan ða burh 7 micelne dæl ád gesamnode.			
	4. ræftrū.				
	5. watelum 7 on stuðum 7 on þace 7 mid þyssū.			burh.
	6. heannesse ymbworhte frā ðam.		lande.		
	7. wæs þa hit ða wæs gewinde inn ða buruh.				
	8. ad.	burh onbærnan.			
	9. þa in ða sylfan tíd.	arweorða bysceop.		halega.	

C. S.	2. fyre forbærnan.

O.	1. mihte.	hie (i *out of* e).	gegan.	
	2. fyre.	aslat.		
	3. burgh ónweg þe.	ón.		
	4. áád.	ón.		
	5. þacum.	þyssum þa burgh.		
	6. heanesse.	for þam dæle.	hio.	
	7. ís.	gewinde ón þa burgh.	ád.	
	8. burgh.			

Ca.	1. he mihte.	hi.	gegan.	
	2. ða. fyre forbærnon aslat ða þa tunas. hi			
	3. burh onweg þe.			
	4. mycelne áád gesomnode.	beamū.	ræftrū.	
	5. 7 watelū. þacū. mid eallū þyssū. burh on mycelre heannesse. on				
	6. for ðam dæle.	lande.		
	7. ða wæs wél gewinde on þa burh ða.			
	8. ád.	burh.		

VARIOUS READINGS. PAGE 202.

Page 202. 10. þam ealande ꝥ.   twam.   fram þam hám ðære byrig.
B.   11. sæ.   ꝥ.   stowe geornlice sohte.
         12. stillnessa.   digolra.   7 mon.   git.
         13. stowe.   setles.   ðam ylcan ealande.
         14. þa he se bysceop.   windum.   líg ðæs.   7 ðone réc úp.
         15. úp ofer þa.   weallas ahafene.   Is sæd ꝥ te his eagan
             7 his handa wæron úp.
         16. heofone hafene (*p.* 164).   tearum.   cweðénde drihten
             (*dot over e in* ende).
         17. 7 þa.
         18. oncyrde.   fram ðære.   lig.   hæte þræste in
             ða sylfan.
         19. ꝥ.   ældon. 7 monine mann.

C.   (8) þæt áád **W**.

O.   *From* 202⁹ *to* 204³³ **O** *is given in full with* **Ca**'*s variants.*

þa on þa tíd se arwyrþa bysceop aidan wæs on þam ealande
þe nemned is farene ꝥ is twam milum fram (44ᵇ) þære fore-
sprecenan byrig. he se godes monn gewunade swiðe oft on
þam ealande faran forþon þe him lyste þær on digolnesse
5 his gebedu begangan 7 gode þeowian eac swylce on þam ylcan
ealonde symble oð ðysne 7weardan dæg godes þeowa sum ón ón
ancersetle wunode. ða he þa se halga bysceop geseah ꝥ se ád
                                                      n
onbærned wæs 7 se wind ꝥ fyr 7 þone smic In.on þa ceastre ofer
þa weallas draf hit is sæd ꝥ he þa úpp to heofonum his eagan 7
10 his handa ahofe 7 mid tearū cleopode 7 cwæde dryhten geseoh hu
                                         en
mycel yfel penda wyrceð þyssum wordum þa gecwed, um hine
sona se wind onwearp (a *out of* o) fram þære byrig. 7 draf ꝥ fýr
on þa þe hit ær ónbærndon swa þæt hi sume mid þam fyre gederede
wæron 7 ealle to þon abregde ꝥ hi no syððan on þa burgh feohtan
                                                     god
15 ne dorstan forþon þe hi oncneowon ꝥ hie, scylde; Ðysne halgan

---

Ca. (1) on ða.   arwurða ƀ aidan'.   þā ealonde þe is nemned
         (2) milū frā.   (3) byrig þær he.   man gewunode swyðe.
             to
         on þā ealonde. (4) hī.   digolnysse.   (5) þā.   (6) ðisne.
         sum on ancersetle.   (7) se ƀ.   (8) fýr. innon.   (9) wallas.
         upp.   heofonū.   (10) tearū cleopede.   drihten.
         (11) ðyssū wordū gecwedenū.   (12) frā.   (13) ða þe
         hit.   onbærndon.   ꝥ.   þā.   (14) burh.   (15)
         forðon hi oncneowan ꝥ hi god scylde.   Eft oðer cw̄ (*red
         letters in the space left at end of line; no number*).   Ðysne.

222   VARIOUS READINGS. PAGES 202-204.

Page 202. 20. geæwerdledan.   hi ealle afy͐hte.   blunnun þa burh-
   B.   ware. ða ongeaton ꝥ seo godcundlice burh þurh godes gife
              gescyld wearð.
         22. A ꝥ *space*.   ꝥ ða gyt wæs þa ða gear gefilled.   bysceop-
              hades ꝥ.
         23. ðis.   líf.   untrum.
         24. on ðam cynelican.   nowiht.   fram ðære.
         25. foresædon on ðam.   cyrican.   cytan.
         26. ꝥ.   þyder cyrde.   ðær wunode.
         27. ðanon.   ymb þa stowe 7 godcunde.   bodode.
         28-30. Ðæt—æceras (*not in* B).
         30. þa slogon.

Page 204. 1. geteld.   cyrican.
           2. gelamp hit þa.   sceolde ꝥ.   genam ða stuðu.   cyrce.
           3. mid wæs awreþed.   ðære.   standende.

   C.   (33) wreþe W.

From 202⁹ to 204³³ O *is given in full with* Ca's *variants.*

Page 202. bisceop þa þa hine se deað nydde on þam ytemestan dæge his
   O.   lifes ꝥ he of þam lichaman faran sceolde he wæs on anum þæs
        18 cyninges tune noht feor fram þære foresprecenan byrig forþon þe
                                                              þ
           he þær hæfde ane cyrican 7 an resthus 7 hī ge, ywe (gey *on eras*. ; w
        20 *out of* þ) wæs ꝥ he oft þær wunade 7 þonan þonne on gehwylce
           healfe þær ymbutan for rihtne geleafan to læranne 7 to trymmanne.
           ðæt eac swilce his þeaw (a *out of* o) wæs (45ª) ón oþrum cyninges
           tune tó donne swa swa hit eaðe beon mihte forþon þe he nowiht
        24 agnes hæfde butan his cyricean . 7 þær to feower æceras þa men þe
Page 204. him þa þenedan hi aslogan án geteld on west healfe þære cyricean
           on þære cyricean fæst ꝥ he hine þær Inne gerestan mihte . 7 þa
                                                                       þe
           gelamp hit ꝥ se halga bisceop hine onhylde to anre þære studa,
           utan to þære cyricean geseted wæs þære cyricean to wraþe . 7 þær

---

   Ca.   (16) ƀ þa ða.   þā.   (17) ðæt.   þā lichoman.   anū.
                                                r
Page 202. (18) túne.   frā.   fo,ðon þe.   (19) cyrican (*p.* 75)
          7 án.   (20) wunode.   þonon ðonn̄.   (21) fór.
          (22) ꝥ.   swylce.   on oðrū.   (23) to.
Page 204. (25) hí þa þenedon.   cyrican.   (26) cyrican.   geré-
          stan.   (27) ƀ.   þæra.   (28) cyrican.   wraðe.

VARIOUS READINGS. PAGE 204.   223

Page 204. 4. seofontyne gear þæs ðe he.   bysceophade onfeng þy ærran.
  B.   5. septembriū.   man.   lichaman.   lindesfarone.
           6. broðro.
           7. þy ðe.   cyrce.   on scē petres naman.
           8. gehalgod wæs þa adydan hi his ban úpp.
           9. ða cyrcan on suðhealfe.   weofodes.   æfter arweorðnesse.
          10. bysceopes. Æfter. fylgende wæs (p. 165) on ðone bysceophád
              finan.
          11. fram hibernia.   7 of heora ealande sended wæs 7 lange
              tíd bysceop wæs.
          13. ða gelamp æfter unmanegum gearū ꝥ penda cóm mid.
          14. myrcna.   on ða stowe 7 ealle þa þe.   mihte.   isene.
          15. fýres lýge he fornam.   ðe.   bysceop on.
          16. ætgædere.   þære gemyndgedon cyrican forbærnde.
          17. stuðu ane.   bysceop onhleonigende.

  C.   (43) stuþu W.

  O.   From 202^9 to 204^{33} O is given in full with Ca's variants.

          þa his gast ageaf he forðferde þy seofonteogeþon geare his bisceop-
                                                        h
       30 hades þy dæge ón calendas septembris 7 his lic,ama þa sona wæs
          gelæded to þā ealande þe nemned is lindesfarenensis 7 þær on
          þæra broþra lictune bebyriged 7 þa ymb geara fyrstmearc þa þa
          þær mare cyrice getimbred wæs . 7 on þæs eadigan apostoles
                                                            n
          noman scē petres gehalgad . þa wæro, þæs foresprecenan bisceopes
       35 ban þider broht on þa swiðran healfe þæs wibedes swa swa hit wel
                                     7
          swa arwyrðum bysceope geras gerisenlice gehealdene wæron 7
          hineæfter fylgde finan on bysceophade se com of híí scotta ealande 7
          monegu gear on bysceophade wunade 7 þa gelamp hit æfter monegum
          gearum ꝥ penda myrcna cyningc mid miclum herige þa ylcan stowe
       40 gesohte 7 þa þa he eall ꝥ he geræcean mihte mid wæpnum 7 mid
          fyre forspilde þa wæs eac se tun se þe foresprecena bisceop on
          gefor (45^b) 7 seo cyrice forbærned ac swiðe wunderlice gemete seo

  Ca.   (29) ða.   agæf.   seofonteogeðan.   bhades.   (30)
         on.   kalendas.   lichoma.   (31) þā ealonde.   (32)
         broðra.   and.   þa ða þær.   (34) naman.   scē.
         gehalgod.   wæron.   ƀ bán þyder.   (35) swyðran
         halfe þæs weofodes.   well.   (36) arwurðan ƀ gerás.
         (37) æft fylide.   bisceophade.   cóm.   ealonde.
         (38) géar.   ƀ hade wunode.   æft monegū gearū.   (39)
         cyning.   mid eallū herige.   (40) þa ða.   geræcan.
         (41) ða.   tún.   ðe.   ƀ.   (42) swyðe wundurlice.

Page 204. 18. ꝥ.   mihte.   ða.   ðus gecyþed.
B. 19. þa timbrede man eft.   cyrican 7 ða ylcan stuðu utan tosettan.
20. wages.   gelamp æfter.
21. ungemæne.   ꝥ.   ylca.   forbarn.
22. ylce cyrice ætgædere.   fýre forburnen ac hwæþere se lig
   þur,æt ða næglas in ðam (*rest wanting*).
   (with *h* above)
24. ðe heo to ðam wage mid gefæstnod.
25. hwæðere.   stuðu.   mihte.   timbrede man.
26. siðe cyrican 7 ða stuðu.
27. utan tosetton.   inn.
28. ða cyrican hi asetton ꝥ te ða ingangendan.
29. cnewunga began sceoldon.
30. 7 ꝥ.   ꝥ te manig.   tide.   ða ylcan stowe.
31. gyfe.   ðære ylcan.
32. þa spona ðwiton 7 ꝥ geþwit (*the w is out of r partly erased*)
   naman 7 on wæter sended (*stroke under* ed, on *is by the corrector and pale*) untrumū sealdon.
   (with *on* above)
33. untrumnessa.

From 202⁹ *to* 204³³ **O** *is given in full with* **Ca**'s *variants.*

O. wræðstudu an ófer þa se halga bisceop hliniende forðferde eallre þære
   cyricean 7 þam oþrum getimbre forburnen gehrinen frā þam fyre stod.
45 þyssum wundre þa oncnawenū þær sona wæs eft cyrice aræred 7
   seo foresprecene wræðstuðu þam wage to wreþe geseted wæs swa
   heo ær wæs 7 hit þa eft gelamp æfter fæce þurh gymelyste ꝥ se
   ylca tun forbarn 7 seo cyrice 7 gyt se leg þære stuðe gehrinan ne
   mihte ac swiðe wunderlice ꝥ fyr eode ondlang þara nægla þe seo
50 studu mid gefæstnad wæs to þam wage þurh þa þyrelo 7 þære
   stude none onhran 7 þa þriddan siðe þær wæs cyrice getimbred
   7 hi þa nó þa studu swa swa hie ær dydon uton to þam wage to
   fultume ne setton (e *out of* æ) ac hie hi , þa cyricean setton þysses
   (with *on* above hi)
   wundres to gemynde is eac cuð ꝥ on þa ylcan tid ón þære stowe
55 monige men heora lichaman hælo gesetton eac monige men óf þære
   ylcan styde sprytlan acurfan 7 þa þone hwylcum . . . (*eras. of* 3) seo-
   (with *n* above)
   cum men þearf wæs . on wæter scofan . 7 þanon wæron monige men
   þurh þæt gehælde.

Ca. (43) án ofer.   ƀ hlyniende.   (44) þa oðrū.   þā.   stód
   ðyssū.   (46) -studu þā wáge.   wræðe.   (47) æft.
   gymeleaste.   (48) tún forbárn.   gýt.   lég.   studu.
   (49) swyðe.   fýr.   andlang.   ðe.   (50) þyrlo.   (51)
   nóne onhrán.   and.   siðe.   getimbrad.   (52) ða no hi.
   þā.   (53) hi heo.   ðysses.   (54) cuð.   ða.
   tíd ǫn.   (56) acurfon.   ðonne swa hwylcū séocū.   (57)
   wæt.   (58) ꝥ gehælede.

VARIOUS READINGS. PAGES 206–208.

Page 206. *Text is from* **O**, *not in* **T. B.**
Ca.
1. þā weorcū.
2. me seo þeah. licade. hī. weorðunge.
3. swyðe. onscunode.
4. béc. ðe. weorhte. temporib. swyðe.
5. soðsagol. ðing ðe. hī.
6. ðing þe her on wyrðe.
7. swyþe mycle geormysse.
8. eadmodnysse. hī.
9. gelp.
10. ricsode ac he. gleawnysse. beboda. healdenne.
    full
11. georn,nysse.
12. wæccan to. sacerd. ealdorlicnysse.
13. ofermodegan. þreagenne.
14. mildheortnysse. ðæarfan. frefrigenne.
15. feawū wordū. ðe. ðe.
16. cuðon. eallū þan ðe. halgū bocū.
17. healdenne. gymeleaste. ne.
18. hæfde 7 gelæste.
19. b'. swyðe lufige forðon. no.
20. heora rihttide. forðon oððe.
21. heora. tide. ðe. ðære ealldorlicnysse.
23. ðære eastrena mærsunga. oðres no ne.
24. weorðede. bodade butan. ða alysnysse.
25. ðrowunge.
26. uppstige. ðæs lifigendan godes 7 monnes.
28. menn. iudeūm (*sic*). -nihte monan.
29. ac a symble. frā.
    twentiges
30. XX nihte. þā.
31. drihtenlican. anū þæra.

C.
17. nanuht **W.**
26. midligendes **S.**

O.
2. *p.* 46ᵃ *begins* weorþuncge.
9. naþer.
19. swiðe. forþan.
20. forþon.
21. *p.* 46ᵇ *begins* hiora.
23. oþres.

Page 208. 1–2. beon-restedaga (*omitted*).
Ca. 3. toweard.
No number as chapter heading, but the words 7 eft oðer cwide *in red. From* **208,** 5, **T. B.** *recommence.*

O. 1. æriste (i *out of* e).

Page 208. 5. (*p.* 167 *of* **B**). Yssum *space (later hand, in margin* þissum).
B.   ríce æfter.   æfterfylgende.
6. siebryht.   broðor beforan wæs.   gód mann.
7. ríce fulwihte onfeng þa willnode (*rest wanting*).
9. ꝥ lif onhyrigan.   well gesæt geseah.
10. ríce 7.   sceole gesette 7 on ðære cnihtas.   menn gesette 7 getyde 7 lærde 7 felix se byscoep hī fultumode.
11. þone he (*after this erasure of one or two letters; then follows* cantwara þeawe; *above in modern hand* ær—æfter *as in* **Ca**; *rest wanting*).
12. þeawe swa swiðe.
13. wæs lufiende geworden eofonlices (*sic*).
14. ꝥ he.   forlet ꝥ.
15. ecgrice bebead.   on mynster ꝥ.   ær sylf getimbrede 7 petres mearce onfeng 7 swiðor gimde.
16. ðam.   ríce.   campianne.
17. ꝥ.   lange tíd.   gelamp hit ꝥ.   myrcna.
18. fyrde.   ðyder cóm to gefeohte.
19. ða hi ða on þam.   gesawon neoþor.   werode.

Text of O *in full.*

O.   On þas tíd heold eastengla rice æfter eorpwalde rædwealdes eoferan sigebyrht his broþor swiðe god man 7 æfæst he sigebyrht þa þa he on gallia wracade fleonde rædwaldes feondscypas he þær þa fulwihte onfeng. 7 eft to his eþele hwearf 7 þæt rice onfeng.
5 7 sona (47ᵃ) þa þing þe he on gallia begongan geseah ꝥ is þone rihtan geleafan he wilnode æfterhyrgan he sette scole . 7 on þære he let cnihtas læran mid felices fultume þæs bisceopes þone he ær on cent nam 7 he him lareowas gesette æfter cantwara þeawe swa swiðe se cining lufode ꝥ heofonlice rice þæt he æt nehstan
10 forlet ꝥ eorðlice rice 7 hit befæste ecgrice his mæge se eac hæfde sumne dæl þæs rices. 7 þa on ꝥ mynster eode þe he ær him sylf getimbrode 7 þær þa sceare onfeng 7 for þam ecan rice in þæm mynstre campode. 7 þa þa he þis longe dyde þa gelamp hit ꝥ myrcna þeod þurh pendan laðe hyra cyninges wið eastenglum
15 gefeohtan wolde. eastengle þa þa hi gesawun þæt hi læssan

Ca.   7 eft oðer cwide.   (1) tid.   æft. rædwaldes.   (2) broðer swyþe gód.   æfæst.   (3) þa ða.   wracode.   (4) ða fulluhte.   eðle.   ꝥ.   (5) and.   ðing.   ðone.   (6) æft hyrigean.   (7) lét. ƀ.   (8) ǽr. nám. hī. æft. ðeawe. (9) swyþe þæt cyning.   ꝥ.   nyhstan forlét.   (11) ðá. mynst. hī.   (12) ða.   ða. þá.   (13) þa ða.   þis lange. (14) læððe.   eastenglū.   (15) ða ða eastengle gesawon ꝥ.

C.   (10) ær *for* eac **S.**   (15) eastengle þa þa hi **S.**

VARIOUS READINGS. PAGE 208. 227

Page 208. 20. feondum hi sylfe. þa bædon hi sigebriht ꝥ. come.
B. 21. ðam. campwerod.
  22. wið cwæð. tugan hi. ðam.
  23. ðone. hi ꝥ. cāpwerodes mód þe unforhtre wære ðy læs hi flugon.
  24. andweardnesse 7 his gehate þe (*rest wanting*).
  26. gehet.
  27. ði únmætan wærode ymbseald 7 ymbhæfd. wǽpen habban butan.
  28. girde. handa 7 he.
  29. we (*p.* 167) rod oðþe ofslegen. wearð þa wæs his æfterfylgend
      on ðam rice ana (*corrector*).
         n
  30. éenes.
  31. mann. ðæs bestan. cenned be þa hi her æfter.
  32. tíd. secgeanne 7 se sylfa. æfter ðon.

Text of O *in full.*

O. fultum hæfdon þoñ heora fynd þa bædon hi sigebirht ꝥ he mid him to þam gefeohte fore 7 hyra fultum trymede 7 bylde. þa he ða þā wiðsóc 7 cwæþ ꝥ he ꝥ nolde. þa namon hi hyne on þā mynstre 7 hine neadinga mid him læddon to þā ,feohte
                                                                                                                                    ge
20 ꝥ hi þy baldran 7 þy unforhtran wæron. 7 þy læs ymb fleam hogodon þe hi swa godne 7 swa æþelne wer mid him hæfdon ac he wæs swiðe gemyndig þæs gehates þe he gode gehet 7 þa git
      he
þa, wæs ymbhringed mid his feondū he nawiht on hand nyman wolde buton (47ᵇ) his agene gyrde anlipie. 7 he þa þær wæs
25 ófslegen mid þam cyninge sigebyrhte. 7 hiora heriges þær wæs micel ófslagen fram þam hæþenum 7 eal todræfed 7 þa feng anna enes sunu æfter him tó eastengla rice he wæs eac þæs cynecynnes. 7 wæs swiðe æþele wer 7 he eac swiðe æþele bearn gestrynde. be þam we eft forþon ón þysse bec secgean willað 7 þe. s (o *eras.*)
30 annan eastengla cyning penda mercna cyning eac ofslogh ; (*then follows on a fresh line* Ðyssum tidum, *cap.* 21.)

Ca. (16) fultū. ðonn. bǽdon. sigebyrht. hī. (17) þā.
fultū. (18) þa he þā wiðsóc. cw̄. ða. hine. (19) nead-
unga. hī. þā gefeohte. (20) hi ðy. (21) hogodan.
hī. (22) swiðe. gyt þe he. (23) ymbhringend. nanwiht.
(24) butan. anlipige. ðær. (25) ofslegen. þā cyninge 7
heora. (26) mycel ofslægen frā hæðenū 7 eall. (27) æft
hī to. ðæs. (28) swyðe. wér. swyðe. (29) forð on
þisse béc. wyllað. 7 þysne. (30) myrcna. ofsloh.

C. (16) ða he ða ðam **S**. (25) sigeberhte **S**.

Page 210.	1. fram.	ylcan hæðenan.	myrcna ofslegen wæs. þæ
B.	(*dot under first part of* æ) ær his.		
	2. fram ofslegene wæron.		

From 210 3, *to* 220 18, *not in* **C. O. Ca.**

3. þe sigebriht ða rice.   com hibernia.
4. ealande sum halig wer þæs nama wæs fursius se wæs on.
5. 7 on dædum.   swylce eac.
6. mægenū.   willnode.   ꝥte swa hwær swa gelimlice.
7. mihte.   ꝥ he for godes lufon on elþeodignesse.
8. þa com.   eastengla ríce 7 mægþe.
9. fram ðam.   arwyrlice onfangen 7 he sona gefylde ꝥ.
10. ꝥ him.   wæs ꝥ.   lare.
11. 7 he manige.
13. ðær.   sumre untrumnesse.   lichaman.
14. ðære.   geearnode ꝥ.   eagliscre gesihþe.
15. on ðære.   manod ꝥ.   ætfealh.   anginnan þenunge ðæs.
16. ðam.   wæccū.
17. gebedū.   þeowode forðam þe him cuð forðfor toweard wære.
18. ungwis (*sic*) seo tíd þære ylcan (*p.* 168).   forðfóre bị dan (*divisim, defect in parchment; dot under* i).
19. gé forþon.   witan ðone.   þa tide.
20. mann.   þære gesihðe getrymed ongann ð,^{a}.
21. timbrian.   ðæs.   fram.
22. sigebrihte onfeng.   ꝥ.   regollicum.
23. ðeodscipum heold þa wæs.   on.
24. on.   cneoferisburh.
25. burh.   æft æfter ðon.   manige menn.
26. hean timbrum gyfū. eac fræcewodon 7 weorðodon.   ðæs.
27. on ða æþelestan.   feorr micle ꝥ.
28. móde.   þoñ.   woruldgebyrdum 7 fram ðære sylfan.
29. cnihthades ꝥ.   gyminge.
30. leorninga.   swylce mynstera 7 his ðara þeodscipa 7 ꝥ te.
31. swiðust halegum.   ealle þa ðe.   geleornode.
32. behidiglice tylode.   healdenne.

| Page 212. | 1. forðgangendre tíde ꝥ.   him synderlice wic getimbrede ꝥ |
| **B.** | he mihte on ðam freolice gode þeowian ðær he wæs þread mid untrumnesse lichaman. |

3. se is awriten.   lífe.
4. cyðed ꝥ.   alæd of lichaman ongyrwed 7 þa (*rest wanting*).
5. werod.
6. ansyne.   7.   geearnode ꝥ he eac ða halegan herenesse gehyrde.
7. hi.   lufedon.
8. ꝥ te he sæde ꝥ.   hi.   betwyh oðer leoð monig.

VARIOUS READINGS. PAGES 212–214.

Page 212.
B.
9. sigan. uirtute uidebitur.
10. deor̄ (*p.* 169). gangaðˇ. on. gesewen.
11. haligra,.   gód   gelæded on lichaman.
12. ðy þriddan. lichaman. ða.
13. þ án ða. eac ða.
14. geflitu. werigra. þa.
15. ða werian. 7 mid. oncunningum tiledon.
16. þ hi. ðone. forsetton 7 fortyndon no hi hwæðere on þam fremedon.
17. ða.
18., on heannesse úpp ahafen. fram ðam.
19. þ. on ðysne.
20. bigde. ðas nyþerlican ðing.
21. ðystre. nyþernesse.
22. · IIII · onæled. ðære. nowiht miclum.
23. betwyh. ða fýr wǽron.
24. hi. synddon ða.
25. ǽr on forbærnende 7 fornimende án. liges. þ.
26. þ we nú gefyllað þ. fullwihte gehatað þ we yfle wiðsacað.
27. únriht willnunge fýr þoñ we ðisses.
28. ús.
29. þoñ ða. þ ðridde.
30. þ is þoñ þ we. forhtigað þ. ða mód abylgean ura ðara nyhstena.
31. þ. arleasnesse fyr þ.
32. nowiht doð þ. menn reafiað (*p.* 170) 7 strudað in.

Page 214.
B.
1. 7 heora godum. fyr.
2. hi togædere. þeoddon 7 weoxan 7 samnedon oð þ ðe hi. on ænne.
3. leg gesamnodon mid ðy. him ða genealæcte.
4. him swiðe. 7 cwæð. þam.
5. engle hwæt ðis fyr. nealæceþ.
6. ða hī. andswarode. þte ðu ǽr ne onbærndest.
7. bærneð þ nðe (*sic*). þeah þe. sy micel 7 egeslic gesewen hwæþere hit æfter. geearnunge.
8. gehwylcum.
9. forþon. unrihtwillnung on ðyssum.
10. byrneþ. forðon swa hwylc mann byrneð swiðe on lichaman.
11. ungelyfedne. swa he. lichaman.
12. þ gescilgade. ðam þrim englū.
13. on æghwæþere gesihðe ladteow wæs wæron foregengende in ðone lég. fýres.
    him
14. twegen, on twa healfa.
15. frecennesse.
16. wérian. ðurh þ. fleogan. hi.

Page 214.	17. bærnesse gefeoht timbredan.		sóðfæstum.	hi eac wið þā.
B.	18. wrohta.	wæs gesyhð.		
	19. wereda.	ðe.	scildon.	
	20. gemette.	ða þe on.		
	21. æþellice gewelegode.		hlisan.	þ hi.
	22. hyrdon fram ðam. eallū þam.		manig.	ða þe him sylfum 7 eac
	23. swiðe (p. 171).			
	24. witanne.	hi ða hyra.	spæce geendod 7 swylce eac eft.	
	25. ðam engellicū.		hwurfon.	
	26. áwunedon (junctim).		ði eadegan fursie ða.	be ðam.
	27. ðy þe hi ða.		genealæcton.	
	28. 7 þā miclan ða.		ðone.	fýres beforan him.
	29. mann.	ðe to þære openan dura betwyh.		
	30. ða legas becóm þa gægripon hi ða unclænan.			
	31. ðam mannū.		hi on ðam.	fyre bændon (sic, cp.
	216, 217).			
	32. byrnende.			
	33. ceacan 7 hi hine swa forndon.		ongeat.	ðone mann.
	34. cóm þ.			
Page 216.	1. forðgelæded.	þa genam.		ðone mann wearp in
B.	þ fýr.			
	2. ða cwæð.	wer a feond hwi willað ge wiðscufan ðone þe.		
	3. ǽr onfengon.	ǽr his.		
	4. ge beon dælnimende.		wíta.	
	5. godum forgytsunge (y on eras.).			
	6. forðon.	sawle.	7 ða ablánn þ fýr fram hī.	
	7. cyrde.	cwæð þ te ðu onbændest þ byrneð on þe.		
	8. ðu.	mannes gefean.		
	9. wíte.	ðe 7.		
	10. manig.	halwendum.		
	11. ymb ðære.			
	12. ða wæs æfter.			
	13. lichaman (p. 172) sended 7.		lífes tíd þ.	
	14. bærnnesse þ.		aræfde gesynelice.	mannum on.
	15. 7 on his ceacan bær 7 wuldorlice þrowiende wæs þ te se lichama ea wærlice (sic).			
	17. gimde.	mann.		
	18. þ.	ǽr.	mannum manega weorc.	
	19. æghwæþer.	ætywde.	bodode.	
	20. þam mannum.		hit cyþan wolde ðā þe.	
	21. frunon.	acsodon.	for ðam.	
	22. inbryrdnesse heofona ríces lufon.		gýta sū eald.	
	23. úres.	sǽde 7 cwæð.	ðe þas boc.	
	24. þ.	sæde sum æfest mann.	þ.	
	25. furseū gesawe.		eastengla ríces mægðe.	sylfes.

VARIOUS READINGS. PAGES 216–218.

Page 216. 26. ða gít tó æticte þ hyt.   tíd.
B.   27. wǽre.   ceald 7 fyrstig mid íse.
   28. þ he se.   halega wer þte on ðyssum hrægle.   betwyh.
   29. gesawene for micelnesse.   gemyngodon eges ge swettnesse his gesyhþa þte.
   30. swa he in swoloðan.   sumeres wære.
   31. He ða se godes.   manig gear.   ærest on.   eallum þā ærest godes.
   32. þa he ne mihte eaðelice.
   33. únstillnesse ðara onfeallendra mænigeo.   he all ða þing.

Page 218. 1. ðe.
B.   2. (p. 173) 7 mid feawum gebroðrum.   bryttas cóm on eastengle 7 ðær.
   3. bodode.   ǽr sædon.
   4. æþele.   ða þ.   mynsterlice ge.
   5. gesett.   willnode.   sylfne fram.   begangum.
   6. frēdne gedón.   ða þa.   ðæs.
   7. breþer.   twam mæssepreostū gobban.
   8. 7.   fram.   middaneardes þingū freoh on ancerlífes drohtnunge gestihtode.
   9. life. Hyrde he eac oðerne.
   10. ultanu' se wæs.   gecostnesse.
   11. becóm to ancerlife.   gear.   on.
   12. 7 on gebedum 7 on gewinnum lifde.   Æfter.
   13. hæþenra heregunge gedrefede 7.
   14. cyricum.   frecnesse towearde.
   16. ríce 7 he ðær fram loþewie francena.   ercenwalde.
   17. ealdormenn arwyrðlice onfangen.   7 he ðær.
   18. on ðære stowe.   latine áco.   æfter medmiclum.
   19. þ he wæs untrumnesse gestanden 7 on ðære.
   20. geendode.   lichaman.   ylca.   ealdormann eorcenwald.
   21. on portice.   cyrican sūre.   on his.   getimbrede.
   22. þæs is perrona (a *out of* u).   þ.   cyrice.
   23. æfter.   twentigum dagum þa (p. 174).
   24. hi.   lichaman úp.   ðam.   on cyrican.   weofode byrgdon þa.
   25. gemeted.   ungesceðped.   ða.
   26. ylcan tíd.   ðissum.   alǽded wæs.   ·IIII· wintrum.
   27. þ man.   cyrican.
   28. þ hýt gerysenre.   þ.   lichama gereste on eastdæle þære cyrican 7 ðæs weofodes.
   29. gýta.   butan wōme ungebrosnod.
   30. gemēted 7 hi hine þær.   weorðre.   7 ðær.
   31. weorc miclum mægenū.
   32. beorhtigað.

Page 220. 1. Etwyx þa ðing þam forðferendum eastengla bysceope æfter
B. (*space for* B).
2. ðæs onfangen bysceophades.   honoriu'.
3. arcebysceop on.   thoman.   bysceope se wæs of gyrwa mægðe 7 ðæs.
4. æfter.
5. byscophades.   brihtgels.
6. naman haten.   on.   stowe.   bysceope gesette 7.
7. arcebysceop.   æfter ðon.
8. ða ḡmæro.   rynes gefyllde.   ðissum.   þy ærran.
9. ðreo.
10. fram dryhtnes.   7 blann.   bysceophad.   gear.
11. monað.   syxta arcebysceop.
12. ðam sealde cantwara bur (*p.* 175) ge.   wessexena.
13. ðone cóm þyder.   halgienne ittamarus.   bysceop æt hrofeceastre.
14. gehalgod ðy.
15. kalendarū 7 he.   circan.   rihte nigan gear. 7 IIII·
16. 7.   forðferendum.   fore domianum se wæs.   suðseaxena.

C. O. Ca. *begin again at* 220, 20.

20. þyssum (þ *illum.*).   tídum middelen,le (1*st hand* ?).   suna.
21. soðfæstnesse ryne.
22. geong æþeling 7 gód.   naman hæfde 7 wæs þæs hades.
23. hī.   ríce gesealde. ne him man (*rest wanting : the* m *in* man *corrected out of* n *imperfectly*).
25. oðere.
26. tiðian.   þære.
27. ðeode.   he ofer cyning wæs þa he þa.

O. 20. ðyssum.   suna.
21. soþfæstnesse.
22. geong æþeling god.   naman.   wyrþe.   him forþon.
24. tó oswie.
25. wife.   oþre.
26. tiþigean.
27. þeode.   ofer cyning wæs.   he þa.

Ca. 20. Ðyssum tidū.   suna ðæs.
21. soðfæstnysse.
22. geong.   7 gód.   namon.   well.
23. hī.   ðære.   ða.
24. oswio.   þ.   hī.
25. wife gesealde 7 hine.
26. tyðigean wolde nemðe.   ða ðeade (*sic*).
27. ofer cyning wæs ða.   soðfæstnysse bodunge (*p.* 78).

VARIOUS READINGS. PAGES 220-222.

Page 220. 28. láre. þ. ðæs. ríces. æryste.
B.   29. ða. andette. þ.
        30. ðeah þe. furðon þære.
        31. 7 ða wearð he. gespanen. fram.
        32. osweos. ðæs nama. ealhfrið.

O.   28. þ.
        29. 7 ða. undeadlicnesse. þ.
        30. þe he no furþum.
        31. 7. swiþust gespo . nen (1 *eras.*). onfonne (48ª). fram.
        32. nama. ealhfrið.

Ca.   28. þ gehát ðæs rices. ærist.
        29. 7 þa undeadlicnysse ða. þ.
        30. forðon. fæmnon.
        31. 7. swyðost gesponnen. frā.
        32. nama. ealhfrið.

Page 222. 1. 7 hæfde.
B.   2. cyneburh.
        3. ða. gefullad fram fīnona þam bysceope. eallū.
        4. ðe. comon cyninges ðegnū.
                o
        5. þeawū (*same hand*). ðam mǽran tune ðæs. (*p.* 176) æt
           wealle 7 se cyning.
        6. 7 þa.

C. S.   1. freond hæfde.
        5. walle 7 he onfeng 7 se cyning him sealde.

O.   1. . hæfde (*eras. of* 1). wife. cyneburhg.
        3. ða. gefullad fram. þam bisceope.
        4. geferum. coman. þegnum.
        5. on þam. tune.
        6. ónfeng. ða sceoldan.

Ca.   1. 7 hæfde. sweoster to wife.
        2. cyneburh. dohter.
        3. ða. gefullad frā. þā ƀ. eallū.
        4. geferū. hī comán cyninges þegnū 7 eallū.
        5. þeowū on þā. tune se is.
        6. 7 se cyning hī onfeng 7 hī sealde IIII.

VARIOUS READINGS. PAGE 222.

Page 222. 7. þeode læran 7 fullian þa wæron on.
B. 8. life. góde 7 he. miclū.
    9. wæs he ferende hám. ða.
   10. hatene. scyttysces.
   11. 7 ða. broþor.
   12. ðæs mæssepreostes.
   13. ðæs. ǽr gemyngodon þa hi ða gemyngodon.
   14. ða. comon. peadan þam cyninge.
   15. ðær. bodedon. lærdan. hi.
   16. gehyrede. 7 dæghwamlice monige æþeli̱ce 7 unæþele wiðsocon (*stroke under* ic *in* æþeli̱ce ; *modern* ?).
   17. deofolgylda. fullwihtes baðe fram.
   18. aþwogene. hwylce.

C. S. 7. ða wæron ge on (= O. T. B.).
   11. cynnes ða (= O. T.).
   16. ðær *deest* (*before* geherdon = O. T.).

O. 7. læran 7 fullian. þa wæran ge ón.
   8. hiora life. gode 7.
  10. hatene. dema. scyttysces.
  11. oþre. broþor.
  13. e,rege heafde (1st hand). gemyndgedon þa hi þa þa.
  14. gemyndgedon sacerdos on. mægþe coman.
  15. bodedon. hie.
  16. gehyrdé. 7. monige ge æþele ge unæþele wiðsocon.
  17. deofollgylda. fullwihte bæþe.
  18. áþwegene. gif (i *out of* e) hwylce.

Ca. 7. sceoldan. læran 7 fullian wæron hi. ge͛ongelærednysse ge͛ on (*the letters above in pale ink, modern* ?).
   8. life mycle 7 gode 7. mycle.
   9. ða mæssepreostas wæron þus gehatenne.
  10. dema. scyttysces.
  11. cynnes 7 þa oðre. broðer.
  12. ðe is nemned.
  13. hregeheafde ðas gemynegodan sacerdos on.
  14. coman peadan.
  15. bodedon. 7 hig.
  16. þær gehyrde. 7. monige ge æþele ge únæþele
  17. unsyfernysse deofolgylda. fulluhte. synnū.
  18. aþwegene. þón má gif hwylce.

.VARIOUS READINGS. PAGE 222.   235

Page 222. 19. menn woldan on myrcna.   þ hi wel moston.
B.   20. gyt má þ te.   menn ðe.
   21. ongeat þ te hi in.   gelærede.   ða.
   22. geleafan hæfdon 7 cwæð þ hi fracode.
   23. earme wæron (*after this the words* 7 ða *to* wæron *are repeated exactly : there is a stroke under the first set* from 7 cwæð *to* hæfdon; *modern* ?) þ hi.   gode gyldan 7 hýran on ðone þ hi gelyfdon.
   25. ðas þing twam gearū.
   26. ða.   wæs oswe (*sic*).   cristenesta.
   27. ríce.   heræfter secgað (*p.* 177).   wæs mid diioma an ðara foresprecena mæssepreosta heora feowera án þe we ǽr gemyngodon bysceop.

C.   19. *Fragments of* 3ᵇ *begin at* wolde.   þ hi.
   20. ac g. t. ma þ.
   21. ongeat þ.
   22. þ hie.
   23. gescop 7 hi on *deest* S.
   26. ac ða.
   27. rice.   . oma an.
   28. bisceop.

O.   19. woldon on mircna (i *out of* e) cynne (48ᵇ).   læron þæt
       i ne
      h,e , mostan.
   20. . . . gen.   þæt he foreseah.
   21. ongeat þæt hie.   cristes, geleafan habban (*omitted words interlined*).
   22. woldan 7.   þ hie fracuþe.
   23. wæron þ hie ne woldan.   hi gelyfdon.
   25. twam gearum.   deaþe.
   26. ofslagen.   oswi.   cristena.
   27. rice.   dema án.
                          den
   28. þam.   sacerdum bisceop.   gewor,

Ca.   19. woldan on myrcna.   læron þ hi ne mostan.
   20. gyt ma þ.   héte (*accent coarsely revived, original visible*). ðe he ongeat þ hi.
   21. gelærede.
   22. ne mostan woldon (mostan *partly washed out*).   7 cw̄ þ hi. woldan.   hyron.   ðe hi gescop 7 hi on gelyfdon.
   25. ðas.   twam.
   26. ða.   ofslegen 7 oswig.   cristena.
   27. rice.   secgeað ða.   dema an.
   28. þā.   sacerdū.

VARIOUS READINGS. PAGES 222–224.

Page 222. **B.**
29. myrcna.   seo gefeanes nydde.
30. þ te án bysceop.   twa.
31. tíde micel menigeo drihtne.   láre 7.
32. on middelenglū on ðam þeodlande ðe.   genemned.   in fa eppingū (*i. e.* in faeppingum).
33. æfter.   bysceophade.
34. æfter.   bysceopscíre.

C.
29. somed.
30. bisceop.

O.
29. forðan.   feanes.
30. þæt an bisceop sceolde beon.   tu.   þa on medmycelre.
31. tide.   beget.   ʰᵉ 7, (1*st hand*).
32. on middelenglum on þam þeodlande.   on.
33. æfter.   bisceophade.
34. sceo,ᵗta.   bysceopscire.

Ca.
29. myrcna samod.   féanes nydde þ an ƀ beon sceolde ofer tú.
30. on medmycelre tíde mycel.
31. 7
32. on.   on þā þeodlande.   on feppingū ða.
33. ƀ hade Ceolloh (1*st* o *out of* a).
34. medmycelre.   forlét þa ƀ scire.

Page 224. **B.**
1. 7 hwearf.   eþel to ðam mynstre 7 ealande þ monigra mynstra heannesse 7.
2. æfter.   ðam.
3. bysceopháde trūhere.   mann.   on.

C. S.
3. mon 7 se.

O.
1. eþel.   þam ealande.
2. heanesse 7 heafud.   h. æfdon (*eras.*) ða.   æfter. to bysceophade.   man . 7 se wæs on munuclife (*after* man *erasure on which is a full stop*).

Ca.
1. 7 hwearf.   híí þā.   þ.
2. heanes 7 heafod (*p.* 79).   ða.   hī to biscophade.
3. trūhere.   man se wæs on munuclife.

VARIOUS READINGS. PAGE 224.

Page 224.
B.
- 4. 7 wæs.   fram scottum to bysceope gehalgod ꝥ wæs geworden on.
- 5. tídum.   be ðam.
- 7. A þære, *space for* þ.   tíde eac swylce (*then blank* = 13 *letters*). ðone.   hi.
- 8. áwurpon ða hi (á *ends line*).   bysceop awurpon 7 út ascufon 7 mid geornfullnesse osweos.
- 9. ilcan.
- 10. siebriht.   æfter ðon oðrū siebryhte ríce bnfeng (*sic*) 7 wæos (*sic*) þæs cyninges freond osweos.
- 11. gelomlice.   cóm.
- 12. on.   norðhymbra.   gewunode osweo se cyning (*p.* 178).
- 13. ꝥ.   ꝥ he ongeate ꝥte.   mihton góde.

C.
- 4. he *deest* (*before* wæs) S.
- 7. þære tide.   ðone.   (*Fragments of* 3ª *begin at* 7 [gea]ra).
- 8. hie.   ðone bisceop.
- 9. oswies ðæs.   ðære ilcan ðeode.
- 10. rice.
- 11. oswies.   Ond *to* mægðe, *twice written, the first struck through.* gelomlice.   com.
- 12. norþanhymbra mægðe, *the 2nd written* mægþe.
- 13. ongea . .   gode beon beon þa þe.

O.
- 4. fram scottum to bisceope gehalgad ꝥ wæs geworden on.
- 5. be þam.
- 6. heræfter seccgeað; (49ª).
- 7. þære tide.   hie.
- 8. awurpun þa hie.   áscufon.   geornfulnesse óswies.
- 9. forþon.   ylcan.
- 10. sigebyrht.   æfter þam oþrum.   sigebyrhtte rice ónfeng.
- 11. óswies.   gelomlice.   com.
- 12. on norðanhymbra mægþe ða.   óswi,̇.
- 13. þæt he óngeate þette ne mihton gode (*erased accent?*).

Ca.
- 4. 7 he wæs.   frā scottū to ƀ.
- 5. ꝥ wæs geworden on.   tidū.   be þā.
- 6. secgeað.
- 7. tide.   hi.
- 8. hi mellitū.   ƀ.   geornfulnysse oswies.
- 9. ylcan.
- 10. sigebriht.   þā.   sigebryhte rice.
- 11. he freond.   oswies.   gelomlice.   hī cóm.
- 12. on norþanhymbra.   ða gewunode oswio.
- 13. ꝥ.   ꝥ he ongeate ꝥ te no mihton godes.

Page 224. 14. manna handum.
B. 15. oððe.   treowum oððe stanum 7 ðara treowa æcyrfe 7 láfe oððe.
16. oððe hwæthwuga fata gehiwod wæron 7.
17. cuðlic.   wæron 7 on forhogednesse hæfde oððe fótū tredenne.
18. gehwyrfede.
19. me wære.   ongytanne on.   onbeseondlice menniscum.
20. eagū ungesewenlicne ælmihtigne god écne.   gesceop.
21. manna cýnn.   7 he wære.   demenne.   ymbhwyrfte 7 rihtwisnesse 7 ꝥ seld.
22. éce on to.
23. gelyfanne on heofonū.   frætewednesse.

C. 15. oððe fyre S.
18. fotū.
22. þæs setl.
23. heofonum næs on S.

O. 14. þe manna handum.   eo,ð͡licum.
15. oððe of treowum oððe stanum þara treowa æcyrfe 7 lafe.
16. oððe fyre for . bærnde (1 eras.).   oððe on hwilchugu. gehiwad wæron.
17. oððe cuðlice utworpene wæron 7 on forhogodnesse.
18. fotum.   on eorþan gehwyrfde (f on eras.) wæran.
19. óngytanne on þrymme unbefeondlicne menniscum ege ungesewenlice ælmihtigne.
20. gesceop.   heofen 7 (7 on eras.).
21. eorðan 7 manna cynn.   7 he wẹre.
22. 7 þæs eþel.   ecce.
23. on.   nalæs on eorðlicre.   on.

Ca. 14. manna handū.
15. oððe of treowum oððe stanū ðara treowa æcyrf 7 lafe.
16. oððe on fyre.   oððe on hwylchugu.   gehiwade wæron.
17. bryces oððe.   utworpenne wæron.   on forhogednysse.
18. fotū tredene 7 on.   gehwy,rfede.
19. má.   ongytenne on.   unbefeonglicne.
20. eage ungesewenlicne ælmihtigne.   heofonas.
21. manna cynn.   ond ꝥ he wære toward.
22. ymbhwyrfte 7 þæs eðell.
23. gelyfanne on heofonū nalæs on.   frætwædnysse 7 gewitendre 7 ꝥ wære.

VARIOUS READINGS. PAGES 224–226.   239

Page 224. 24. on guðgengdre 7 þ.   ongitanne þ te.
B.   25. leornodon 7 worhton fram þam.   hi gesceapene.
          26. þ hi ðonne wæron eac méde to onfonne ða écan 7 ða uplican
              fram ðam þa word 7 ea, monig ðysses.
          27. sigebrihte.
          29. gelome.   nyhstan.   geðafunge.
          30. þ.   7 ða.   geþoht.   witū 7 freondū.
          31. trumnessū.   7 mid ḡþafunge.
          32. 7 mid.   geferum gefullad.   frā.

C.   24. 7 þ.
          26. þ hie.
          27. Ond.

O.   24. ón uuðgengre 7 þ.   óngytonne þæt.
          25. þa þe.   leornade.   frā þā þe hi gesceapene.
          26. þ hi þonū wæron (49^b) fram.   ece.   þas.
          27. word.   óswio (o *on eras.*).   sigebyrhte.
          28. broþorlicre.
          29. gelome (o *on eras.*) tosprec ða.   nyhstan.
          30. 7 ða.
          31. hiora trymenesse.   geþeafunge.
          32. 7 mid.   geferum gefullad.   fram.

Ca.   24. ongeotanne þ.
          25. ða þe.   leornodon 7 worhton frā þā þe hi gesceapene.
          26. þ hi þonū wæron frā hī.   ðas word.
          27. monige.   oswio.   sigebyrhte.
          28. broðerlicre.
          29. gelome tosprec ða.   nyhstan.
          30. þ.   7.   witū.
          31. freondū.   trymenysse.
          32. 7.   geférum gefullad (a *out of* u, d *out of* n).   frā.

Page 226. 1. þā byscoepe on ðā cynelican tune.
B.   2. nemned (*p.* 179) is.   wealle ðy geare romane brytene
          ealand begyrdon.

O.   1. þam bissceope on þam cynelican tune þe.   gemyngedon.
          2. be þam wealle þe gearo romane.   ealonde (e *on eras.*)
              big,rdon (igr *on eras.*).   fram eastsæ.

Ca.   1. þā ƀ on þā cynelican tune.   gemynegodon.
          2. æt walle be þam wealle ðe gearo romane brotone.

VARIOUS READINGS. PAGE 226.

Page 226.
B.
- 3. mílum fram.
- 4. *begins* þa siebyrht.   cyning wæs.
- 5. ríces.   ꝥ seld.   hwilwendlican ríces.
- 6. him sume lareowas.
- 7. þe.   ðeode.   gecyrde.   mid þam.
- 8. wylle fulwihtes baðe aþwoge 7.
- 9. ærendracan.   middel enlū (*cp.* **220,** 20).   hī to gehet.
- 10. halegan.   mann.   hī.   geféran sūne.
- 11. fultume 7 he.   bodigan eastseaxena ðeode.
- 12. þæs ðe hi ða ealle.   land ðurhforon.   cyrican gsānuge (*sic*).
- 13. gelamp hit sumre tíde ꝥ te.
- 14. hám.   com.   cyrcan.   lindesfarona eá for.

C. S.   5. setl.

O.
- 4. 7 þa sigebyrht.   cesterwara.   ecean.   þæt eþel
  secean.   hwilendlices rices ða bę̄ . d (b *out of* h, *eras. of* 1).
- 6. óswi͡,.   hwilcehugu.
- 7. þe.   gecyrde.
- 8. wyllan (y *on eras.*) fullwihte bæþæs (a *of* æ *eras.*) aþwoge 7.
  þa.
- 9. ærenddracen.   middelen͡,lum.   gehet cedd (e *formed by erasure, 2nd on eras.*).
- 10. man.
- 11. tó fultume 7 hie sende.   e͡,stseaxna ðeode.
- 12. hiða (*vertical stroke after* hi *to divide*).   eall þa land.
  cyricean 7 gesomnunge (50ᵃ).
- 13. ͡be,geaton þa gelamp sūre tide þæt cedd . (1 *eras.*).
- 14. com.   cyricean.   fore gesprece.

Ca.
- 3. begyrdon XII milū frā.
- 4. 7 Ða sigebyrht.
- 5. ꝥ eðel.   hwilendlican rices.
- 6. oswio.   hī hwylchugu.
- 7. gecyrde.
- 8. wyllan fulluht.   aþwoge 7.   þa (*p.* 80).
- 9. ærenddracan.   middelenglū.   hī to gehet.
- 10. man.   hī.   oðerne.
- 11. fultome 7 hi sende.
- 12. ðæs þe hi ða eall.   land.   mycele cyrican.
- 13. drihte.   ða gelamp.   tide ꝥ.
- 14. com.   cirican.   for gespræce.

VARIOUS READINGS. PAGE 226.

Page 226.
B.
- 15. gesprece.   bysceopes.   bysceop ongeat ꝥ.
- 16. ðære godcundlican lare.   befealh.   ða.
- 17. gecyrred.   gehadede hine.   eastseaxū.   bisceope.
- 18. gehet oðere.   bysceopas.   þenunge.
- 19. þa he.   bysceophade onfangen.   hwear (*sic*).   eft on eastseaxena.
- 20. máran.   ꝥ ongunnenne.
- 21. 7 timbrede cyrican on manegū stowū.
- 22. ðe him godcundre.   on ðære.
- 23. þenunge fullwihtes baðes fultumian sceolde 7 swiðust on ðære.
- 24. on oðre stowe.   tíílaburh (*p.* 180).
- 25. seo arce stow.   pante staðe.   eá.   on temese staðe on ðam gesamnode.
- 26. wered xr̄es þweowa (*sic*).   hi.

C. S.
- 20. ꝥ.
- 25. seo *deest* (*before* oðer).

O.
- 15. bysceopes (*final* s *not* 1*st hand*).   bisceop ongeat ꝥ.
- 16. lare geornne.   þeode.
- 17. gecyrred.   gehadade.   bissceope.
- 18. oþre.   bisceopas.   þenunge.
- 19. þa he þa.   bisceophade onfangen.
- 20. mægþe.   7 maran ealldorlicnesse ꝥ ongunnæne (a *of* æ *erased*).
- 21. cyricean on.
- 22. halgade ða þe.   lare 7 on.   fullwihte bæðes fultun.,an sceolde 7 (on *traceable under* swiþust).
- 23. on þære þe is . . . (3 *eras.*) nemned tilaburgh (*rest wanting*).
- 25. æreste stow is on pente staþe.   oþer is on.   staþe.
- 26. on þam.   gesomnade.   7 hie.

Ca.
- 15. ƀ ða he ða se ƀ ongeat ꝥ.
- 16. ðære.   lare.   wiðfealh.
- 17. gecyrred.   ƀ.
- 18. hī gehet.   II.   ðære þenunge.
- 19. ƀ hade onfangen ða.   eastseaxna (n *out of* u).
- 20. 7 maran ealdorlicnysse þa.
- 21. gef,ende.^yll   cyricean on monegū stowū.
- 22. þa ðe hī.   lare 7 on.
- 23. ðenunge fulluhte.   fultumian sceolde swyðost on þære þe is nemned tilaburh.
- 25. æreste stow is on pante staðe.   seo oðer.   on.   staðe.
- 26. on þam.   mycel weorud.   ðeowa 7 hi.

R

VARIOUS READINGS. PAGES 226–228.

Page 226. 27. healdenne regolices lífes.   ða niwan cristenan.
B. 28. gýt.   niman mihton.
    29. ðy.   mid þære.   gefeondū.
    30. efenfeonde eallum.   gesettnes.
    31. lífes.   toæteacnienne naman ða gelamp inbryrdendū.
    32. þam.   eallra góda þ te.   ðurh.   mægena hand wearð.
    33. gebroþor ðe.   mán.
    34. hi man ða.   hwā hi.   mihton.

O. 27. lifes þeodscype swa swiðe swa swiþe swa (*1st* swa swiðe *struck through*).   niwan cristenan þa gyt.
    28. niman mihton.
    29. mycelre.   on.   mægþe gyfendum.
    30. efngyfendum eallum.
    31. ætycnesse nam (y *on eras. of* e).   ða gelamp onbrýr (50^b) dendum.
    32. eallra.   maga hand wearð ófslægen.   gebroþor.   man.
                        for
    34. ðy hi.   fræng,.   hi.   mihton.

Ca. 27. healdenne reogollices lifes.   ða niwan cristenan.   gyt. niman mihton.
    29. mycelre.   on.   gyfendū þā cyninge 7 eac eallū þā follce. getenys.
    31. dæghwālice toætycnys nám ða gelamp onbryrdendū þā folce ealldra goda þ.   maga hand wearð ofslagen.   II gebroðra ðe ðis.
    34. hi.   hi ðis.   mihton.

Page 228. 1. hi naht andswarian elles buton þ hi yrre wæron.
B. 2. ðam.   fynd forðam.   þ.
    3. arede.   gefremedon.   ðe hi.
    4. þingunga.   bædon þ.   blyðe.

O. 1. hi noht.   7 swarian.   þ hie.   wæron.
    2. fynd (y *on eras.*).   gewunade þ.
    3. arede (*1st* e *on eras.*).   gefremedon.   hi.
    4. þingedon.   forgyfenesse bædon.   mode.

Ca. 1. hi.   7 swarian nemðe þ hi forðon.   wæron.
    2. ðam.   fynd.   þ.   feondū.
    3. arede 7 ða gefremedon.   frā hī.   ðe hi heom þingedon.
    4. forgyfenysse bædon þ.   mode.   hī eall.

VARIOUS READINGS. PAGE 228.

Page 228.
B.
5. forlet þylc.   synn.
6. bebodo.   gewillsumre.
7. hwæþere.   ðam his unscildigan deaþe.   sýn witnod æfter.
8. forecwyde.   godan.   ðæs halegan bysceopes.
9. gesi . ða (*erasure of* h).
10. gesynscipe ða.   bysceop þ ða.   mihte.   7.
11. amænsumede he hi 7 him eallū.   ðe.
12. þ hi.   hús.   swæsendon ne (*p.* 181) þigedun.
13. þ bebod.
14. hám.   on.   swæsenda breac þa.
15. ða.   þanan.   bysceop.
16. him on (*before* on *erasure of an under-dotted* t).
17. lyhte.   feoll.   fotū.   scilde fogyfenesse (*sic*).

C. S.
5. him forlet.
13. —bod gelaþ—(= O. T. B.)

O.
5. forlet ðyslic.   wæs (æ *on eras.*).   ofslegen.   forþon.
6. godsp,llican bebode.
7. hwæþere on þam his unscyldigan deaþe.   witnad æfter.
8. ðæs godes.   bysceopes forþon oþer.
9. unálýfedne.
10. gesynscype.   bysceop þ þa ne mihte.   7.
11. amænsumede.   eallum.
12. hi on.   eodan.
13. mete þygede ða forhogode.   cyning þ bebod.   gelaþade.
14. ham . (e *erased*).   on.   swæsendo þeah þa.
15. þanan.   bisceop.
16. togenes.
17. lyhte.   feoll.

Ca.
5. ðyslic.
6. ða.   bebode mid wynsumnysse heortan.
7. hwæðere on his unscyldigan.   synne gewitnod.
8. forecwide ðæs halgan.
9. slogan.   únalýfedne.
10. gesynscipe.   ƀ þ ða ne mihte.   7 gestyran.
11. amansumede.   beb,ad.   ðe hī.
12. þ hi on his hus (*p.* 81).   swæsendū.
13. mete ðygedon ða forhogode.   cyning þ bebod 7 gelaðede. gesíð.
14. hame.   on.   swæsendo ðeah.
15. ða onweg þanon.   ƀ hī.
16. ða.   hine ða.   ða wæs.
17. lyhte.   feoll hī to fotū.

Page 228. 18. bysceop. ætgædere.
B. 19. yrre. licgendre (*sic*) gehrán. he on handa.
20. bysceoplicre aldornesse. cyðende. ðus.
21. ðe secge forðon. woldest þe.
22. fram þā húse ðyses. forlæredan. ðæs genyðeredan
þ ðu sealt (*sic*) on ðam.
23. deað þrowian.
24. gelyfenne. þte. æfæstan mannes. þ án.
25. adilogode. toæticte forþon.
26. gelamp. gehylde.
27. siebrihte. eastseaxena ríce swyðhelm scaxbaldes.
28. gefullad fram ðam.
29. on þam. ðe. rendleshám.
30. fullwihtes baðe hī.. aðelwold.

O. 18. (51ª) forgyfnesse. ða hlyhte. ætgædere.
19. yrre. licgendne. ða gyrde.
20. handa. bisc. oplicre (e *eras*.) ealdorlicnesse wæs cyþende.
21. cw̄ ic þe secge cw̄ forþon. þec (ec *on eras*.) ahabban fram.
22. genyþeredan þ þu sceal, on þam. swyltan. deað
þrowian.
24. þ. æfestan mannes nalæs þ an swylce synna.
25. adyligade. tóætycte forþon.
26. gelamp. for . gehylde (1 *eras*., y *on eras*.).
27. æfter sigebyrhte. seaxbaldes suna.
28. gefullad fram. on.
29. mægþe on þam. tune.
30. fullwihtes bæþe. æþelwald. broþor hiora.

Ca. 18. forgyfenysse. ða lyhte. ƀ. ætgædere.
19. yrre. licgende gehrán. ða gyrde ðe he hī , handa.
20. ealdorlicnysse.
21. cw̄ ic ðe secge cw̄. ðe ahabban frā huse þæs.
22. geniðeredon þ ðu. on þā.
23. deað þrowian.
24. þ. æfestan mannes nalæs þ an swylce synna.
25. toætycte.
26. hī. gelamp. arfæst,ysse. gehylde.
27. ða. sigebyrhte. seaxbaldes suna.
28. gefullad frā þā. on.
29. on þā. tune. rendleshám.
30. fulluht bæðe hī. æðelwald.
31. broðer.

VARIOUS READINGS. PAGE 230.

Page 230. 1. ÆS (*space*).   .þysses ylcan.   mannes.   eastseaxū.
B. 2. bysceopþenunge.   his agene þeode 7 mægðe (*p.* 182) norhimbra (*sic*) land sohte.
3. for.   lare þa hine ða aþelwold oswoldes.   hæfde dedera ríce geseah he 7 ongeat (de *in* dedera *tampered with*).
5. þeawū bæd.
6. hine ꝥ.   landes.   onfenge ꝥ.
7. mihte myster getībrian.   tosamnian on ðan.
8. cyning mihte his gebeda gesecan.   láre.
9. ꝥ.   ðær.   byrged.
10. 7 cwæð ꝥ.   getrywlice.   ꝥ.   mihte.
11. gefultumad.   dæghwamlicū gebedum oð þe on ðære stowe.
12. þeowedon.   hæfde h̊se cyning.   bysceopes.

C. S. 7. on *deest* (*after* mynster).

O. 1. ðysses yllcan.   on.
2. bisceopþegnunge.   þæt gelomlice his agene leode norþanhymbra mægþe.
3. niosode for.   lare.
4. æþelwold oswaldes.
5. rice geseah 7 onget.   snotorne (not *on eras.*) 7 gecorone þeawum.
6. landes æt hī (51ᵇ).   ꝥ he mihte.   getimbrian and. tosomnian on þam.
8. mihte.
9. þon,e.   bebyriged.
10. 7.   cw̄ ꝥ.   ꝥ he mihte.
11. on.   gebedum þa þe on.
12. stowe.   þeowedon.   ylca.   þæs bisceopes broþor.

Ca. 1. Wæs ðysses ylcan.   mannes.   on eastseaxū.
2. biscopþenunge.   ꝥ gelomlice his agene leode.
3. for.   lare ða.
4. æðelwald oswaldes.   ðæs.
5. rice geseah 7.   wér.   gecorene.
6. ꝥ.   landes.   hī.   ꝥ he mihte mynster on getimbrian. tósomnian on þā.
8. mihte.
9. þonn̄.   ꝥ he ðær bebyriged.
10. 7 cw̄ ꝥ.   ꝥ he mihte swyðe.
11. gefultumed.   on.   dæghwamlicū gebedū.   on.
12. stowe.   ðeowedon.   ylca.   ƀ broðer.

VARIOUS READINGS. PAGE 230.

Page 230. 13. mid him se wæs mæssepreost caelen haten 7.
B.   14. mann se.   hiwū.   lare lærde mid þam gerynum haliges gastes þurh.
        15. cyððe swiðost.
        16. gelamp þ.   bysceop lufode 7 cuðe.   gefultumode.
        17. bysceop ðæs.   mynster on to timbrianne.
        18. hean móre.   on ðam.   má gesewen on dygolnesse wildeora fægernesse.
        19. mana (*sic*) eardungstowe þ æft isaies wítedóme.
        20. ðam.   eardedon.
        21. úppyrnende.   7 ricsena þ.   ongytanc þ acennede.
        22. oððe.
        23. menn gewunedon willdeorlice lifian.

C. S. 20. dracan eard[edon].

O.   13. him.   calin.
        14. hiwum (2 *horizontal strokes through* i).   lare.
        15. geryno þenode þæs.   cyþþo swiðust.
        16. gelamp.   cuðe þa gefultumade.
        17. byssceop.
        18. timbrianne on heanum.   on þam.   ma gesewen sceaðana digolnes.. (se *erased*).   willdeora gyfernes..
        (gy *at end of line not 1st hand,* se *erased*).   stow.(e *erased*)
        þ æfter.
        20. on þam cle.fum (e *partly erased to make* i, *then eras. of* o). oneardedon.
        21. wære uppyrnende (e up *on eras.*).   ricsa ðæt is tó ongytanne þæt.
        22. acennede.   ær willdeor oneardedon oððe men gewunedon willdeorlice lifigean.

Ca. 13. hī.   calin.
        14. man se hī.   hiwū.   lare.
        15. ða geryno þenade.   ðurh ðæs cyððo swyðost.
        16. gelamp þ.   ðone b lufode 7 cuðe ða gefultumade.
        17. b.   hī.
        18. timbrianne on heanū morū.   on (*p.* 82) þam.   gesewen.
        19. digolnysse 7 wildeora gifernysse þonn.   eardungstow þ
                      gunge
            æft esaias witedome on þa clifū ðe.
        20. oneardedon.
        21. uppyrnende grownys.   ricsa ðæt.   ongytanne.
        22. þ.   ǽr wildeor oneardodon.
        23. men gewunedon willdeorlice lifian.

Page 230.	24. þa tilode.	se godes wer.	onfangenan stowe.
B.	25. gebedū 7 fæstenū fram (p. 163) únfyrenessum hi geclænsian þæra ærena manna.		
	26. besmitenessa 7.	ðære stowe.	
	27. 7 bæd.	ðone.	ꝥ he hī speda 7 leofan sealde ꝥ.
	28. wunian.		
	29. ealle.	feowertiglican.	eastron.
	30. 7.	þā dagū.	sunnan dagū he fæste.

C. S. 25.. 7 mid fæstenum.

O.	24. tilode he (52ª).	ónfangenan stowe.		
	25. fæstenum fram.	hi geclænsian.		
	26. mana 7 besmyltnessa. (l *partly erased, after* a *eras.*).			7 swa on þære stowe.
	27. staþelas sette.	ða.	ꝥ he him.	
	28. ꝥ he þær wunian.			
	29. ealle tid.	feowertiglican.	þa þe.	
	30. 7.	butan.		

Ca.	24. tilode he.	onfangenan stowe.		
	*25. gebedū.	frā unsyfernyssū hi.		
	26. geclænsian.	mána 7 be smyltnysse swa on.		stowe.
	27. staðelas gesette.	ðone.	ꝥ he hī.	
	28. lýfnysse.	ꝥ he.	wunian.	
	29. ealle tid.	feowertiglican.	toward.	7 eallū þā dagū butan sunnandagū.

Page 232.	1. æfenne.	nemne meoloce 7 wætere gemenged he.	
B.	3. ðeah cwæð ꝥ ꝥ.	fram ðam.	

C. S. 1. wæs ne (= O. T. B.).

O.	1. áfæste tó.	þeau.	medmicelne.
	2. æg mid lytle milc.	mengedre.	
	3. þeah . cwæð (*stop at* h.).	ꝥ ðæt.	fram þam.

Ca.	1. afæste.	ðeaw wæs 7 no þonū butan medmycelne.		
	2. lafes 7 an. [h]	æg.	lytle.	wætere gemengedre.
	3. cw̄ ꝥ ꝥ. [he]	fram þam.		

Page 232. 4. ꝥ gemet leornode regolices. ꝥ te ða onfangenan niwe stowe.
B.   5. timbrianne 7 cyrican ræran ꝥ te ða man sceolde mid.
      6. fæstenū dryhtne halgian mid ðy þe þa týn.
      7. feowertiglican fæstnes to lare (*sic*). com ærendraca se hine.
      8. faran het.
      9. se wæs his agen mæssepreost 7 his broðor ꝥ.
      10. arfæstan ongunnennesse fullendode 7 gefyllde þa he. ðy.
      11. ꝥ arfæste weorc. intingan þara fæstenna (*rest omitted*).
      13. geboda þær mynster getimbrede ꝥ. gecyged glaestinga eá (g *before* l *partly erased*).
      14. æfestū. gestaþolode æfter ðeawū on lindesfarona eá.
      15. áfeded (á *ends line*).
      16. géar on ðære. bysceophád þenunge 7 swylce. þysses.

C. S. 7. sum *deest*.
       13. is nu gehaten.

O.   4. ꝥ. leornade. þeodscypes ꝥ þa onfangenan niwan stowe.
      5. timbrianne oððe cyricean þæt þa sceoldan.
      7. tyn. feowertilican fæstennes. com ærenddraca se þe.
      8. þa.
      9. swilce. broþor ꝥ he þa.
      10. arfæstan ongunnænesse (a *in* æn *erased*) his (i *on eras.*) gefylde (*eras. before and after* l).
      11. ꝥ æfeste. scira.
      12. 7 he þa him (52ᵇ). geornfulnesse. gebeda. ꝥ.
      13. gecy͛,d.
      14. þeawum. staþelade æfter.
      15. on lindesfarena.
      16. he þa. gear on. mægþe bisceophad.

Ca.   4. ꝥ. leornode. ꝥ ða onfangenan níwan stowe.
      5. mynster oððe cyrican to timbrianne ꝥ ða sceoldan.
      6. gebedū. fæstenū.
      7. ða tyn. feowertiglican. com sū ærenddraca se þe.
      9. broðer ꝥ. þa arfæstan ongunnennysse.
      10. geendode. ðy.
      11. ꝥ æfeste. þæra. scyra.
      12. 7 he ða hī. geornfulnysse þæra.
      13. fæstena 7 gebeda. ꝥ. gecyged.
      14. eá. eawfæstū. gestaðelode.
      15. þā ðeawū on lindesfarena eá. áfeded wæs.
      16. ða he ða. gear on ðære. biscophád.

VARIOUS READINGS. PAGE 232.

Page 232.
B.
17. gyminge. profast.
18. ealdormenn ofer sette. gelamp ꝥ. ðan sylfan.
19. becóm in ða tide. wales (*p.* 184). mancynn wæs.
20. ðær gestanden licūlicre untrumnesse.
21. lichama. ute. þa.
22. forðyrnendre tíde on ðam ylcan. cyrce.
23. eadegan scā. 7. ðære.
24. lichama geset. weofode.
25. bysceop ceaddan his breðer to reccanne 7 to rihtanne ꝥ mynster se wæs.
26. æfter þan bysceop. mann.
27. heræfter secgeað. hi.
28. cynebill 7 cealin. ealle góde sacerdas ꝥ seldan.
29. mǽre 7 góde. bysceopas · II · mæssepreostas ealle þa.

O.
17. 7 swylce. þyses. gymy,ne (1*st* y *out of* e ; 1*st stroke of* m *and final* e *on eras.*). prauas 7 ealdormen.
18. gelamp ꝥ. þam sylfan mynstre (y *in* my *on eras. of* i).
19. becom on þa tide. deadlicnesse 7 woles. mancynn.
20. ða. gestanden licumlicre.
21. ærest wæs úte (e *squeezed in*) bebyriged þa.
22. on þam ylcan. cyrice. on are. 7 eft on. lichama. suþan þam wibede.
25. s,alde. bisceop. reccanne.
26. breþer. æf þon byssceop.
27. heræfter. hi. gebroþor . ced .
28. cynebill . 7 celm . (*sic*). sacerdos.
29. bisceopas 7 twegen mæssepreostas ealle þa.

Ca.
17. 7 swylce. ðysses. gemyne. prauast 7 ealdormen
18. ða gelamp ꝥ. ðam sylfan.
19. becom on ða. myclan deadlicnysse 7 woles. mancynn.
20. ða. ðær gestanden licumlicre untrumnysse.
21. ærest wæs úte bebyriged. wæs æfter forðgongendre tíde on þā ylcan.
22. cyrice.
23. on are. 7 eft on.
24. g,ted. þā wibede.
25. (*p.* 83) se ƀ ꝥ. reccanne æft hī.
26. man.
27. hi IIII gebroðro.
28. cynebill 7 celin. sacerdas twegen (*rest wanting*).
29. 7 twegen mæssepreostas ealle.

Page 232. 30. mid þa ð̇a gebroðor þa ðe on.
B.   31. on eastseaxena.   bysceop forðferende.
         32. bebyrgendne on norðhymbrū.   of ðam.
         33. mynstre oð ꝥ hi ðider cómon.   hi 7 willnodon.

O.   30. broþor.   on.
         31. on.   mægþe hiora bisceop forðferedne (53ⁿ) 7 bebyrigedne on norþanhymbrum.   þam.   comon.   hi 7 willnadon (7 *on eras.*).

Ca. 30. ða gebroðra ꝥ gehyrdon.   ðe on.
         31. on.   ƀ forðferedne.
         32. bebyrigedne on norðanhymbrū.   XXX.
         33. ðider coman.   hi 7 wilnedon.

Page 234. 1. líce oððe gode fyllgan gif ꝥ.   licode oððe forðferede.
B.   2. byrgede.   hi.   fram ðam gebroðrū.
          3. onfangene.   7 hi.   ðær.   wale.   foresprecenan heora aldres hrædlice.
          4. butan anū cnihte.
          5. ðam cuþ standeð ꝥ.   gebedū þæs bysceopes fram.
          6. gescilded.   forðam.   þi.   æfter lyfde.
          7. geowritu (*dot*).   leornode.   ongeat.

O.   1. oððe góde (*accent erased*).   lifigean.   oððe.
          2. bebyrgede.   hie.   fram.   broþrum.
          3. onfongene.   7 hie.
          4. woles hrædlice forþferdon.   bebyrigde (i *afterthought*). butan anum cnihte.
          5. þam cuð (u *on eras. of two*) standeð ꝥ.   gebedū.   bisceopes fram deaþe.   forþon.
          6. he (*out of* me) mycelre.   æfter.
          7. gewrita.

Ca.   1. oððe.   lifian.   ꝥ.   licade oððe forðferende.
          2. bebyrigede.   hi.   frā.   broðrū.
          3. onfangene.   7 hi.   ðæs.
          4. woles hrædlice.   bebyrigde.   butan anū cnihte.
          5. ðam.   standeð ꝥ.   gebedū.   ƀ frā.
          6. ðy.   æft life georne.
          7. gewritu.   o,gæt.

VARIOUS READINGS. PAGE 234.

Page 234. B.
- 8. leornode (*p.* 185) on.   þ.   wætere fullwihtes baðe.
- 9. acenned 7.   þā wylle.
- 10. baðes fram synnū aþwogen 7.   geðeah þ.
- 11. man.   halgode.   manegū on.
- 12. cyricum.   bríce.   be ðā.   tweganne.
- 13. gelyfanne swa we ǽr.   þ.   mid ðære.
- 14. gescilded frā ðære tide his deaþes.   lichaman.
- 15. cóm.   to þā þ.   æghwæþer.   écan.
- 16. beswicode 7 swylce oðrū eac gebroðrum lífes þenunge 7 eac ecre hælo þurh his lifes.
- 18. ISSum (*space*) tidum.   myd.   grimre.
- 19. únaræfnedlice þrowode.   myrcna.
- 20. eác.   nyhtan.   nýde.
- 21. þ.   hī bead.   sybbe únrim madma.

O.
- 8. on.   þ.   wætere fullwihtes bæþe.
- 9. bearn ne acenned 7 he sona (earn *on eras.*).
- 10. bæþes fram.   aþwegen 7 æfter.   geþeah þæt hi,^ne
- 11. gehalgade.   monegum on.
- 12. cyrricum nyt.   be þam men ' nis (*tick to separate*). tweogeanne.
- 13. gelyfanne.   þ.   ða.
- 14. fram.   þæs lichaman.
- 15. com ' to (*dividing tick*).   þon þ.   æghwæþer.
- 16. beswicede 7 swilce.   oþrū broþrū.   þegnunge 7 eowre hælo þurh his lifes bysene gegearwade ; (*no more*).
- 18. (53^b) Ðyssū tidum oswi.^o   ðy.
- 19. unaræfnendlice þrowodon.   cynincges.
- 20. broþor ofslogh.   nyde.
- 21. þ.   unrim maðma.

Ca.
- 8. geleornode on.   þ.   wætere fulluhtes bæðc.
- 9. acenned 7 he.   ðæs.
- 10. frā synnū aðwægen 7.   geþeah þ.
- 11. mæssepreost.   on.
- 12. cyricū nyt.   be þam nis to tweogennc.
- 13. gelyfanne.   þ.   ða.
- 14. frā.   deaðes to þæs.
- 15. cóm.   þon þ.
- 16. beswicode 7.   broðrū.   þegnunge 7 eowre hælo þurh his lifes býsne gegearwade.
- 18. Ðyssum tidum oswio.
- 19. unaræfnendlice þrowodc ðæs.   myrcna.
- 20. ofsloh ða.   nyde.
- 21. þ.   gebead wið his sibbc 7 gehét unrím maðma.

VARIOUS READINGS. PAGE 234.

Page 234. **B.**
22. gyfena.   ðoñ.   manna.   mæge 7.   þon ðe.
23. cyrde mid his fýnde 7.   land.   ríce on forwyrd.
    forheregode.
24. getrywleasa.   na his benū.
25. nolde.   se þe ꝥ (1st e out of c ? roughly).   gehogode.   ꝥ.
26. fram þam gingrū.   fordón.
27. fordiligan þa.   fultume.   arfæstnesse.
28. þa he ða fram ðam.   nænige (p. 186).   mihte 7.
29. ða.   sylfne biddende þus cwæð.
30. hæþena ne cann ure gyfe.   utan we hi ðam.   bringan
    þe hyre onfón cann ꝥ is ure drihten hælende crist and.
31. ða.
32. dryhten.   syllan wolde his dohtor.
33. forgyfan.   clænū.   7 swylce eac ·XII· bóc land aæhte (sic).

O.
22. gyfena ma.   manna.   mæge 7 wið þon þe he eft
    ham cyrde.
23. land 7 his rice oð.
24. þa.
25. þe ꝥ.   hæfde (ꝥ he wolde eall ꝥ on his mode gehogade 7
    geteod hæfde) ꝥ he wolde ealle (ꝥ to hæfde struck through).
26. fram þam gingrum oððа.
27. fordiligean þa.   fultume.   arfestnesse.
28. fram.   mihte 7.
29. sylfne.
30. hæþena.   ure gyfe ónfon utan.
31. onfon can urum.   7.   dryhten.   sellan wolde
    (o out of a) ðæt he wolde.   on.   mægðhade (g
    squeezed in, not 1st hand) 7.

Ca.
22. gyfena.   þoñ.   manna.   mæge 7 wið.   he
    eft hám cyrde.
23. land 7 his rice.   hergode.
24. benū.
25. ꝥ on.   ꝥ he.
26. ðeode frā þam gingrū oððа.   fordón.
27. fultume.   arfæstnysse.
28. fram.   mihte 7.
29. geháte.   sylfne (p. 84).   c̄w̄.
                                              7 bringan
30. hæðena.   ure.   utan.   þā syllan,
31. onfon can urū.   hælendū.   7.   ða gehét.
32. hī.   syllan.   ꝥ.   dohter.
33. forgifan.   on clænū.   7 swylce.

VARIOUS READINGS. PAGE 236.   253

Page 236.
B.
1. ꝥ.   timbrianne.
2. medmiclum werede ꝥ.   ðam campe.
3. is ꝥ sæd ꝥ ða hæðenan ðritigū siðum mare werod hæfde þōn osweo.
4. eahfriðe (sic).   suna.   getrywende.
5. on.   medmiclū werede.   togeanes com.
6. ecgfrið.   ða tíd on myrcna.
7. þære.   aðelwold þone oswoldes.
8. ðe.   fultume.
9. on dælæ þara wiðerweardra.   7.   wann.
10. fæderan þa.   ðæs.   hi ꝥ.   ꝥ.

C.
4ᵃ. (complete) begins.
6. mercna lande.
7. þære cwene.   ðoñ.
8. ðæs.   fultume.   scolde.
9. in dæle þara wiþerweardra. Ond.   won.   eþle 7 wiþ.
10. fæderan.   ðe hie ꝥ.   ꝥ te.

O.
1. boclanda (last a on eras.).   ꝥ he gode (54ᵃ).   tó timbrianne.
2. medmycele werede ꝥ.   campe.
3. is ꝥ sæd þæt þa hæþenan.   þritigum siþa.
4. hæfdan þam oswio (o on eras.).   ealhfriðe his suna.   getrywende on.
5. tógenes com.
6. on ða tid ón.
7. cynnwisse.   þonne.
8. suna.   cynincges.   fultume.
9. on dæle þara wiþerweardra.   won.   eþcle (final e partly erased).   his fæderan.
10. þe hie ꝥ.   ongunnan þæt.

Ca.
1. bóclande.   ꝥ he geaf gode.   timbrianne.
2. mid medmycele werede ꝥ.   þā campe.
3. is ꝥ sǽd ꝥ ða hæþenan þrittigū.   weorud.
4. hæfdon þoñ oswio.   ealhfriðe his suna.   getrywende on.
5. fultū.   medmycle.   togeanes cóm.
6. on.   tíd on myrcna.
7. cynnwisse.   gísle.   ðoñ.
8. se ðe hī.   fultume.
9. on dæle þara wiðerweardra.   won.
10. fæderan.   ðæs.   hi ꝥ.

VARIOUS READINGS. PAGE 236.

Page 236.
B.
- 11. hæðenan. geflymede 7. aldormanna.
- 12. fultume comon ealle wundor ofslegene (*sic, i. e.* wurdon).
- 13. on ðam. æþelhere. broþor.
- 14. him. ríce.
- 15. man ofsloh eac. eallum. campwerede.
- 16. ðyder brohte 7 forðon þe ðis. streame gefohten wæs þa wæs.
- 17. éa. micelnesse (*p.* 187). heofonflod.
- 18. ongesett. gelamp hit ða hi. ꝥ ðær micle mare manncynnes adranc.
- 19. ðam wætere.
- 21. æfter. forðon.

C.
- 11. geflymde. ealdormanna.
- 12. ða ðe þæm. fultum,ͤ comón ealle.
- 13. þǣ. æþelhere. broþor.
- 14. him.
- 15. ðone. sloh. compwerode. hiḿ.
- 16. ond forðon þe þis. wunwæde.
- 17. sio eá. rena. Ond hiofonflod.
- 18. onsæt. þa hie flymde wæron ꝥ.
- 19. móncynnes adranc. þæm. þoñ. ofslegen wæron.
- 21. ða. óswio. Ond.

O.
- 11. hæþenan. geflymde 7. ealdormanna.
- 12. þe. fultume coman lytestne.
- 13. ofslagene on þam. æþelhere. broþor.
- 14. æfter him.
- 15. slogh.
- 16. 7 forþon þe þis. neh winwæde.
- 17. fore rene. heofonflod.
- 18. ónset þa gelamp. þa hie.
- 19. ma. adranc (54ᵇ). wætere. wæron.
- 21. ða. oswi,ᵒ æfter. dryhtne geheht.

Ca.
- 11. ꝥ ða hæðenan. slægene 7 geflymde 7 XXX ealdormanna.
- 12. þā. fultume coman lytestne.
- 13. ofslagene on þam. broðer.
- 15. ðone. sloh. campweorude. hī.
- 16. 7 forðon ðe ðis. winwæde.
- 17. éa. rénes mycelnysse swyðe.
- 18. mycel onsæt. gelamp. hi. ꝥ. mycele.
- 19. adranc. þā wætere þoñ. ofslægen.
- 21. ða. oswio. ðe. gehét.

VARIOUS READINGS. PAGE 236.

Page 236. 22. þanc sæde 7 ælflæde.
B, 23. forgeaf. arce clænnesse 7 eac swylce.
 24. ·XII· bócland. camphades. hyrsumnesse.
 25. begangenne. camphád. munucstowū.
 26. woruldspeda 7 æhta. ꝑ hi sceoldon. sibbe eallre þeode.
 27. ðæs landes. huntwelftig hyda.
 28. deora byrig mægðe 7. in beornica mægðe þa.
 29. osweos ðæs.
 30. ꝑ. eá on ðā. on. tíd.

C. 22. ðæm. þanc sæde. ælflæde. dȯhter.
 23. forgeaf. ecre clænnesse. eác.
 24. ·XII· bocland. hernesse.
 25. begongenne ðone. Ond to munucstowū.
 26. Ond. ꝑ hie.
 27. ðingian. ðeode.
 28. 7 sextig in deara mægþe sextig in beornicū ða.
 29. sio. (4ᵇ *complete*) dohtor óswies ðæs.
 30. ꝑ. ís nēned. éa in ðæm. ða.

O. 22. þam forgyfenan. þanc sæde 7.
 23. forgeaf 7 him gehalgade eccre clænnesse 7. swylce þa
   twelf bocland.
 24. eo,ðlices camphades. herenesse.
       ͬ   ͧ
 25. þonne heofonlican camphad. mun,cstowum.
       ˡ
 26. woru,dspede (oru *on eras.*). ꝑ hie sceoldan.
 27. landes.
 28. 7 sixtig. dæra (a *of æ eras.*) mægþe. sixtig (si *out
   of* se) on beornicium ða.
 29. gehalgad on ꝑ.
 30. ðe. heorot (t *on eras.*). on þam. on.

Ca. 22. ðam. þanc sæde 7.
 23. forgeaf 7 hi. eccre clænnysse 7. swylce.
 24. hī. camphades. eorðlicere herenysse.
 25. camphad. munucstowū.
 26. hī. ꝑ hi sceoldan.
 27. ðeode. landes.
 28. 7 sixtig. sixtig on beornicū ða.
 30. on ꝑ. ðe. heortea on þā. on.

Page 236.	31. hild ubbudesse (u *not closed*).		æfter twam gebohtæ ·X·	
B.	hyda landes hyre to æhte on ðære stowe þe.			
	32. nemned.	7 ðær.		
	33. getimbrede on ðam se gemyngodæ (*dot*) þæs.			
	34. leorningmanna.	7.	æfter.	

C.	31. abbudisse sio æfter twā.		londes.
	32. ðære stowe sio.	þær hio.	
	33. getimbrede in ðæm sio gemyndgade.		
	34. Ond leorningmon.	eft æfter ðon.	

O.	31. hild abbuddisse.	æfter twam gearum.		landes.
	32. on. on.	stowe.	streoneshalh.	þær hio.
	33. getimbrade on þam.	gemyndgade.		
	34. leornungman.	7 eft æfter.		

Ca.	31. abbudisse.	twā.	landes.	
	32. on æhte on.	stowe.	gecweden streoneshalh.	
	33. on þā.	gemynegode.	dohter.	leorningmon reogollices. 7. ðon.

Page 238.	1. ðæs.	þ hyræ.	
B.	2. þ is ánes geares wana syxtig wintra^{ra} þæs ðe heo clypenesse (ra *above 1st hand*).		
	3. gemyndum.		
	4. inneode on ðam.	hyre.	hyre.

C.	1. oþ þæt hire.			
	2. þ.	sextig.	hio.	
	3. Ond to gemyndū ðæs.			
	4. fǣne.	ðæm.	hio 7 oswio.	Ond.

O.	1. oðð hyre daga.	þ.	
	2. won,^{a} þe sixtig.	tó.	
	3. gymungum (u *on eras.*).		heofonlicum (*sic*).
	4. on þam.	óswio hire fæder (55^{a}).	

Ca.	1. oð hire daga.		
	2. þ.	wona sixtig.	
	3. clypnysse.	gymungū.	heofonlicū.
	4. on þā.	oswio.	

Page 238.	5. hyre módorfæder (*p.* 188) monige æðele menn.		
B.	6. cyrcan. ^r by,gede.		

Page 238. 5. hyre módorfæder (*p.* 188) monige æðele menn.

B.
6. cyrcan.   by,gede. (r above)
7. ðy þroteoðan.   rices gefremede on þam lande ðe leod is hatte.
8. seofonteoðan.   calendarum decembriū mid.
9. nyttweorðnesse æghwæðeres.
10. forðon.   ðeode alysde.   fram.
11. heregunge ðara hæþenra.   myrcna.   7 ðara.
12. ofheawenum.   getrywleasan.
13. gecyrde.   myrcna bysceop.   lindesfarona.
14. dioma.   sædon.

C.
5. æþele.
6. ciricean.   ápostoles.   bebyrgede.
7. ðis.   óswio.   þritigeþan.
8. ðæm.   ðe.   seofontigeþan.
9. decembriúm.   nytnesse æghwæþeres.
10. forðon.   ðeode.   Ond.   frō.
11. ðara hæþenra.   swelce.   ðeode. Ond.
12. óf aheaunúm ðy.   hæfde (*sic*) penda to gefe.
13. bisceop. Ond lindesfearona.
14. dema.   sædon in middelenglū.

O.
5. modur.   modurfæder edwine.
6. æþele on.   cyricean.   bebyrigde.
7. oswio.   þreotegeþan.   on þam lande.   hatte (te *on eras.*,—1*st hand*?—) þi (i *out of* e) seofanteoþan.
kalendarum.
9. nytnesse æghwæþeres.
10. alysde.   fram.
11. hæþenra.
12. nehmægþa (e *on eras.*).   ofaheawenum.   gyfe.
13. gecyrde.   bysceop.
14. .dema. (*dots as shown*).   sædon.

Ca.
5. modur.   modurfæder edwine.
6. on.   cyricean.   bebyrigde.
7. ðis.   oswio.   ðy þreotteogeðan.   on þā lande.
8. dæge (d *out of* g, *no erasure*).
9. decembriū.   mycelre nytnysse æghwæþeres.
10. ðeode alysde.   frā.
11. myrcna ðeode 7 þæra.
12. ofaheawenū.   gyfe.
                                                                    cedd
13. gecyrde.   ƀ 7 lindesfearnea 7 middelengla geworden.
14. sædon.

Page 238. 15. on.
B.
16. ceallah.　　　bysceopþenunge.　　　enlū lifiende.
17. 7 to scottū.　　cynnes þridda wæs trumhere haten se.
18. angelcynnes.　　wæs 7 gehadud fram scottum.
19. on ðam.
20. þe is cweden ingettlingum ꝧ.
21. gemyngodon 7.
22. mage for clænsunge.　　unrihtan.
23. ꝧ he forge fæder stowe [*i. e.* forgefe ðær].
24. timbrianne þam.　　ðeowe trumhere.

C.
15. æfterra.
16. cellach.　　bisceop þenunge in englū and (5ª *complete*) lifgende.
17. scottū.　　æghwæþer hiora.
18. ðridda bisceop.　　trūhere.　　ongelcynnes.
19. gehadod frō scottū.　　abbod in ðæm.
20. In getlingū ꝧ is siu.
21. gemyngedon.
22. sio.　　for geclænsunge.
23. oswio ðone.　　ꝧ.　　forgeafe.
24. ðæm.

O.
15. on midelenglum.　　bebyriged.　　æftra.
16. cellach.　　bisceopþenung on.
17. æghwæþer hiora.
18. bisceop.　　trumhere.　　angel (a *out of* o, gel *on eras.*).
19. gehalgad fram.　　on þam.
20. on getlingum.　　óswine.
21. ófslegen.　　gemyngedon 7 forþon.
22. mage.　　geclænsunge (ns *on eras.*).
23. oswio.　　ꝧ.　　mynst (55ᵇ).
24. ón to timbrienne þam.　　trumhere.

Ca.
15. on middelenglū.　　bebyriged.
16. cellach.　　on e,glum.　(n above)
17. scottū.
18. ƀ.　　trumhere.　　ongolcynnes.
19. gehalgad frā scottū.　　on þā.
20. is cweden on getlingū.　　oswine cyning ofslægen.
21. gemynegodon 7.
22. mage for.　　slæges.　　bæd heo oswio ðone.
23. ꝧ.　　forgeafe.
24. timbrianne þā.　　trumhere.

VARIOUS READINGS. PAGE 238.

Page 238.	25.	þe eac.	he wæs.	ofslagenan.	ꝥ in þam.
B.	26.	singale gebeda.		æghwæþeres.	écre.
	27.	ðæs ofslagenan (*p.* 189).		het. Hwæt.	
	28.	ylca.	æfter, (*corrector*).	fulle myrcna.	
	29.	on ealdordóm onfeng 7 ofer wæs ond.			
	30.	ðeode.	ðam.		
	31.	angelcynnes ríce.			
	32.	on.	tíd.		
	34.	suðmyrcna ríce.		syndon ðæs ðe menn cweðaþ · V·	

(28. pendan above æfter)

C.	25.	ðe he eác swilce.	ꝥ in ðæm.	
	26.	wæren (e *out of* o).	æghwæþeres.	
	27.	Ond hwæt.	ða.	
	28.	oswio.	full.	
	29.	ðeode 7 swilce eác ðǣ oðrū.	ealdordome.	
	30.	swilce eác pehta ðeode óf þæm.		
	31.	óngelcynnes.	underðeodde. Ond.	herenesse.	
	32.	ða.	eác swilce oswió.	þǣ.	
	33.	ðæs.	syndon þæs ðe m̄ cweþað.		

O.	25.	forþon.	swilce.	ꝥ on þam.
	26.	wæran singaḷ gebeda fore æghwæþeres.			
	27.	ofslægenan.	heht, hwæt (*eras. of 7*).		
	28.	oswio æfter.	þrio.	full.	
	29.	oþrum folcū.	suðmægþa on ealdordome.		
	30.	7 he swilce (wi *on eras.*).	pehta.		
	31.	ongel.	herenesse.		
	32.	on.	oswio se cyning gef.		
	33.	peadan, .	forþon.	syndon.	cweþað.

(26. e above singal; 27. óno above heht; 33. pendan above peadan)

Ca.	25.	ðæs ofslægena (*sic*).	ꝥ on ðam.	
	26.	singale gebeda.	æghwæðeres.	
	27.	ðæs ofslægenan.	ðe.	sl,an het hwæt.	ða se cyning oswio æft.
	28.	slæge.	wint full.		
	29.	ðeode.	eac ðære oðrū folcū suþmægða on ealdordome.		
	30.	fore.	7.	pehta ðeode.	
	31.	ongelcynnes ríce underðeodde 7 hī.			
	32.	herenysse.			
	33.	on ða tíd.	oswio gæf.		
	34.	ðe.	suðmyrcna.	syndon ðæs þe menn.	

(27. e above sl,an; 30. ofer above fore)

S 2

VARIOUS READINGS. PAGE 240.

Page 240.
B.
1. ðusendo. 7 ða syndon tosceadene. treotan.
2. norðmyrcū. landes is ðreo ðusendo.
3. ylca. nyhstan lenctyne. mánfulice acweald.
4. þæs ðe menn. wifes. ða easterlican tíde æt symbelnessū.
6. *begins* þa ða · III · winter. þæs cyninges *omitted*. wunnᵉ (*corrector's additions, the stop is seen dark in the pale* o, *which is a little above the line*). myrcna.
8. ealdormenn 7 eafa 7 eadbryht . ahofon.
9. myrcum. þoñ he georne (he *partly corrected into* y *in old ink*). digollice.
10. ealdormenn.

C.
1. ða syndon tosceadne.
2. norðmercū ðara. ðusendo.
3. ðy. lenctene. acweald.
4. ðe m̄ secgeað. wifes.
5. (5ᵇ *complete*) eastorlican tide symbelnesse.
6. Ond þa ða þrio. æfter. ðæs.
7. ða wunnun. wiþ oswio. Ond ealdorm̄.
8. eadbryht. hoofun.
9. mercuḿ. hie. deagollice.
10. ońd. ða ealdorm̄. frēþan. Ond hiora lond.

O.
1. þusændo (a *of* æ *eras.*). 7 þa syndon tosceadene (e *of* de on *eras. of two*) mid tre . ntan (o *eras.*).
2. norðmyrcū (y *on eras.*) þara landes.
3. ylca. nyhstan lengtyne swiðe manfullice acweald.
4. secgeað. wifes on þære eastorlican tide symbelness̄.
6. ono þe þa. æfter.
7. wunnun 7 fuhtun wið óswio.
8. ealldormenn. eadbyrht 7 hofun wulfhere (56ᵃ).
9. cynincge þone hie. digollice.
10. awurpan. fremþan.

Ca.
1. þussendo. 7. syndon. trentan.
2. norðmyrcū. landa.
3. ylca. nyhstan lengtenne swyðe manfullice acweald.
4. meldunga his agennys wifes on þære eastorlican tide symbelnysse.
6. *begins* ða ða þreo winter gefyllede.
7. oswio myrcna heretogan ealdormenn.
8. eadbyrht. wulfhere (*p.* 86).
9. suna myrcum. heo. ær digollice.
10. ealdormenn. fremðan.

VARIOUS READINGS. PAGE 240.

Page 240. 11. stranglice geeodon onfengon 7 hi swa freo mid.
B. 12. drihtne hyrdon þam.
13. ðam.   ríce.   heofonū gefeonde dydon wæs.
14. he myrcna.
15. trumhere (*p.* 190) bysceop.   ðam we fore sædon 7 ær ymb spræcon.
16. iarumon.   winferð.
17. endebyrdelice (*dot*) bysceophada.   on myrcna.
19. *begins* wæs ymb syx (*space*).   æfter.
20. dryhtnes.   eclypsis.   ꝥ.   sunnan úpp sprungennes.
21. ꝥ.   ac wæs atollic on.   7 wæs þy.

C. 11. hiora.   geeodon freodom.   Ond hie swa frige.
12. hiora.   þǽ.
13. þǽ ecean.   heofonū.   ðeodon.
14. wint. Ond.
15. trūhere bisceope hī.   þǽm.   sædon.
16. ætterra wæs gearumón ðridda.   feorða wæs.
17. bisceophada.
18. ðeode.
19. sex.   Ond · IIII · 7 sextig æfter.
20. ꝥ.   asprungennes ꝥ hio.
21. næfde.   atollic ón.

O. 11. 7 hie swa frie mid.
12. crist þam soþan.
13. on.   þeoddon.
15. trumhere bisceop.   sædon.   æftra.   ðridda.
16. f. eorða (*eras. of* a *of* æ ?).
17. on.   bysceophada.   on.
19. emb.   æfter.   drihtnes (d *on eras. of* c).   eclypsis.
    ꝥ.   asprungennes ꝥ.
21. ,tollic on to beseonne.
        ͨa

Ca. 11. geeodan.   onfengon And hi swa frige mid.
12. þā.   ðam.
13. on heofonū.   ðeoddon.
14. myrcna.   wint.
15. trumhære ƀ hī.   sædon.
16. ðridda.
17. on.   ƀhada.   on myrcna.
19. Ða.   emb.
20. menniscnysse eclypsis.   ꝥ.   asprungenysse ꝥ.
21. atollice on.   beseonne.   ðy.

Page 240. 22.	dæge magii.	monðes hwæthwego.	teoðan tíd þæs.

B.
23. æfter ðon wæs swylce eac.   sæmnunga wóól.
24. foron herigende.   fornimende.   brytone swylce.
25. norðhymbra.   wæron.   grimmum wale.
26. lange feorr.   wíde grimsiende.   menigo manna afyldon.
27. fornaman.   wíte.   túda.
28. bisceope norðhimbra bysceop 7 wæs.
29. 7 árweorðlice.   on þā.   ðe is nemned pegma leah þis. wíte.   éaland.
31. gehwyllcum wæle.   cwylmde.   ðær.   ða tíd.   óf angelþeode.
32. æþelingas.   oðere.   ðara oþerra biscopa tíde.

C.
22. ðriddan.   magi ðæs.   hwæthwega.   ða teoðan tid.
23. æfter ðon swilce.   ðy ilcan.   semninga.   adl.
24. forhergende. Ond fornimende.   Ond swilce eác norþanhymbre mægþe.
26. grīsiende.   mengeo.
27. fornám ðy wite eác swilce.
28. colmane (5ᵇ ends).

O.
22. magi.   þa teoþan tid.
23. æf,   wol 7 aðol (cross on ð and the o erased).   forhergende 7 fornimende.
   (t above æf)
25. norþanhymbra mægþe.
26. lange.   menio manna afyll. de (1 eras.).
27. fornam ðy wite.   tuda (56ᵇ).   æfter.
28. norðanhymbra bysceop.   óf.   arwyrðlice bebyriged on þam.
30. peginaleah.   þis ylce wite eac swylce hibernia scotta ealand ḡlice þis ilce wite eac swilce hibernia scotta ealonde gelice wæle slogh (þis to ḡlice struck through).   cwylmde. on þa tid.   óf angelþeode ge æþelinga ge oþerra ða þe on.
32. bisceopa.

Ca.
22. magi.   monðes.   ða teoðan tid.
23. wól 7 adl.   fornimende.
26. lange.   menio manna.
27. fornám ðy wíte.   ðeow.
28. colemanne.   ƀ.
29. arwurðlice bebyriged on þā.   is nemned.
30. weginaleah.   wite.
31. cwylmde.   ðær on þa tíd.
32. angelþeode ge æþelinga ge oðra þa ðe on.   biscpa.

VARIOUS READINGS. PAGE 242.

Page 242. B.
1. colomannes. eþelturf. ðider.
2. forhæbben (p. 191) dra lifes 7.
3. drohtunge. regollicū life.
4. getrywlice 7 eaðmodlice dryhtne.
5. góde larowas. 7 ealle hí.
6. him andlyfene butan.
7. leornianne. orsceatinga geafon.
9. betwyh ðyssum. æþelingas. gleawnesse.
10. menn. angelþeode æðelhún 7 ecgbriht.
11. gode se leofa wer. sylfa. swylce. æfterfylgendan yldo.
12. forr. leornunge.
13. 7 ða he gelæred.
14. biscop gewordon (sic). lindes iglande (sic). tíde.

O.
1. eþelturf. gewitan.
2. forhæbbendra lifes 7.
3. on. drohtunge on. life.
5. godcund . e (1 eras.). 7. hie.
6. 7 lyfene. sealdan. bec on to leornian,^{ne}
7. geafan.
9. betwihn. æþelingas. gleaunesse.
10. óf ongelþeode. ecb,rht.^{y} æþelwines broþor.
11. sylfa . (1 eras.). æfterfylgendan yldo.
12. for in,gan.^{tin} leornunge 7 þa he wel (57^a).
13. hweaf (sic). eðele.
14. bysceop. on lindesse lande. tide.

Ca.
1. colemannes forletton. gewitan.
2. godcunde. forhæbbendra lifes 7.
3. on reogollicū life.
4. þeowdon.
5. hī. sohtan 7. hi.
6. hī. 7 lyfne butan.
7. leornianne. geafon.
9. betwih ðas. æþelingas mycelre. glauwnesse.
10. angelþeode æðelhun. ecbyrht. æþelwines.
11. broðer. sylfa. swylce.
12. yldo. for. leornunge.
13. 7. well. eðele.
14. biscop (p. 87). on lindesse lande. tide. cyricean
    æðelice.$^{7\ well}$

VARIOUS READINGS. PAGE 242.

B. Page 242. 15. æþellice. rihte. hi on ðam.
16. scittisc. raht melsígi 7. gefæran oððe.
17. on ðære. wales.
18. ðurh oþere stowe wæron todælede. hi. mid adle.
19. ylcan. hefinglice swencte þ him man.
20. ða áras ecgbryht swá. sum mæssepreost sæde þ.
21. sylfes muðe.
22. myd þy he (*p.* 192). þ. sceolde. deaþ.
23. ða. he út · on digolnesse of. þe þa úntruman meún inne.
24. ana. on digolre stowe. ongann.

C. S. 22. 7 wende.

O. 15. cyricean æþelice 7 wel heold 7 wel heold (*2nd set struck through*). rihte. hi on þam.
16. ðe on scyttisc (i *out of* e *badly*) is nemned rathmelsigi (*final* i *on eras.*) 7. oððe on þære deadlicnesse weles of worolde.
17. genume, ne
    ,todælede þa
18. oþre stowe,wæron hi.
19. ða adle þære ylcan. hefiglice (ic *out of* yc).
20. ecbyrht. eald.
21. arwyrðe sæde þ. sylfes.
22. 7 he wende. swyltan sceolde.
23. eode he ut on. þa. untruman men (man *in margin, not* 1st *hand,* e *on eras.*).
24. inne restan 7 ana. on digolre stowe. ongan þencan be.

Ca. 15. rihte. hi on þam.
16. on. nemned. 7. oððe.
17. on. deadlicnysse. wæles. genumege (*sic*).
18. stowe todælede ða. hi.
19. adle ðære ylcan deaðlicnysse swyðc. hī.
20. ða. ecbyrht. eald.
21. arwyrðe sæde þ. sylfes muðe.
22. þy he. 7 he wende þ. sceolde.
23. ða eode he. on.
24. men inne restan 7. on digolre stowe. ongan.

VARIOUS READINGS. PAGE 242.

Page 242. 25. be.   dædum 7.   myd gemynde.
B.   26. ansyne myd tearum ðwoh.   innewearde.
27. ꝑ.   ða gyta.   ðā þe he forþgewitenan.   gymeleasnessum his deaþe he on cildháde.
29. on cnihtháde.   fullfremedlicor.   geclænsode 7 hine sylfne.
30. weorcū genihtsumlicor.   beéode swylce.
31. gehét ꝑ he á.   góde.   líf on elðeodignesse libban.
32. brytene hweorfan.
33. 7 he butan sealmsange.   tída gyf hym lichaman.
34. úntrumnes.   wiðstode ðæt he æghwylce.   eallne.
35. herunge asunge in þæt he æghwylcre.

C. S.   29. of tide.

O.   25. dædum 7.   onbryrded.   gemynde.
26. ansyn, mid tearum þweoh.   inneweardre.
27. þa gena swyltan.   ær þon.
28. be þam forðgewitenum gymeleasnessum (y on eras.).   ða ðe he on.
29. on cnihthade.   fullfremedlicor of tide.   geclænsade (ns on eras.).
30. sylfne.   weorcū genihtsumlicor.   beode swylce.
31. gehet þæt he a.   lif on el (57ᵇ) þeodignesse lyfian.
32. ealande.
33. ꝑ he butan sealmsange regollicre tida.   lichaman untrumnesse.
34. wiðstode ꝑ he æghwilce.   ealne.   on.
35. asunge ... (3 eras.).   he ælcre.

Ca.   25. be.   7.   onbryrded.   gemynde.
26. ansyne.   innewardre.
27. ꝑ.   gyta.
28. be ðam forðgewitenū gymeleasnyssum.   ða þe he on.
29. on cnihthade.   fullíremedlicor of þære tide.
30. sylfne.   godū weorcū.   genihtsumlicor.   swylce.
31. gehét ꝑ,awolde (sic).   líf on ælðeodignysse lyfian.
32. ealande.
33. ꝑ he butan sealmsange reogollicre tide gif hī.
34. untrumnysse ne wiðstode ꝑ he æghwylce.   ealne.   on gemynde.
35. herenysse asunge 7 ꝑ he.

Page 244.	1. nihte arfæstan wolde ætgædere mid þy.		ða ðis gehat	
B.	7 his béne.			

Page 244.
B.
1. nihte arfæstan wolde ætgædere mid þy.   ða ðis gehat
   7 his béne.
2. geendode.
3. reste 7 mid þy (*rest wanting*).
4. fǽc.
5. geræste (*the* a *of* æ *erased*).   onbræd.   locode.   ðus cwæþ
   éala broðor ecgbryht hwæt.
7. ic ge (*p.* 193) hyhte.   wénde þ wyt nú.   sceoldon ætgædere
   in þ éce líf gangan.
8. þu hraðe þ te ðu.   ðæs þe.   forþam.
9. gesyhðe geleornode hwæs.   willnode.
10. þ his bena.   nú.   má.
11. æþelhún þære nyhstan nihte.
12. ecbryht hine adle getrymede.   tíde æfter.

C. S.   3. he *deest* (*before* þone).

O.
1. nihte ætgædere afæste.   þa þis gehat.   his bene.
     endode
2. ge,þa.   huse þa gemette he ðone.
3. slæpendne.   þa.   gestahg.
4. 7.   þa.
5. onbræd.   cw̄.
6. broþor ecbyrht eala cw̄.
7. þ wyt.   scoldan ætgædere on þæt ece lif.
8. hwæþere.   onfehst þæt.   forþon.
9. gesyhþe.
          e
10. gehyr,de.   ma.·
11. æþelhun.   þære nyhstan neah (*end of line*).
12. ecbyrht.   adle getrymede (rymed *on eras.*).   æfter.

Ca.
1. nihte ætgædere afæste.   ða þis gehát 7 his bene.
2. geendode.   húse þa.
3. he ðone.   slæpendne.   gestahg.
4. 7 mid.
5. onbræd.   geðofta.   hī.
6. cw̄.   broðer ecgbyrht.   cw̄.
7. þ.   scoldan ætgædere on þ ece lif.
8. hwæðere þ.   onfehst þ ðu.
9. gesihðe geleornade.   hī wilnode.
10. þ his.   sculan.   má.
11. ðære nyhstan niht.
12. ecbyrht.   adle getrymede.

VARIOUS READINGS. PAGE 244.

Page 244. **B.**
- 13. hád. efenwyrðum. frætwode.
- 14. 7 æfter manegum. godum. willnode.
- 15. myd. he ða. eald 7 he leornode to þam heofonlican.
- 16. on. 7 mannþwærnesse.
- 17. 7 on forhæfednesse 7 on bylewytnesse 7 on.
- 18. on fullfremednesse 7. ꝥ.
- 19. cynne. on ðam. ón elþeodignesse.
- 20. lifes. láre ge mid aldorlicnesse þreade. árfæstnesse.
- 21. ðam godum. he æt ricū mannū.
- 22. swyðe bryttode ætycte. eac swylce. ǽr sædon ꝥ.
- 23. on þam feowertiglican. eastrū æne siðe.
- 24. 7 ealles swa þeah nymþe. þynre meoluce (*p.* 194).
- 25. þære ylcan. swylce. ꝥ.

C. S.
- 15. ꝥ he ferde.

O.
- 13. bisceophade. efenwyrþum.
- 14. 7 æfter monigum godum.
- 15. (58ᵃ) mid þy. eald ꝥ he ferde to þam.
- 16. heofonlican rice. on.
- 17. on monþwærnesse. . forhæffehæfednesse (hæffe *erased*).
  on byl . wetnesse (*blot* ?). on soðfæstnesse 7 on.
- 18. 7 he þu͞,h.
- 19. cynnū. pehta on þam. on ellþeodignesse.
- 20. lifes bysene. ealdor͡licnesse ðrea.
- 21. sylena (y *on eras. of* e). godum. ricum.
- 22. eac swylce.
- 23. symble on þam fecwertiglican. eastran. on.
- 25. ylcan forhæfednesse. swylce.

Ca.
- 13. hád míd efenwyrðum dædū frætwode 7.
- 14. monigū godum. wilnode.
- 15. eald he ferde to þam heofonlican rice.
- 16. on. eadmodnysse (*p.* 88) 7 on monþwernysse.
- 17. forhæfednysse 7 soðfæstnysse.
- 18. on fulfremednysse 7. ꝥ. ðeode.
- 19. cynnū. on þā he on ællðeodignesse.
- 20. lifes bysne. ealdorlicnysse. arfæstnysse.
- 21. þā godū ðe. rícū monnū.
- 22. swyðe. eac swylce his. ðe. ꝥ.
- 23. symble on þā feowertiglican fæstene. eastran. siðe on.
- 24. ðéah nemne. ᵇᵘᵗᵃⁿ þynre.
- 25. þære ylcan forhæfdnysse gemett. swylce. ꝥ.

VARIOUS READINGS. PAGES 244–246.

Page 244. 26. gebyrdtíde þæt.   daga ær pentecosten.
B.   28. Etweonū (*space*).   þissū þingum sende ealhfriðˇ se cing osweos suna willfriðˇ.
     29. ꝥ.   man.
     30. ofer sæ to hadigenne to egelbrihte.
     31. be þam.   sædon se ðe.   brytene.
     32. bisscop wæs geworden. And.

O.   26. -tide (e *small*; *afterthought*).   æfter.
     28. Betwih þas þing.   oswioes.   willfreþ.
     29. . mæssepreost (*eras. of* s).   bysceope.
     30. tó hadianne.   ægelbyrhte bysceope be þam.
     31. sædon.   (58^b) forlet.   bysceop.   7.

Ca.   28. Betwih.   ealhfrið.   oswioes.   willfreð.
     29. ꝥ hi mon.   hī.   hiwū.   bisceope.
     30. sǽ.   ægelbyrhte.
     31. bisceope be þam.   ǽr.   forlét.
     32. bisceop.   7.

Page 246. 1. gehalgod fram.   myd.   áre efencymendum manegum.
B.   2. ðære.   þam cynelican tune se is genemned.
     3. þa he ða þa he ða gyta wæs æfter (*line under* 1*st* þa he ða *modern*?).   þam ofersæligum dælum wæs wunigende þa wæs.
     4. onhyrigende.
     5. geornfulnesse.   centlande.   on.
     6. ðeawū.   on.   gewrita.

O.   1. fram.   are.   monegum bisceopum.
     2. on þam cynelican tune.   geciged.
     3. on conpendia.   ða he þa gena æfter.   on þam ofersælicū.
     4. dælum wu͡niende þa.   oswio.   onhyrigende.
     5. geornfullnesse.   on.
     6. gemetfæstne (met *at end of line not* 1*st hand*).   on.   gewrita.

Ca.   1. gehalgod frā hī.   are efencumendū monigū.
     2. bisceopū.   on þam cynelican tune.   gecyged.
     3. onconpendia.   ða gýta æft̄.   on þā ofersælicū.
     4. dælum wunigende wæs.   oswio.   onhyrigende.
     5. geornfulnysse.   on.
     6. þeawū.   on.   gewrita.

VARIOUS READINGS. PAGE 246.

Page 246. B.
7. 7 þa ða he on gewritum leornode tó.
8. bisceope.
9. cyrican.
10. haten 7 wæs ceddes broþor.   árweorðan.   ðæs.
11. ge (*p.* 195) myngodon.   cining.   eac him mid his preost eadaeth.
12. æfter.   ealhferðes ríce.
13. hreopum.   bisscop.   ða hi ða.   centlande comon ða.
14. hi þone arcebisscop þe for hine geset wæs (*rest wanting*).
16. cyrdon hi.   westseaxena lande ðær.
17. fram.   mann.   gehalgod.
18. nam.   brytta þeode on gesiðscype.

C.
15. (6ª *complete*) Ond þa geta.   oþer bisceop.   geset.
16. þa cirdon hie.   bisceop gehalgod nā he (*rest wanting*).
18. bisceopas on bretta þeode.

O.
7. 7 þa ða he on gewritum.   on.
8. sceolde.   bisceope gehalgad.   cyricean.
10. broþor þæs-arwyrþan bysceopes.
11. gemyngedon.
12. eadæth (a *of* æ *and* t *erased*).   æfter.   on ecferþes rice on hrypū (y *on eras. of* i).
13. to bysceop,   ða hi þa to cent. (1 *eras.*).   coman.
14. hi þone ærcebysceop (e *of* æ *eras.*).   geferde (*all on eras.*) of worulde.
15. 7 þa gyta.   oþer bysceop.
16. þa cyrdon (y *on eras.*) hi tó.   bisceop.
17. fram hī.   man tó (59ª) bysceope.
18. nam.   byssceopas.   brytta þeode on gesiðscype.

Ca.
7. 7 þa ðe he on gewritū.   leornode.   on.
8. weorcū.   fyligende.   ƀ.
9. cyrican.   eoferwicceastre wæs he mæssepreost 7 ceadda.
10. broðer þæs arwurðan ƀ.
11. gemynegodon sende eac se cyning mid.
12. on ecferðes rice on hrypū wæs to ƀ.
13. ða hi ða.   coman.
14. hi.   arecebiscop (*sic*).   geferedne of worulde 7.
15. gyta.   oðer for hine.   cyrdon hi.
16. ƀ.
17. frā hī.   foresp,ecena.   man to ƀ gehalgad.
18. nam.   bisceopas on brytta þeode on gésiðscipe.

Page 246.	19.	ðá tíd.	biscop þam wine.	ealre.
B.	20.	brytene.	ðe. gehalgod.	ða wæs se ceadda fram.
	21.	him gehalgod. And.	ongann ða.	gýman (*the* y *on erasure of a blot*).
	22.	clænnesse.	eaðmodnesse.	
	23.	forhæfednesse.	geornesse syllan 7.	birig 7 land.
	24.	ceastra.	hús for.	þuruhfaran.
	25.	ðara apostola.	gangende.	
	26.	godan.		
	27.	ðeawum 7 æfter his bigsone (*dots above and below* g) ceddes his gehyrendese (*last* e *small and by corrector*) trymende . (*eras. of final* s ?).		

C.	19.	Næs in ða tid.	bisceop butan þǣ.	ealre breotone.
	20.	gehalgod.	frō hím.	
	21.	bisceope.	oṅgan.	gem̄ne.
	22.	gedon.	ciriclecan soþfæstnesse.	clænnesse. eaðmodnesse.
	23.	forhæfdnesse.	geornnesse.	7 burh 7 land.
	24.	for godes spellicre lare.	næs na ridende.	
	25.	apostola ðeawe.	fotū.	
	26.	óf discipulū.	ðæs godan bisceopes.	dædū.
	27.	þeawū 7 æfter.	ceaddes hís.	

O.	19.	on þa tid.	bysceop.	on eallre brytene.
	20.	ceadda fram.		
	21.	bysceope gehalgad.	7. ongan.	gyme,he (y *on eras.*). (n above)
	22.	gedon þare cyriclican soðfæstnesse 7 clæn,esse 7 eaðmodnesse. (n above)		
	23.	forhæfdnesse.	geornesse syllan 7.	land.
	24.	for.	lare þurhferan nalæs.	
	25.	apostola.	gangende wæs, . (s above)	
	26.	aidanes (ai *on eras.*).	godan bysceopes.	
	27.	æft̄.	broþor his hired.	

Ca.	19.	on ða tíd.	ƀ butan þā.	on ealre.
	20.	ðara.	gehalgod.	ceadda fram hī.
	21.	7.	ongan.	gymene.
	22.	gedon.	cyriclican soðfæstnysse.	clænnysse. eadmodnysse.
	23.	forhæfednysse.	geornysse syllan 7.	land.
	24.	for god (*p.* 89) spellicre.	lare ðurhfęran nalæs.	
	25.	apostola.	gangende.	
	26.	discipulū.	godan.	dædū.
	27.	þeawū æft̄ bysne.	broðer his hired.	

VARIOUS READINGS. PAGES 246-248.

Page 246. 28. ða com.   on brytene.
B.   29. manige.   þære (*p.* 196).   rihtgelyfendra.
      30. cyrican angelcynnes.
      31. láre.   ðanan.   ꝥ.   rihtgelyfede lár.
      32. 7.   betweonan angle eardedon.
      33. rihtgelyfedan.   ge inn gehygde rihtra.   manegū
          oðrū wisū oððe.

C.   28. ða cō eác swilce wilferð.
      29. bisceope.   Ońd eác swilce.   rihtgelyfedra.
      30. ðære romanescan ciricean ongelcynnes.
      31. ðonon.   ꝥ te sio riht ḡ lefde lar.
      32. dæghwǣlice.   betweoh óngle eardedon.
      33. lare wiþerwearde.   easterna.   monegū oþrum wisū.

O.   28. com.   swylce monige (*omitted words at foot of page, variants* on, bysceope gehalgad).
      29. rihtgelyfedra.
      30. ðære.   cyricean ángel.   cyricum.
      31. þanon.   ryhtgelyfde lar.
      32. 7.   þa þe betwyh.
      33. eardedon 7 þære rihtgelyfdon lare wiþerwearde.   on
          gehylde.   on.   oþrū.   oððe.

Ca.   28. com.   willferð on breotene.
      29. ƀ gehalgad.   rihtgelyfedra.
      30. ðære.   cyricean angelcynnes cyricū.
      31. ðanon.   ꝥ.   lar.
      32. 7.   ða þe betwyh angle.
      33. eardodan.   rihtlyfedon lare.   on gehylde.   on
          monegū.   wisū oððe.

Page 248. 1. ꝥ hi riht mid hī healdan woldon oððe hi ham to heora eþle
B.   comon.

C.   1. hira.   ꝥ hie.   mid him.   wolden oððe hā.
      2. hiora eþle.

O.   1. ꝥ hie.   mid him healdon.   oððe.
      2. eðele (hwurfan *in margin, not* 1*st hand*).

Ca.   1. ꝥ hi.   mid hī.   oððe hā.
      2. hweorfan.

VARIOUS READINGS. PAGE 248.

Page 248. 3. Yssū (*space for* þ).   tídum angelcyningas ða æþelestan.
B.   norþhymbra.
    4. ecgbryht cantwara.   betweonan.
    5. tó.   þā.   angelcynnes.
    6. cyricū forþon.   ongeat.   fram scottū.
    7. afeded wære 7 gelæred ꝥ te.   cyrice.
    8. rihtgelyfed þa.   hi.   genamon.
    9. halegan.   angelþeode godne.   geþungene.   biscopháde.
   10. nama.   wigheard 7 wæs.   geferscype.
   11. hi hine to.   ꝥ.   man.

C.   3. (6ᵇ *complete*) þissū tidū ongel —.   ða.   óswio.   norþanhymbra.
    4. Ońd.   cantwara.   betwih.
    5. be þǣ stalle ongel —.
    6. ciricean.   oswio.   ongeat þeah ðe he frō.
    7. ꝥte sio.   sio.
    8. rihtgelefed.   hie 7 genaman.
    9. ciricean ongel ðeode godne.   Ond.   bisceophade.
   10. ðæs bisceopes.
   11. Ond hie.   ða.   ꝥ.

O.   3. Ðyssum ·· (y *on eras. of* a, um *eras.*)   ongelcyn,ngas ða
    æþelestan.   oswio norþanhymbra.
    4. ecbyrht cantwara.   betwih.
    5. tó.   be þam stalle angelcynnes cyricean.
    6. oswio soðlice ongeat.   fram.
    7. þæt seo romanisce 7 seo.
    8. rihtgelyfed þa gecurań hi.   genaman.
    9. cyricean ongelþeode godne.   bisceophade.
   10. noma (*squeezed in on eras.*)   geferscype þæs bysceopes.
   11. hie.   ꝥ.

Ca.   3. Ðyssum tidū ongel —.   æþelestan oswio.
    4. ecbyrht canwara (t *recent* ?).   betwih hī.
    5. be ðam stalle angel —.
    6. cyrican.   oswio.   ongeat.   ðe he frā scottū.
    7. ꝥ seo romanisce 7 seo.
    8. rihtgelyfed þa gecuran hi.   genáman.
    9. cyricean ongel.   godne.   geðungenne.
   10. sumne mæssepreost.
   11. bisceopes.   hi hine ða.   ꝥ.

VARIOUS READINGS. PAGE 248.

Page 248. 12. sceolde.   tó biscope gehalgian 7 éac to arcebiscope þ te
B.   rihtgelyfede (*p.* 197) biscopas mihton beon fram him gehalgode
geond ealle angelcinnes ðeode godes ciricū þa he þa. wigheard.
14. rome becóm.
15. ærþon þe.   biscopháde.   becuman moste 7 wæs mid.
16. forþferde þa.
17. uitalianus.   wesseaxena.
18. ongeat his arfæstnesse.   háte.
19. þā eadegan life.   forþon.
20. godes gescyldnesse.   soþan.   7 to þam.
21. gehwyrfed hæfde 7 cwæþ þ.

C. 12. bisceope.   þ.   ercebisceopes.
13. Ond rihtgelefde bisceopas ðurh.   óngelcynnes ciricean.
14. siðþan aidan (*sic*).   ða he ða.   becō.
15. ðé he to bisceophade.
17. þa.   uitalianus.   óswio.   lufsúlic.
18. ongeat.   arfæstne.
19. ða.   ðæ.   life.   Ond for þæ.
20. gescildnesse.   þæ soðan geleafan þæ.
21. gehwerfed.   Ond cw̄ þ.

O. 12. sceolde þær to bisceope.   þ.   ærcebysceopes (e *of æ eras.*).
13. rihtgelyfde bisceopas.   brytone angelcynnes cyricum.
14. syððan.   mihte ða he þa.   rome becom.
15. ær þon þe.   bysceophade.   mihte.   deaþe.
16. forðferde þa.
17. uitalianus.   oswio se,xna.[a]   lufsūlic.
18. ongeat.   arfæstne.
19. eadigan life.
20. soðan ge(60ª)leafan.   þam.
21. 7 cw̄ (w *on eras. of 2, 2nd* þ).   on.

Ca. 12. sceolde.   b̄.   þ.   arcebiscopes.
13. rihtgelyfde bisceopas.   brotene angel.   cyrīcū.
14. syððan.   mihte ða he ða.   rome becóm.
15. ær ðon þe.   b̄hade.   mihte wæs he.
16. forðferde.
17. uitalian'.   oswio.   lufsumlice.
18. ongeat.   arfæstne.   háte.
19. lufan þe he.   ðan eadigan life.   forðam.   ðurh.
20. gescyldnysse.   soðan.   þā.
21. 7 cw̄ þ.   on his ðeode willendlice ricsode þ.

T

Page 248.	22. ðeode.	on.	
B.	23. mid criste ricsian.	7. þam.	
	24. gemyndgode be.	deaðe 7 hi swiþe geúnrotsode.	
	25. forhwam.	forþferan sceolde.	hī gehet.
	26. hi geþungene mann. *abrasure ?*).	wyrþne mettan ꝥ hi (y *on orig.*	
	27. woldón tó.		
	28. hwylc.	ða fóre. ꝥ.	
	29. on þysse æftfyllgendan béc gerysenlicor.		gelimplicor writaþ.

C.	22. ðeode.	rixade ꝥ.	
	23. mid criste rixsian.	eác swilce.	ðæm ḡwrite.
	24. gemyndgode be.	ꝥ.	
	25. forhwon ðe þær scolde (6ᵇ *ends*).		

O.	22. willendlice ricsode ꝥ.	on toweardnes̄ eccelice.		
	23. mid criste ricsian.	7. þam.		
	24. gemyndgode be.	deaþe ꝥ hi (i *out of* e *by eras.*).		swiþe.
	25. forhwon þe (þ *incompletely eras. to form* h).	sceolde.	gehet.
	26. he.	mihte ꝥ hi.	woldan to bysceope.	
	27. onsendon.			
	28. hwilc (i *out of* e).	gehalg . an (i *eras.*).	ꝥ we on þysse æfterfylgendan bec gerisenlicur 7 gelimplicur.	

Ca.	22. on tóweardnesse écelice.			
	23. mid criste ricsian.	7 he.	ðær. þā.	gemynegode be.
	24. ꝥ hi.			
	25. forðon ðe.	forðféran sceolde.	hī gehét.	ǽr swa he geþungenne.
	26. métan mihte ꝥ hi.			
	27. woldan to ƀ.	on (*p.* 90) séndon.		
	28. hwylc.	ða for.	gehalgad wære ꝥ we on ðisse æftfyligendan.	gelimplicor.

Page 250.	1. N *space suits for* O.	þa ylcan.	on eastseaxena
B.	mægþe æfter swiþhelme be þam.		
	2. ǽr.	sǽdon (*p.* 198).	ciningas sigehere.

O.	1. On ða ylcan.	on.	mægþe æfter swiðhelme (1 *on eras.*).
	2. be þam.	sǽdon.	sigehere 7 sebba (e *out of* i, a *on eras.*).

Ca.	1. On ða ylcan tid.	on.	
	2. be þā.	sǽdon.	sigehere 7 sibba ðeah þe hi.

VARIOUS READINGS. PAGE 250. 275

Page 250. 3. ðe hi. myrcna cininge. wæron.
B.   4. hyrsumnesse seo (o added afterwards) ylce mægþ þa east-
        seaxena. þi heo aweht wæs mid þi.
     5. deaþlicnesse. þa sigehere.
     6. forlét. geryno.
     7. hæþengylde. forþon se sylfa. ealdormenn.
     8. lufoden þis líf 7 ꝥ.
     9. ꝥ for þā gelyfdon ꝥ.
    10. hi. hergas edniwan ða þe. ǽr. deofolgyld
        worþodon (wor on erasure of þeo; þ out of w).
    11. gebædon. hi. mihton frā þā wale 7 frā.
    12. deaðlicnesse gescylde. sebba ðonne.
    13. efenyrfeweard. ylcan. geornfullnesse.
                                o
    14. onfangenan. heald. eallum. 7.
    15. gesælignesse getrywe.

O.   3. þeh þe hi. myrna (y on eras.). wæron on.
     4. ylce mægþ · þa (eras. of 1). ðy.
     5. ðy. deadlicnesse þa se sigehere. þa se. ðy.
     6. cristenan. tó hæþenesse.
     7. forþon þe se sylfa. ealdormen.
     8. óf. lufedon ðis deadlice.
     9. ꝥ (60ᵇ) forþum (u on eras.) gelyfdon ꝥ.
    10. ða óngunnan hi. þa þe. deofulgyld.
    11. hie. mihtan fram þam wole.
    12. deadlicnesse gescylde. sebbe (1st e out of i).
    13. efenyrfeweard (y on eras.). ylcan rices.
    14. ðone onfangennan. 7.
    15. gesælignes getreouli · gefylled (eras. of f).

Ca. 3. myrcna. wæron on hernysse.
     4. ylce mægð eastseaxan. wǽced.
     5. ðære. deadlicnysse. se sigehere.
     6. ðe. forlét ða geryno. cristenan.
     7. hæðennysse. sylfa. ealdormenn.
     8. deadlice lif 7 ꝥ towarde.
     9. sohton ne furðon gelyfdon ꝥ. owǽre (sic) ða.
    10. hi ða. ða þe ǽr. deofolgyld.
    11. weorðian 7 gebiddan swylce hi ðurh. ðing mihton frā
        þā wole 7 frā.
    12. deadlicnysse gescylde. sibba þonn̄.
    13. efenyrfeward. ylcan rices. mycelre geornfullnesse
        ðone onfangenan.
    14. 7.
    15. gesælignysse getreowlice his líf gefyllde.
    16. heræft.

T 2

VARIOUS READINGS. PAGE 250.

Page 250. 17. þa ꝥ ða. cing ongeat. him ꝥ bodad. ꝥ te on.
B. 18. mægþe eastseaxena. adilgod wæron ða.
19. gearomonn. biscop þyder. æftfylgend to eastseaxena mægþe.
20. hi.
21. soþfæstnesse. eft gecyrran ond. geornfullnesse.
22. biscop (p *small and squeezed in ; corrector ?*). ꝥ. þon þe me se mæssepreost sæde þe (*p.* 199).
23. fulltumiend.
24. mann. 7 he feorr. wíde ealle. þurhferen (*corrector ?*)
25. ꝥ. þæne foresprecenan.
26. ðam ꝥ hi. heargas.
27. ꝥ deofolgyld ꝥ hi. cyrican.

C. S. 24. land 7 *deest before* leode, = **T. B. O.**

O. 17. ꝥ. cyn,g óngeat. on.
18. mægþe. óf. geleafan aidlad.
19. gearomon. bysceop. trūheres æfterfylgende on.
20. mægþe. gereccanne ðone. hie.
21. soðfæstnesse gele,fan (e *on eras.*). gecygean. geornfulnesse.
22. byscop. ðon þe me se. sæde ðe.
23. 7 fultume,d.
24. bisceop. god. wide. þurhfarende 7 ꝥ.
25. ðone foresprecenan (re *on eras.*). soþfæstnesse.
26. ðon ꝥ hie. towu pan (1 *eras.*) þa heargas.
27. ꝥ deofolgyld ꝥ hie. cyricean óntyndon.

Ca. 17. ða ꝥ ða. ongeat se cyning. hī. ꝥ on ðære.
18. dæle. geleafan aidlad. ða.
19. germanus. ƀ. æft fyligend on ða.
20. gereccanne. hi to soðfæstnysse.
21. gecigean. ða. geornfulnysse.
22. ƀ ꝥ. æft ðon ðe me se mæssepreost. ðe.
23. 7 fultumend.
24. ƀ. wíde. þa land 7 leode. ðurhfarende 7 ꝥ.
25. 7 þone forsprecendan. soðfæstnysse.
26. ꝥ hi forléton. ða heargas 7 ꝥ deofulgyld ꝥ hi.
27. cyricean.

VARIOUS READINGS. PAGES 250–252. 277

Page 250. 28. naman cigdon þā hi.   wiðcwædon þ hi þam lustlice andettan
B.   7 geleafan þæs écan.
    29. æristes.   willnodon þ hi.
    30. þam swulton þoñ hi in únfyrenessum mid tryw leasum betweoh deofolgyldum lifdon.

O.   28. naman þam .. (2 eras.) hi.   wiðcwædon (61ᵘ) gife,nde (e *out of* i, *then eras. of* e) andettan.   hi ma mid (a *on eras.*).   æriste (i *out of* e).   willnade.   þ hi on þam swulten (n *small and squeezed in*) þoñ hi.   unsyfernessum 7 getreowleasnessum.

Ca. 28. naman þam hi.   7 gefeonde andettan.
    29. hī á mid.   æriste.   gewilnode þ hi on þam swulten þonne hi.   unsyfernyssū 7 getreowleasnyssum.

Page 252. 1. ða þis þus.
B.   2. larowas.   blissiende.
    Here in B. *follow the Interrogations after a space equal to one line, but there is no hint as to their meaning and no headings. They extend from p.* 199, 15 *to p.* 224, 2 *incl. Then a space of* 1½ *lines. No heading to Bk.* 4, *but an elaborate* Ð *in style of 2nd illuminator.*

BOOK IV.

    4. *Begins* Ða þam (Ð *ornate, a small ; on p.* 224).   gemyngodan geare.   asprungenesse.
    5. 7 hwæþere sona.   æfterfylgendan wales.   moncweallmes ðy.

O.   1. betwyh deofolgyldum lifden (n *small and squeezed in*) ða ðis.
    2. bysceop.   gefeonde (1*st* e *on eras.*).   blissiende hwurfan ; Interrogatio beati agusti, episcopi c,nturiorū ecclesie (*in vermilion from* Int—*on : eras. of* e *in* cent).
    4. Ðy gemyngedan geare (*on* 72ᵃ).   asprungennesse.
    5. hraðe.   æfterfylgendan woles.   moncwylde þi.

Ca.   1. betwih deofolgyldū lifdon ða ðis þa ðus gedón wæs 7 se bisceop.
    2. hwurfon 7 her endað seo þridde bóc ∴ INTERROGA (*all these words on same line*).
    4. Ðy gemynegedan geare (*on p.* 101 *capitals to* sunnan).   asprungennysse.
    5. hraðc.   æft fyligendan woles.   moncwyldes þy.

VARIOUS READINGS. PAGE 252.

B. Page 252. 6. sixta (six *on eras.*). arcebysceop cantwara burhge.
　　forferde (*original*).
7. iuliarā swylce. eorcenbryht cantwara cining (eadboldes sunu cynges *above line by corrector*) þy ylcan.
8. ondæge (*junctim*). forðleorde. rices.
9. forlét ecgbrihte. heold án lǽs ðe.
10. blann. tíde. biscopdóm. tó.
11. fram ecgbrihte. fram. norðhymbra cininge.
12. on þysse. feawum wurdum (*sic*).
13. wæs he se mann on cyriclum ðeodscipum.
14. angelcynne. swilce hi.
15. ætgædere sendan þam. gyfe. manegum.
16. 7 bædon ⸭. wighear angelcynnes.
17. cirican to (*p.* 225) arcebiscope. þa he þa tó.

O. 6. deusdedit se wisesta arcebysceop (ar *out of* ær *by eras.*)
　　　on　　　　　　　　　　þ
　　, cantwara burghe cyricean for,ferde ærran.
7. iduū iuliarum (*2nd* u *on eras.*) swylce. erconbyrht cantwara.
8. ylcan. forðferde. rices eþel.
9. ecbyrhte. suna ⸭. wana þe · XX ·
10. ða blan. tide. bisceopdom þa.
11. rome fram ecbyrhte 7 fram oswio norþanhymbra.
12. on þysse. bec feaum.
13. wæs he on cyriclicū þeodscype.
14. ángel—. swilce hie eac þa (72ᵇ).
15. ætgædere sendon þam. gyfe.
16. gold 7 seolfor fatum 7. ⸭. angel—.
17. cyricum. ercebisceope gehalgade. þa to rome com.

Ca. 6. deusdedit se wisesta arcebiscop on cantware burhge cyricean forðferde ærran.
7. iduū iuliarū swylce. erconbyrht cantwara.
8. ilcan monðe ondæge (*junctim*) forðferde 7 his ríces ec̄el forlét ecbyrhte.
9. suna ⸭. wona XX.
10. ða ablan. tide. bisceopdóm þa.
11. róme fram ecbyrhte 7 frā oswio.
12. on þysse. féawum.
13. wordū. wæs he on cyriclicū þeodscipe.
14. angel—. (*p.* 102) well. hi.
15. ætgædere sendan þā. mycle. monegū golde 7.
16. 7 bædon ⸭. angel—.
17. cyricū. arceb̄. rome com.

Page 252. 18. com. ða tíd uitalianus papa. setles.
B. 19. æfter. he ðæne. hys siðfates þam.
20. æfter. tide (*accent over* d).
21. wigheard 7 let ealle. geferan (a *on eras.*). comon.
22. wale fordilgode. forðleorde.
23. þa.
24. hwilcne arcebiscop hé ón angelþeode sendan mihte to heora ciricum (*before* mihte *eras. of* s).

O. 18. on. uitalianus papa. setles ealdorbyscop æfter.
19. siðfates ðam.
20. gecyþed (*cross on* d *eras.*). æfter medmycelre tide.
21. lytesne ealle. þe. coman.
22. wóle fordiligade. forðferede.
23. geþoht. þyssum. geornlice.
24. hwilcne ærcebysceop. mihte on angelðeode cyricum (on *struck through*). to

Ca. 18. on þa tíd uitalianus. papa. setles.
19. ealdorƀ. ðe. þam.
20. gecyþed. medmycelre.
21. 7 mæst ealle his geféran. hī coman.
22. wole fordilgode. forðferede.
23. geþoht. þyssum ðingum. geornlice.
24. hwylcne arceƀ. mihte on angolþeodes cyricū.

Page 254. 1. þa wæs on. ðam mynstre þis (*sic*) unfeorr þam mynstre
B. þære birig neapoli.
2. on campanige. mægþe. was. mann.
3. halegum gewritum. on mynsterlicū þeodscypum 7 cyriclum.
4. weorþlice getyd. ge on læden ge on grecisc gereorde.

O. 1. on. þā. ꝧ.
2. on campanie. mægþe.
3. on. gewritum. on mynsterlicum þeodscypum.
on cyriclicum.
4. getyd. on ledenisc.

Ca. 1. þa. on. þā. ꝧ. ðære.
2. on campanie ðære. aƀƀ. monn on haligū gewritū.
3. on mynsterlicū ðeodscipū. on cyriclicū.
4. well. weorþlice. on ledenisc.

Page 254.	5.	ða.	þæne mann.	gelædan.	het ꝼ.
B.	6.	biscopháde.	brytene.	andswarode he him 7 cwæþ ꝼ.	

7. wyrðe 7 cwæþ ðæt he mihte oðerne getæcan ðe biscophades weorþra (*p.* 226) wære ge angelþeode to læranne ge on his lifes geearnunge.
9. yldo Tæhte he þam.
10. þam neahmynstre sumne munuc þæs nama.
11. lichomlices untrūnes ꝼ he beon ne mihte. æft.
12. nydde. abbud.
13. ꝼ. byscophade. ða. hyne yldinge.
14. he on fyrste mihte oþerne. man.
15. mihte þa wæs. þas tid. on rome sé wæs.
16. þam. nama.
17. mann on woruldgewritum.

O.
5. on. man. gelaþian 7 het ꝼ.
6. bisceophade. 7 swarede.
7. ðæt. cw̄ ꝼ.
8. mihte oþerne getæcan þe bysceophade wyrðe.
9. lifes (73ᵃ) geearnunge. yldo tæh, ða þam bysceope on þam nehnunmynstre.
11. nama. ac þā. licumlice untrumnes.. (2 *eras.*) ꝼ.
12. bysceop. mihte. ðone.
13. adrian' ꝼ. bisceophade. ða. yldinge 7 fyr,tes hwæþer (*strokes through* hwæ *and* er, *i.e.* = ꝼ)
14. æfter. mihte oþerne. man.
15. bysceope. mihte. on. tid. munu. c (1 *eras.*) on rome.
16. se, cuð. wæs þam. ðæs nama.
17. on. on woruldgewritum.

Ca.
5. on. ða. hī. het ꝼ.
6. ða 7 swarede he hī.
7. cw̄ ꝼ. mycles. unwyrþe 7 cw̄ ꝼ.
8. mihte. getæcan þe bhade wyrðe. gelærednysse.
9. lifes geearnunge. gedéfre yldo.
10. ða papan on þā nealigum mynstre.
11. nama. þa. bī his licumlice. untrumnysse ꝼ.
12. ƀ. mihte. ðone aƀƀ.
13. ꝼ. bhade. yldinge.
14. mihte. man.
15. ƀ. mihte. on. sū munuc on.
16. þā. nama.
17. on tharso. mann ge on wcoruldgewritū.

VARIOUS READINGS. PAGE 254.

Page 254. 18. ge on godcundum ge on.   ge on leden.
B.   19. wæs gecoren on.   ðeawum.   arwyrðe yldo þ is þ.
   20. þysne mann.   ðam.
   21. sæde þ.   gehalgod beon sceolde.   *p.* 227 *begins* sceolde in brytene; *before this* 7 he þ *to* beon (23) *repeated identically, but* his ladteow *written in repetition.*
   22. 7 hwæþere þis hi geræddan betweonan.   þ te se.
   23. hys.   brytene forðon.   ǽr twywa ða.
   24. for missenlicum intingan.
   25. forðon.   ðæs siðfates.
   26. þ.   on.   agenum geferscype.   gemanod 7 ðonne gyt.
   27. þ.   sceolde.   fultumigend.   on godgundre (*sic*) lare.
     7 þ.
   28. gehealdan sceolde þ.   nawiht.
   29. þeawum.   angelcynnes cyricum in.

C. S.   23. forþon he him.

O.   18. on godcundum ge on crecisc.   on leden.   wæs gecoren on.
   19. arwyð̇e yldo þ is þ.
   20. þysne man.   þam.
   21. sæde þ.   bysceope gehalgad (ad *on eras.*).   mihte.   þ.
   22. 7 hwæþre.   aræddon betweoh.
   23. ladteou.   on.   forðon.   tuwa ða.
   24. missenlicum.
   25. forðon.   swilce þ.
   26. on.   agenum geferscype.   gemo,n̄ad 7.   gýt.
   27. þ he sceolde.   fultumend.   on.   lare 7 þ.
   28. behealdan sceolde þ.   nawiht.
   29. soð (73^b) fæstnesse on angelcynnes cyricean on gelædde.

Ca.   18. on (*ter*).   leden well.
   19. wæs gecoren on.   ðeawū.   yldo þ is þ.
   20. ðysne man adrian'.   aƀƀ þā.
   21. sæde þ he to ƀ gehalgod.   mihte.   þ geðafode 7 hwæðere þis betwyh heō aræddon þ.
   23. aƀƀ.   ladteow.   on.   forðon ðe.   twiga ða.   fór missenlicū intingan geférde.
   25. forðon þe hī se wég ðæs siþfætes.
   26. þ.   on.   agenū geférscipe well gemonad 7 ðonñ gýt.
   27. þ he sceolde.   fultumend.   on.   7 þ.   behealdan sceolde þ.   nawyht wið̇erwardes.
   29. soðfæstnysse,   gréca.   on angelcynnes cyricean on ge (*p.* 103) lædde.

Page 254.	31. gehalgod.		bád.	monoð ꝥ.	aweox ꝥ.
B.	32. mihte.		scare.		
	33. ðeawe.		čæs.	ða.	gehalgod.

O.	30. ða.			
	31. bád.		aweoxe ꝥ.	
			þa a	
	32. mihte.		ær, sce,re hæfde.	
		á		
	33. þe,we.		paules (s *later*).	ða.

Ca.	30. ða.				
	31. gehalgod.		ða abad IIII.	hī.	aweoxe ꝥ.
	32. mihte forðon.		scyre.		
	33. ðeawe.		paules.	ða.	gehalgod.

Page 256.	1. fram uitaliane þam.		bysscope.	wintra.
B.	2. fram.	ðy.		
	3. dryhtenlican kalendarum aprelium.			ætgædere.
	4. þam.	*p.* 228 *begins* iunias.		brytene.
	6. hi ætgædere.		þanon.	arela land.
	7. hi comon.		þam arcebisceope 7.	
	8. ꝥ him man míd áre.			

C. S.   1. 7 eahta 7 syxtig wintra *desunt* = **O. Ca.**

O.	1. fram uitaliano þam.		bysceope ymbe.	hund wintra
	fram drihtnes (*rest wanting*).			
	2. seofoþan.			
	3. ðy drihtenlican kalendarum.		ætgædere.	
	4. þam.	on sexta (e *on eras.*).	iunias.	brytene.
	6. ða.	hi ætgædere.	þanon.	aréla land ꝥ hi coman.
	7. þam ærcebysceope.		him.	
	8. hi.	are.		

Ca.	1. fram uitaliano þā.		ƀ ymbe.	hund wintra frā
	drihtnes menniscnysse.			
	2. seofoðan.			
	3. drihtenlican.	ætgædere.		
	4. þā aƀƀ on.	k̄l iunias.		
	6. ða.	hi ætgædere.	ðonon.	árela land ꝥ hi coman.
	7. þā arceƀ ðære.			
	8. gewrít.	hi.		

VARIOUS READINGS. PAGE 256.

Page 256. 9. hæfde him mid micelcere (*sic*) áre oð þ.
B.   10. ealdorman.   speda.   leafe.   farenne.   hwyder.
    11. hi.   þa.   ægelbryhte byscope to.
    12. be þam.   sædon 7 fram.
    13. onfangen.   tíde.   gehæfed.
    14. em . ne͏̈, s . nonum (*first stroke of second* m *erased to form* n ; *erasure of* e *after* s ; *the* n *above may be* 1*st hand*).   æfter. tó faraonem (m *originally* nn).
    15. melda bisceopum.   lange.   hī wel.   hi nydde.
    16. þ hi.
    17. hi mihton ða þ cúðe ærendracan sǽdon ecgbrihte þam.
    18. þ.   bisceop.   on franc rice ðone.   hi ósweo.
    19. budon (*sic*) fram.   bisceope 7 papan ða.
    20. þyder þ.   sceolde.   feccan.   hym.

O.   9. hi mid mycelre are.   oððæt.
    10. ealdorman.   lefnesse.   farenne.
    11. hi woldan.   þeodorus.   bysceop.   ægelbyrhte bysceope parisiorum be ðam.
    12. sædon 7 fram.
    13. onfangen.   tid.
    14. æfter ðon.   faró . nem (*abrasion*).
    15. melda bysceopum and (74ᵃ) lange.   gehæfed.   forðon hie nydde.
    16. þ hi.
    17. hi mihton ða þ.   ærenddracan sædon ecbyrhte þam.
    18. þ se bysceop.   on francena.   hi óswio.
    19. fram.   bysceope.   rædfrið (æ *out of* i).
    20. þ.   sceolde.   feccean.   hī.

Ca. 9. hi mid mycelre.   hī oððæt ebrin'.
    10. hī.   lýfnesse.   farenne.
    11. hi woldan.   ðeodorus.   arceƀ.   ægelbyrhte ƀ parisiorum be þā.
    12. sædon 7 frā hī fremsūlice.
    13. onfangen.   micele.   hī well.
    14. adrian'.   senonū.   þon.   faraonem melda bisceopū.
    15. lange.   hī well gehæfed.   forðon hi nydde.
    16. towearda wint þ hi.   wunodon.
    17. hi mihton ða þ ða.   ærenddracan sædon ecbyrhte þā.
    18. þ se ƀ.   on francena rice ðone þe hi oswio.
    19. frā þā.
    20. geréfan.   þ.   sceolde.   feccan.   hī.

Page 256.	21. ða ðyder (*p.* 229) cóm.	nam.	theodorus þone biscop
B.	bé ebrinus leafe.		
	22. ealdormannes.		
	23. cwentawic ðær.	sum untrumnes.	þær seoc gewunode.
	24. trumigan ongan.	on scyp.	
	25. brytene.	ealdorman genam adrianus ðone.
	26. fæstenne.	forðon he sæde ƀ.	þæs kaseres.
	27. sume.	brytene cyningum of francrice þæs þe he þa.
	28. geminge.	ongeat 7 onfunde ƀ.
	29. swa he sylfa sæde þa onlysde.	faran æfter.
	30. bisceope 7.	þæs ðe.	cóm ða.
	31. ðar ðara arcebisceopa lic bebyrgede syndon.

C. S. 26. he sæde ƀ.
29. let feran.

O. 21. com.   nam.   byssceop.   lyfnesse.
22. ealdormannes.
23. cwéntawic.   sum untrumness. (*last* s *struck through, then* 1 *eras.*).
24. truman ongan.   on scyp.
25. brytene.   ealdorman genam adrianum.
26. ón fæstenne forðon heá/rasade (*the first* a *later but original, after* he *mark of separation ; accent on* a *rude*).   ƀ.
27. sum to breot͡,ne (*eras.* ?).   francena rice þæs þe he þa.
28. gymenne hæfde.   ac ða he þa.   onfunde ƀ.
29. he ͣ,rasade.   onlysde.   let hine.   æfter þam byssceope 7.
30. com ða.
31. þara arcebyssceopa, bebyrigede ᴸᴵᶜ syndon (ar *out of* ær).

Ca. 21. cóm.   nam.   theodor' ƀ.   ebrin' lyfnysse.
22. ealdormannes.   þā pórte.
23. cwentowic.   gestód sū untrumnysse.   fǽc gewunọde.
24. ongan.   on scyp.
25. ebrin'.   genám adrianū.
26. aƀƀ.   fæstenne.   forðon he ofacsode ƀ.   ᵗʰᵃᵉˢ, caseres (*original ?*).
27. sum.   cyningū.   francena.   þæs ðe he ͣ, (*original*).
28. mycle gymenne.   ac ða he soðlice ongeat 7 onfunde ƀ.
29. swa he geacsod hæfde þa onlysde.   læt hine feran.   þam ƀ 7.
30. ðæs þe.   hī cóm.   hī.
31. þara arcebisceopa líc bebyrigde syndon.

Page 256. 32. sædon forþon ðe se.
B. 33. þam bisceope.   fram.   ꝥ.
34. bisceopscire gerysne stowe sealde on þære.
35. geferon.   mihton (*no break here*).

O. 32. beforon sædon forðon.
33. bysceope.   fram.
34. bissceopscire (74ᵇ).   stowe fore se ege.   sealde on.
35. mihte.

Ca. 32. sædon.
33. ƀ þa he frā hī.   ꝥ he hī.
34. gerisene stowe foresǽge.   sealde on þære þe.
35. geferū.   mihte (*no break*).

Page 258. 1. ða cóm.   theodorus se (*p.* 230) biscop.   cantware byrig ðam.
B. 2. geare his halgunge.   kalendarum iuniarum.
3. bisceophadé án (*accent on* e).   þry (y *1st hand on eras. of* eo).
5. AND *capitals* A *ornate.*   he ða þurhferde.   brytene
ealand.   hwyder swa ymb angelþeode drohtodon.
6. lustlice onfangen wæs fram hym eallum 7 hi his.
7. lustlice 7 geornlice gehyrdon 7.

O. 1. ða com.   bysceop.   cyricean on cantwara burghe.
2. æftran geare his.   þy.   iuniarum.
3. on his bysceophade an.   þry.
5. And.   þurhferde.   hwider.
6. angelþeode , drohtedon.
   on
7. fram eallum.   gehyrdon 7.

Ca. 1. ða com.   ƀ to his cyricean on canwara byrig.
2. his halgunge þy.
       he
3. (*p.* 104) 7 , lifede on his biscophade XXI.   þry.
5. And.   þurhferde.
   ymb
6. , swa angelþeode.   frā.
7. gehyrdon 7.

VARIOUS READINGS. PAGE 258.

Page 258. 8. rihte. ætywde. eastron.
B. 9. 7 him. eallum rihte fultmade (*after* t *beg. of a letter and abrasure of surface*).
10. arcebisceopa þara þe angelcynn eall hyrsumiende geþafedon 7 forþon hi.
11. bisceop.
12. aƀƀ swa we. gelærede. godcundum gewritum.
13. woruldcundum 7 hí gesamnodon.
14. hi betweonan. béc. cyriclicne þeodscype.
15. meteres cræft 7 in grammatiscne cræft tydon 7 lærdon (*p.* 231).
16. þ. tacen þ te͛. gelærede.
17. ge on grecisce reorde ge on leden 7 him ða.
18. agen þa ðe hi on afedde. ne wæron æfre.
19. syþþan her angelcynn brytene gesohte (e *on eras. of* 2) ne sæligran tíde ne semran wæron ær strange.

O. 8. rihte. ætywde. ,astran.ᵉ wurðianne.
9. 7. eallum rihte fultemade.
10. ercebysceopa. ongel—.
11. geþafade,7 (*sic*) forþon hi. wæron se bysceop.
12. gelærede. godcundum gewritum.
13. on worul,cundumᵈ 7 hi gesomnedon.
14. hi betwih. cyriclicne ðeodscipe on.
15. meter cræft 7 on tungelcræft 7 on gramaticcræft. tydan.
16. swutul tacen þ hira. gelærede.
17. on. on ledennisce 7 him. cuþe.
18. agen þa ðe hie on afeded wæran. Neron (*eras. of* wæ *above line*) her.
19. syððan angel (75ᵃ) cynn. tide.

Ca. 8. rihte endebyrdnysse. ætywde.
9. 7 hī adrian'. aƀƀ. rihte fultmade.
10. arcebiscopa þ hī. angel—.
11. hyrnysse. 7 hi wæron begen biscopas.
12. aƀƀ. well.
13. gewritū ge on weoroldcundū 7 hi gesomnodan mycelne.
14. hi betwyh. béc. cyriclicne. on metercræfte.
15. on tungolcræfte 7 on grammatisc cræfte týdan 7 lærdan.
16. þ swytol tacen þ. well gelærede.
17. on. on ledennisc 7 hī ðá.
18. agenne þa ðe hi on gefedde.
19. syððan on angelcynne þa ða hi. gesohtan.

VARIOUS READINGS. PAGE 258.

Page 258.
B.
20. cristene 7.　　　　　elreordian.
21. út.　　7.　　　　　hleonodon.　　　gehyrenne.
22. ðæs heofonlican.　　7.　　　hwilce men swa swa leornedon
 ꝥ hi on halegum.
23. hi hæfdon magistras gearwe ða ðe hi.
24. eác sonas.　　　singanne.
25. cirican þa þa oð ꝥ.　　　aṅre.　　cuþan.　　　tíde.
26. ongunnon leornian.　　　angelcynnes And ærest.
27. butan.　　　ðam sangere be þam.　　ǽr sǽdon wæs he.
28. sanges.　　norðhymbra cyricū ædda.　　　nama.
29. stephanus se wæs aspannen of cent fram willferðe ðam weorþan
 bisceope 7 leofan. Se.
30. betweonan biscopū (p. 232).　　　ðe of angelþeode.
31. ðeaw.　　lifigenne.　　　angelcynnes cyricum sæde.
33. theodorus.　　angelcynnes.

O.
20. st͏range.　　cristene and.　　　ellreordum.
21. on.　7 ealle . will . . . . nedo͏ⁿto (eras. of 1 and 4; final e in
 ealle on eras., e in ne out of o, o in do out of e).　　gehyranne.
22. heofonlican.　　7.　　hwilce.　　　willnadan.
23. hie on halgum leornungum tíde.　　hi.
24. hi.　　sonas to singanne on cyricean þa ðe.
25. on.　　　anre men cuðon.
26. ongunnon leornian ðurh.　　　cyricean angelcynes 7.
27. butan.　　þam sangere be þam.　　beforan her sægdon.
28. cyricean edde.　　nama.
29. stephanus wæs he aspo · nen (1 eras.) of cent fram willferðe þam.
30. bysceope.　　betwih bysceopum ða þe.　　angelþeode.
31. lufianne angelcynnes cyricum sæde.
33. bysceop.　　angelcynnes mægþe.

Ca.
20. strange.　　cristene 7 eallū ellreordum cynnū úte on myclū.
21. 7 eallra willa to gehyranne.
22. heofonlican ríces 7.　　hwylce men swa wilnadon ꝥ hi on.
23. leornungū týde.　　hi.　　gearuwe.
24. hig.　　týdon.　　singanne on cyricean þa ðe.
25. on.　　anre.　　cuðon.　　tíde ongunnon leornian.
26. cyricean angelcynnes and.
27. butan.　　þā sángere be þā wé her.
28. cyricean edde hæten (sic).　　nama.
29. stephanus wæs he asponnen of cent fram willferðe þā arwurdan ƀ.
30. betwih bisceopū.　　angelðeode.
31. reogollicne.　　lufianne angelcynnes cyricean sæde.
33. ða.　　theoder.　　angelcynnes.

VARIOUS READINGS. PAGE 260.

Page 260.
B.
1. bisceopas.   on gelimlicum stowum 7.
2. unfullfremede.   fultume 7 he.   rihte.
3. betweonan þam mid þi he ceaddan ðone bisceop.   wordum.   ƀ.
4. gehalgod.   andswarode.
5. ƀ wast ƀ.   únrihtlice bisceopháde onfenge.   fram.
6. þenunge gewite.   ic me sylfne næfre þæs hádes wurðne ne dyde ac.
7. hyrsumnesse ic geþafode ƀ.   þæne.
8. hád.   únweorð (sic).   þa gehyrde ða.
9. hys andsware ða cwæþ.   ƀ.
10. sceolde.   his eardunge mid ciriclicum.   on ða.
11. tid þe deosdedið.   arcebisceop.   cantwara burhge bisceop.
12. tó hadigenne 7 willferþ.   bisceop.   swilce.   brytene.

O.
1. bysceopas.   on gelimplicum stowum.   7.
2. rihte.
3. betwih þam mid þy he ceaddan bysceop.   wordum þrea . de (1 *eras*.) ƀ.
4. ða 7 swarede.   stæfne.
5. ƀ ic unrihtlice bysceophade onfenge.   (75ᵇ) fram.
6. þenunge gewite.   ic me sylfne næfre þy hade wyrðe.
7. hyrsumnesse.   þæt ic þonne had underhnagh ðeah.
8. ða he þa.
9. lare 7 sware (lare *struck through*).   ƀ he þone bysceophad. sceolde.   ,is.
10. cyriclice rihte (i *out of* e) gefyllde on ða tid þe deosdedit se ercebysceop.
11. weara burhge bysceop sohte.
      cant
12. hadianne and wilferð bysceop

Ca.
1. bisceopas.   on gelimplicū.   7.   ðing ðe.
2. unfullfremed.   gerihte.
3. betwyh þā mid þy he ceaddan ƀ.   ƀ.
4. 7 swarede.   eadmodre stæfne.
5. ðu ƀ wast ƀ.   unrihtlice bisceophade onfenge.   frā.
6. ðeninge.   forðon ic me sylfne næfre þy hade wyrðe demde Ac (*p*. 105).
7. hyrsumnysse.   ðone hád undernágh.
9. eadmodnysse.   7 sware.   cw̄ he ƀ.   bisceophad.
10. sceolde.   cyriclice.   gefyllde on.
11. tíd ðe.   ærceƀ forðferde weara burhge bisceop sohte.
12. senden (*sic*).   hadianne 7.   b.